교사도
학교가
두렵다

일러두기

- 이 책에 등장하는 교사들은 모두 성으로만 구분했으며, 실제 이름과는 관계없다.
- 교사 및 학생들의 사생활 보호를 위해, 주제를 흐리지 않는 선에서 조금 각색했다.

교사들과 함께 쓴 학교현장의 이야기

교사도 학교가 두렵다

엄기호 지음

책을 내며   006

001 들어가며
우리는 학교에 무엇을 기대하는가   015
어떤 교사들의 딜레마   030

1 교실이라는 정글

102 한 교실 속의 두 세계
모든 수업이 의미 없는 '널브러진 애들'   043
어떤 수업은 필요 없는 '공부하는 애들'   059

103 학생들의 분노와 학교 폭력
섬바디와 노바디의 먹이사슬   073
건드리면 폭발한다, 적대화되는 교사와 학생   083
'착한 아이들'은 어떻게 두려운 학생들이 되었나   095

104 서로를 믿지 못하는 교사와 학부모
입시 앞에선 무력해지는 협력 관계   113
누가 내 아이를 지켜주나   125

2 교무실, 침묵의 공간

205 혼자 바쁜 교사들
두 교사의 하루   139
교사의 '진짜' 일은 퇴근 시간 후에 시작된다   152

206 토론이 사라진 교무실
　벌떡 교사의 멸종　　　　　　　　　　　163
　혼자 맞서야 하는 교사들　　　　　　　173
　교사들의 대화에 교육이 없다　　　　　180

207 교사, 교무실의 외로운 섬들
　'내 수업'을 할 수 없는 교사들　　　　195
　무한책임과 무책임으로 나뉜 교무실　213

3 성장 대신 무기력만 남은 학교

308 교사들은 어떻게 '순응'하게 되었나
　같은 교사, 다른 신분　　　　　　　　233
　교직이 아직도 철 밥그릇이라고?　　　242
　성과급, 돈이 아니라 가치를 둘러싼 싸움　249

309 교무실의 세대 갈등, 이어지지 않는 경험
　불화했던 선배 교사와 순응하는 후배 교사　259
　'꼴통' 편인 선배 교사 대 '범생이' 후배 교사　272

010 학교는 다시 가르침의 공간이 될 수 있을까
　침묵, 자신과 타인을 지키는 방법　　　289
　타자와 만나지 않고 교육은 불가능하다　296
　교사들이 둥그렇게 모여 앉아야 하는 이유　310

　참고문헌　　　　　　　　　　　　　　322

교육과 교육현장에 대해 연구하고 글을 쓰는 것은 나에게는 숙명과도 같은 일이었다. 트럭 운전사였던 아버지는 경부고속도로를 따라 끊임없이 이사를 다녔고 고리원자력발전소를 짓는 현장에 투입되면서 울산 외곽에 정착하였다. 의지할 곳 하나 없는 외지에서 부모님이 삶의 희망과 기대를 걸 것은 자식의 교육밖에 없었다. 덕분에 나는 단칸 셋방 시절에도 책은 어느 부잣집 아이들보다 더 많이 읽을 수 있었다. 숙제를 하고 있으면 아버지가 옆에서 연필이 사각거리는 소리가 세상에서 가장 듣기 좋은 소리라고 말씀하시던 게 생각난다. 밥을 굶은 적도 없지만, 글을 굶은 적은 지금까지 살아오면서 한 번도 없었다.

책을 펼칠 때마다, 학교에 갈 때마다, 나는 가르친다는 것과 배운다는 것에 경이로움을 느꼈다. 모르는 것을 안다는 것, 모르는 것을 앎의 세계로 이끌어가는 것, 그것은 참 매력적이었다. 세계가 거기 있었다. 누구 표현대로 풀빵을 싸고 있는 신문조각의 글조차도 맛있었다. 때로는 풀빵보다 더.

더 알고 싶었다. 아마 그때 나는 내 앎의 바깥에 무질서가 있는 것이 아니라 더 큰 질서가 있고 그 더 큰 질서가 더 아름답다는 걸 무의식적으로 알게 되었는지 모르겠다. 요즘도 모르는 것을 모른다고 말하는 것에 부끄러움을 느끼지 않을 수 있는 것은 그 경이로움이 부끄러움보다 더 크다고 느낀 이때의 경험 때문일 것이다.

그러나 가르치고 배우는 것의 경이와 달리 나의 학교 경험은 그리 좋은 편이 되지 못한다. 국민학교 2학년 때의 담임은 정말 돈을 밝히는 교사였다. 그는 공부는 잘하지만 단칸 셋방에 사는 통에 촌지를 바칠 여력이 되지 못하던 나를 많이 미워했다. 학생들의 선거로 반장이 되었지만 그는 끊임없이 나를 괴롭히고 모욕했다. 심지어 다른 학생들 앞에서 나를 모욕하며 저런 '나쁜 어린이'가 되지 말라는 말도 했었다. 울며 집에 돌아온 나를 본 어머니는 며칠 후 화장품을 사서 담임을 찾아가셨다. 나는 아직도 그날을 똑똑히 기억한다. 어머니가 돌아간 다음 그 교사는 "누가 국산 화장품을 쓴다고……" 하면서 어머니가 놓고 간 화장품을 쓰레기통에 처박았다.

공부를 잘하던 나는 학교라는 이 정글에서 살아남기 위해서는 '특별하게' 공부를 잘해야 한다는 것을 그때 깨달았다. 그것이 나를 보호하는 것이고 어머니를 지키는 길이라는 사실도 알게 되었다. 2등하고 비교도 되지 않게 공부를 잘하면 어떤 교사도 나에게 손대지 못한다는 것을 간파했다. 그래서 공부했다. 모르는 것을 아는 것이 경이롭기도 했지만, 다른 한편에서 공부는 나에게 생존전략이었다. 내가 공부를 하는 것만큼 어머니도 학교 문턱을 넘나들었다. 단칸 셋방에서 살고 풀빵 장사를 하면서도 어머니는 촌지를 바쳤고, 그건 어머니 나름으로 나를 지키는 방식이었다. 그만큼 나는 교사를 경멸했고, 학교를 증오했다.

그 이후에 중학교에 진학하고 나서 생일 선물로 전교협 해직교사들이 쓴 《내가 두고 떠나온 아이들에게》라는 책을 받았다. 이 책을 읽었을 때의 감동을 잊을 수 없다. 말문이 막혔고 가슴이 벅찼고 눈물이 나왔다. 이런 교사들이 있구나, 내가 다닌 학교는 학교가 아니구나, 학교는 이래야 하는구나. 누가 나에게 내 인생을 바꾼 책을 말하라고 하면 아직도 나는 이 책을 맨 먼저 꼽는다. 가르치고 배우는 것의 경이로움에 매료되었지만 교사와 학교를 경멸하던 분열적인 아이에게, 이 책은 말 그대로 복음, 구원의 메시지였다. 그때 내 삶은 '교육'을 향하게 되었다. 그건 돌이킬 수 없는 사건이었고, 숙명이 되었다.

이 때문에 대학을 다니던 시절에는 교직 이수를 해보려고 기웃거렸다. 전교조는 나에게 만나보지 못한 스승이었고, 손 한 번 잡아보지 못한 연인이었고, 길거리에서 어깨를 걸고 같이 싸우는 동지였다. 대학 다닐 때 〈닫힌 교문을 열며〉를 본 것이 생각난다. 전경들이 학교를 둘러싸고 있어 긴장감 속에 봤던 것 같다. 상영 장소를 메웠던 관중 사이에서 울음이 터졌고 나 또한 눈물범벅이 되었다. 대학 졸업 후에도 미련을 버리지 못하고 교육대학원 진학을 생각했던 적이 있었다. 결국 그 꿈은 이루지 못했다. 하지만 하자센터에서 글로벌학교 팀장을 하며 탈학교 청소년들을 만나 선생 아닌 선생 노릇을 하기도 했고, 지금은 대학에서 강사 생활을 하고 있으니 반은 넘게 그 시절의 경이로움을 다시 느끼며 살고 있는 셈이다. 교육현장을 떠나는 것은 나에게 불가능한 일이었다.

그러나 그 이후《우리교육》과 하자센터,《오늘의 교육》을 오가며 만난 학교는 끔찍했다. 교사도, 학생도 다 소진burn-out되어 있었다. 이 책의 본문에도 나오는 한 학생의 말이 기억난다. 새벽에 일어나 학교에 오는 것만으로 자기 할 일을 다했다는 것이다. 그렇게 새벽에 일어나 학교에 오는 동안 하루에 쓸 에너지 모두를 소모했기 때문에 학교에서 잠을 잘 수밖에 없다고 했다. 이 말을 듣는 교사들 역시 소진되어 있기는 마찬가지였다. 일은 끊임없이 몰아닥치지만 그것이 교육과 무슨 상관이 있는지는 시키는 사람도 모르고, 하는 사람도 모른다. 한 교사는 의미도 가치도 못 느끼면서 시키는 대로 전진하고 있는 자신이야말로 좀비라고 자조했다.

이즈음에《오늘의 교육》을 만들면서 이계삼 선생과 '교육 불가능성'이라는 말을 만들었다. 이 말이 불러일으키는 오해에 대해 여기서 밝혀둘 필요가 있을 것 같다. 교육 불가능성이란 학교에 국한하여 더 이상 교육이 불가능하다는 말을 하기 위함이 아니다. 오히려 이 말에 내가 적극 동의하며 이야기하고 싶은 것은 이 사회 전체가 더 이상 사람을 성장시킨다는 의미에서는 교육이 불가능한 상태에 있다는 선언이었다.

내가 생각하기에 교육이란 낯선 것, 새로운 것을 만나 경이로움을 느끼는 연속적 과정이다. 이를 위해서는 낯선 것/새로운 것을 만나는 것이 두렵지 않고 설레야 한다. 그러나 지금 모두가 소진되어버린 이 사회에서 낯선 것/새로운 것을 만나는 것은 피곤한 일이기만 하다. 새로운 것을 시작하자는 말만큼 짜증 나는 말이 없다. 피곤이 설렘을, 짜증이 경이로움을 대체했다. 이렇게 사회 전체가 교육을 통한 성장이 불가능한 상태에 빠져 있을 때, 교육의 공간임을 자임하는 학교에서는 무엇이 가능한가를 묻기 위해 만든 말이 '교육 불가능성'이었다.

이것은 학교와 교육을 사회의 문제를 은폐하고 전가하는 알리바이로 삼는 것을 그만둘 것에 대한 요구이기도 했다. 우리 사회는 무슨 일이 벌어지면 모두 학교와 교육을 탓한다. 연쇄살인범이 나오는 것도 학교의 문제고, 기업이 쓸모 있는 인재가 없다고 투덜거리는 것도 학교의 문제라고 생각하며 끊임없이 학교를 성토한다. 그러나 묻고 싶은 것이 있다. 그렇게 학교가 바뀌면 정말 문제가 해결될 것이라고 생각하는가? 아니, 그렇게 학교가 바뀔 수 있다고 생각하는가? 이에 대해 가장 간단한 답은, 만나면 늘 학교를 성토하던 한 선배의 말로 대체할 수 있을 것 같다. "원, 농담도."

이것이 내가 이 책을 쓰게 된 이유다. 일이 벌어지면 모두가 학교와 교사를 비난한다. 그러나 정작 그들이 하는 일에는 별 관심도 없고 알기 위해 에너지를 투여하고 싶어하지도 않는다. 그러면서 동시에 그들이 뭘 해낼 수 있을 것이라는 기대도 전혀 하지 않는다. 냉소와 비난 사이의 교육은 사회의 무능에 대한 알리바이로 갇혀 있었다. 여기서 교사의 딜레마가 만들어진다. 열심히 학생들을 만나고 새로운 수업을 준비하면 격려를 받는 것이 아니라 불온시된다. 학교에 분란을 일으킨다고 말이다. 그래서 가만히 있다가 무슨 문제라도 벌어지면 네가 그러고도 교사냐는 비난이 쏟아진다.

　학교 바깥으로부터의 비난만이 아니며 교장이나 교감 같은 관리자들로부터만 오는 비난도 아니다. 다른 교육을 꿈꾸는 교사들이 가장 못 견뎌하는 것은 동료 교사들로부터 이런 비난과 냉소를 오가는 시선과 말에 부딪힐 때이다. 한 교사의 말이 생각난다. 학생들에게 나눠줄 보조교재를 복사하고 있으니 동료 교사가 지나가며 이렇게 말했다고 한다. "아유, 선생님은 열정도 많으세요. 이런 것도 하시고. 전 그런 열정이 없어서 이만."

　나는 이렇게 교육에 대해, 학생들을 만나는 것에 대해 열정을 가지고 교육현장에 뛰어든 교사들이 어떻게 소진되며 고립되고 있는지를 이 책을 통해 보여주고 싶었다. 이를 통해 우리 교육현장이 얼마나 반교육적이며 교육이 불가능한 파국적 상태로 치닫고 있는지를 보여주고 싶었다. 학교가 망했다는 것은 누구나 알지만, 어떻게 망했는지, 그 망한 폐허에서 교사와 학생들은 어떻게 살아가고 있는지는 잘 모른다. 이런 안다는 착각이 알아야 하고 보아야 하는 것을 보지 못하게 한다. 사태의 심각성을 느끼지 못하게 하고 그저 냉소에 머물게 한다. 그 냉소에 도전하는 방법은 하나밖에 없다. 당신이 알고 있는 것은 껍데기에 불과하다. 이 폐허를 응시해야 한다. 희망은 그 폐허에 대한 응시에서 나온다. 나는 그 폐허를 같이 응시하며 희망을 만들고자 하는 분들과 이 책을 같이 읽고 싶다.

이 책은, 내가 손가락을 움직이는 노동은 했지만 다른 사람의 삶에 기대어 쓴 것이다. 무엇보다 나를 믿고 다른 사람에게 내보이기에는 부끄러울 수도 있는 이야기를 들려준 교사들이 있다. 이들은 나를 연구자나 저자로 대한 것이 아니라 장소와 방식은 다르지만 '가르치는 사람'으로서 고통과 상처를 공유하는 동료로 대해주었다.

이 책의 문제의식은 '교육공동체 벗'을 함께 하는 박복선·이계삼·정용주·이진주·최은정 등 동료들의 것이다. 앞에서 말한 것처럼 이계삼 선생은 '교육 불가능성'이라는 이 책의 토대를 만들었다. 정용주 선생은 언제나 꼼꼼한 자료와 탄탄한 이론으로 현장의 목소리를 읽는 언어를 빌려주었다.

박사논문의 핵심 주제와 사례를 단행본의 틀과 방식에 맞춰 새로 쓴 이 책은, 길게 보면 대학에 들어와 조한혜정 교수를 만나면서 예정되어 있었다. 대학에서 방황하고 있던 때에 조한혜정의 수업에서 나는 교육의 가능성을 보았다. 사람들의 하루하루는 그저 소모적인 것이 아니라 한국과 시대를 읽는 텍스트라는 것을 조한혜정의 수업에서 배웠다. 이론과 방법론, 성찰과 실천 모두에서 많이 배웠으며, 지금도 배우고 있다. 나임윤경 선생님과 김현미 선생님을 비롯한 문화학과 여러 선생님의 수업에서 신자유주의에 대한 새로운 시각과 이론을 공부할 수 있었으며, 또한 논문 심사를 맡아주신 정진웅 선생님과 정병호 선생님은 논문의 틀과 글쓰기에 익숙하지 않은 나에게 많은 것을 가르쳐주셨다.

이 책의 시작에서부터 끝까지 오랜 기간 동안 불안과 우울 등, 심한 감정의 기복을 준석, 그리고 수진 선배와 성경, 정규, 성남이 동행하며 감당해주었다. 책을 쓰는 것이 외로운 과정이 아니라 동행의 과정임을 그들은 보여주었다.

이 책은 이처럼 사람은 기대어 사는 존재라는 내 확신을 실현하는 과정이기도 했다. 사람은 기대어 사는 존재다. 기댈 사람이 없는 사람과 자신에게 기대는 사람 하나 없는 사람은 세상에서 가장 불행한 사람일 것이다. 그래서 인간이 하는 모든 창작과 노동은 '기대어 하는' 활동이라고 믿는다. 우리가 노동으로 서로 엮여 있으며, 노동으로 서로에게 덕을 베풀고 은혜를 입는 존재라는 것이 곧 이 책이 만들어지게 된 과정이다.

파국의 시대, 서로 기댈 수 있는 사람들이 있는 것만으로도 행복하다.

2013년 8월
엄기호

"그저 가방 들고 학교만 꼬박꼬박 다니게 하다가
졸업하니 낭떠러지!"

001
들어가며

우리는 학교에 무엇을 기대하는가

몇 해 전 친하게 지내는 선배에게서 전화를 받았다. 아들이 대학에 진학해야 하는데 도무지 답이 나오지 않는다는 것이다. 다니는 학교도 전문계보다도 못한 인문계 고등학교이고 성적도 바닥을 기고 있단다. 평소에 꼭 대학을 가야 한다고 강요하는 부모가 아니었다. 아들이 하고 싶은 일을 하면서 행복하게 살면 된다고 생각하던 부모였다. 그러나 막상 고등학교를 졸업하는 시점이 되고 보니 공부를 잘하는 것도 아니고, 그렇다고 따로 하고 싶은 일을 발견한 것도 아니었다. 스스로 애써서 되고자 하는 것도 없어서 부모로서 속이 터져 죽겠다며 아들을 만나달라고 했다.

평소에도 친하게 지내던 터라 아이를 만나보았다. 대학을 가기 싫으냐고 했더니, 그건 아니란다. 그럼 대학을 가고 싶으냐고 물었더니, 꼭 가야 하는 것은 아니지만 안 가면 안 될 것 같다고 대답한다. 대학을 가지 않으면 꼭 하고 싶은 것이 있느냐고 물었더니, 부끄럽지만 없다고 한다. 그래서 가도 좋고 안 가도 좋은데 따로 꼭 하고 싶은 게 없다면 일단 가는 걸로 하자고 했다. 덧붙여 대학을 가게 되면 호감이 가는 곳이나 한번 해보고 싶은 것이 있냐고 물었다. 있기는 했지만 그 친구의 성적으로는 갈 수가 없는 곳이었다. 재수까지는 전혀 생각하고 있지 않았기에 깨끗이 포기하자고 했다.

그래서 그 친구에게 이런 제안을 했다. "있지도 않은 적성과 전망, 미래를 괜히 생각하지 말자. 지금 너에게 필요한 것은 네가 뭘 하고 싶은지, 뭘 잘할 수 있는지를 찾는 것인지도 모르겠다. 그렇게 하려면 큰 도시에 있는 큰 대학을 가는 것이 좋겠다. 큰 도시에 있는 큰 대학에 가서 많은 사람을 만나보고, 많은 강의를 들어보고, 다양한 경험을 하면서 시간을 보내봐라. 대학은 굳이 갈 필요도 없지만, 굳이 안 갈 생각이 없다면 4년의 시간을 번다고 생각하고 가는 게 좋겠다." 그 친구는 고개를 끄덕거렸다.

자기도 답답했던지 부모에게도 말을 하지 않던 아들이 말문을 열고 고개를 끄덕이자, 선배는 그제서야 안도의 한숨을 내쉬었다. 그러면서 갑자기 교육과 학교에 대해 분통을 터뜨렸다. 12년 동안이나 학교를 다녔는데 자기가 뭘 좋아하는지도 모르고 무엇을 해야 하는지도 모르는 게 말이 되냐고 버럭 화를 냈다. 아무런 책임감 없이 그저 가방 들고 학교만 꼬박꼬박 다니게 하다가 졸업하니 낭떠러지란다. 부모도 막막하고 학생도 막막하다. 이렇게 아무것도 책임지지 않을 것이면서 왜 12년 동안 그렇게 고압적으로 사람을 옥박질렀는지 이해가 되지 않는다고 분개했다.

이 친구가 학교 생활을 즐겁게 한 것도 아니었다. 이해력이 약간 떨어지던 아이는 중학교 때 왕따 비슷한 것을 경험하기도 했다. 이유는 이해력이 떨어지고 행동이 어눌하다는 것이었지만, 초등학교에서도 고등학교에서도 문제가 되지 않았던 것을 보면 그저 왕따를 위한 핑계에 지나지 않았다. 그때 이 아이는 친구들로부터 따돌림을 당하면서 손목을 긋고 자해를 한 적도 있었다. 그러니 학교에 대한 이 선배의 분노는 어찌 보면 너무 당연한 것이었다. 아이가 학교에서 즐겁고 행복한 시간을 보낸 것도 아니고, 사회에서 살아남기 위한 공부를 한 것도 아니고, 그렇다고 자기가 좋아하는 것을 발견하지도 못했다. 약에 쓰려 해도 어디 한 군데 쓸모가 없는 것이 학교라는 말이다.

선배 아들의 이야기는 지금 교육과 학교가 어떤 위기를 겪고 있는지를 잘 보여주고 있다. 무엇보다 지금의 학교는 절대 다수의 학생들에게 그 어떤 의미도, 전망도, 준비도 제공하지 못하고 있다. 그렇다고 이들이 학교에 대한 반항을 통해 자기 주관을 가지게 되는 것도 아니다. 즐겁게 생활하는 것도 아니고 언제 폭력과 배제의 희생양이 될지 몰라 부모도 자식도 전전긍긍하고 있다. 그러니 밖에서 보기에 이들은 그저 학교에 수용되어 있는 것 같다. 학교도 이 학생들에게는 아무것도 바라는 것이 없는 듯하다. 다만 아침에 학교에 오고, 잠을 자든 딴 짓을 하든 사고만 치지 않고 시간을 보내다가 무사히 졸업하면 그만이라고 생각한다. 졸업하자마자 그 학생 앞에 캄캄절벽이 펼쳐지는 것은 학교가 챙길 일이 아니라는 것이다. 학교도 이들에게 무의미하고, 이들도 학교에게 무의미하다. 그래서 학교는 '가주는 곳'이고 학생은 '와주는 존재'가 되었다.

학교가 이 지경이 되었다는 것은 대다수의 사람들이 어느 정도는 잘 알고 있다. 그래서 학교는 모두가 개탄하는 곳이 되었다. 지금의 교육이 '정상'이라고 생각하는 사람은 없다. 좌파와 우파, 잘 사는 사람과 못사는 사람, 남녀노소를 가리지 않고 모두가 다 교육의 위기에 대해 한마디씩 하면서, 학교가 이래야 한다는 처방 하나씩은 내놓고 있다. 자식을 서울대 보내기 위해 한 달에 기백만 원을 사교육에 쏟아붓는 '싸모님'도, 장사하느라 바빠 자식이 다니는 학교에 코빼기 한 번 내밀 시간이 없는 자영업자도, 모두가 다 학교에 대해서 분개하고 있다. 학교가 뭐하는 곳이냐고 말이다.

그렇다면 우리는 학교에 무엇을 기대하고 있는 것일까? 우리는 기대하는 것이 있을 때 분개한다. 기대하는 것이 없다면 냉소하거나 무관심할 뿐이다. 따라서 모두가 분노한다는 것은 아마도 우리 모두가 아직은 학교는 이러한 곳이고 교육은 이래야 한다는 것을 기대하고 있다는 말이 될 것이다. 학교가 어떤 위기에 처해 있으며, 왜 그런 위기가 왔는지에 대해 말하기 전에 먼저 우리가 학교에 대해 무엇을 기대하고 있으며, 그 기대는 가능한 것인지, 혹은 기대할 만한 가치가 있는 것인지를 살펴볼 필요가 있다. 그렇지 않다면, 되지도 않고 될 필요도 없는 일에 공연한 헛수고를 하는 셈이 된다.

나의 어머니에게 학교는 배움의 공간이었다. 강원도 산골에서 자란 어머니는 어렸을 때부터 학교를 그렇게 가고 싶어했다고 한다. 그래서 냇가에 빨래하러 가서는 남동생들이 간 학교를 찾아가 교실에 앉아 있다가 외할머니에게 끌려나오곤 했다고 한다. 외할머니는 여자가 글을 배워서 뭐하냐면서, 어머니가 학교에 보내달라고 할 때마다 모질게 때렸다. 어머니는 여자로 태어난 것이 그렇게 서러울 수가 없었단다. 결국 어머니는 소학교도 제대로 졸업하지 못하셨다. 그때 못 배운 것이 평생의 한이고 부끄러움이 된 분이다.

그래서인지 어머니는 일흔이 넘은 나이에도 끊임없이 뭔가를 배우러 다니신다. 읍사무소에서 하는 스포츠댄스, 꽃꽂이, 컴퓨터, 노래교실 등등 안 다니는 곳이 없으셨다. 새마을부녀회에서 하는 연수도 빠짐없이 다니신다. 처음에 나는 어머니가 '자리'에 대한 공연한 욕심을 내시는 건 아닌가 해서, 나이도 많은 분이 뭘 그렇게 많이 배우러 다니시냐고, 이제 좀 쉬시라고 했다. 그러자 어머니는 단호하게 "인간은 죽을 때까지 배워야 한다"고 말씀하셨다. 그 단호함에 놀라서 "배워서 어디 써먹을 것이냐?"고 물어보자 "배우는 것은 써먹기 위함이 아니"라고 하시면서, 또 배운 것은 "언제 써먹어도 다 써먹을 수 있다"고 하셨다.

돌이켜보면 어릴 때부터 어머니는 배워야 남에게 당하지 않는다는 말을 많이 하셨다. 무식하면 남에게 휘둘리기 쉽고, 남이 시키는 게 다 맞는 말인 줄 알고 하라는 대로 하는 노예밖에 될 수 없다는 말씀이었다. 인간은 알아야 제 주관을 가지고 제 생각대로 살 수 있다는 것이다. 지금 생각해보면 어머니에게 배움이란 곧 무지로부터의 자유, 예속으로부터의 해방을 의미했던 것 같다. 배우지 않은 자는 일단 무지에, 미신에, 편견에 휘둘리게 된다. 또한 더 많이 아는 사람, 지식을 가진 사람에게 굴종당할 수밖에 없다. 그러니 어머니에게 배움이란 자유이자 해방이었다. 그리고 학교는 바로 이런 배움과 지식의 산실이었다. 학교를 다니는 것은 곧 자유에 대한 갈망이고 해방을 향한 의지였다.

어머니의 이야기는 근대 교육기관으로서 학교가 가진 이상에 가장 맞닿아 있다. 근대적 계몽기관으로서의 학교 말이다. 중세시대까지 배움과 지식이 일부 지배계층의 전유물이었으며 그것을 통해 피지배계급을 무지에 몰아넣고 지배에 예속시켰다면, 근대의 출발은 곧 모든 이의 계몽을 의미했다. 남에게 예속되지 않는 존재, 그래서 다른 누구에게도 의지하지 않고 오로지 자기 자신에게만 의지하는 존재, 이것이 근대적 개인의 이상이 아니던가.

그러기 위해 가장 필요한 것은 계몽이었다. 그리고 이런 계몽의 전진기지가 학교였다. 계몽이란 끝이 없으며 인간은 죽을 때까지 배움을 통해 스스로를 계몽해야 한다고 생각한다는 점에서, 어머니는 계몽주의자의 원형에 가깝다고 할 수 있다. 나는 가끔씩 어머니를 보며 이런 계몽주의가 자생적으로 가능하다는 점에 탄복할 때가 있다.

그러나 근대 교육기관으로서 학교는 계몽의 기구이기만 한 것이 아니었다. 배움의 사회적 효과는 곧 신분의 상승을 의미했다. 나는 어릴 때부터 부모님으로부터 '서울대 법대'라는 말을 귀에 못이 박이도록 들었다. 중학교에 들어갈 때까지 나는 한국에 대학이라고는 '서울대 법대'만 있는 줄 알았다. 어릴 때부터 제법 공부를 잘했던 나에게 우리 부모는 집안의 명운을 걸었다. 가끔 생각해본다. 내가 공부를 못했다면 우리집이 어떻게 되었을까 하고 말이다. 어릴 때 열 가구 넘게 몰려 살던 동네에서 중산층에 진입하는 데 성공한 것은 사실 우리집이 유일하다. 다른 집들은 가정 폭력부터 부모 중 한 명이 바람을 피우는 것까지 여러 가지 일을 겪으며 풍비박산 난 경우가 대부분이다. 왜 우리집만 성공했을까? 여기에는 우리 부모님의 근면성실함이 가장 큰 몫을 차지했겠지만 다른 한편에서는 자식들이 공부를 잘했던 것이 우리 부모의 '정줄'을 단단히 조여매었던 까닭도 있었을 것이다. 자식이 공부를 잘한다는 것은 집안의 미래를 걸 만하다는 말이고 이때 부모는 초인 같은 인내력과 절제력을 발휘한다. 교육과 학교는 성적이 좋은 학생들에게 한 개인뿐만 아니라 한 집안 전체의 사회적 탈출구 역할을 했다.

그러나 이런 계몽의 기구로서, 사회적 신분 상승의 사다리로서 학교의 역할은 지난 20여 년 동안 거의 완전히 무너졌다. 무엇보다 학교가 지식을 독점하며 배움의 유일한 기관이던 시대가 지나갔다. 오히려 학교에서 가르치는 내용은 미디어에서 흘러나오는 것보다 더 낙후된 것들이 많다. 졸업장이 없으면 취직을 못하기 때문에 하는 수 없이 학교를 다니는 경우가 많다. 중·고등학교뿐만 아니라 대학까지도, 그곳에서 배우는 내용은 계몽적이지도 실용적이지도 못한 것이 대부분이다. 학교에서 배우는 영어는 시험에서 성적을 얻기 위한 것에 불과하다. 그나마 그 성적도 내부용일 따름이다. 토익이나 토플처럼 외부에서 써먹을 성적은 따로 배워서 얻어야 한다. 나아가 실용영어는 또 시간을 들여서 따로 배운다. 점차 학교는 살아가기 위한 배움과는 멀어지고 공동화空洞化되고 있다.

교육의 보다 근대적 측면인 계몽이라는 관점에서 보더라도 학교의 신화는 벗겨진 지 오래다. 내 어머니가 꿈꾸었던 《상록수》에서와 같은 그런 배움은 학교에서 사라졌다. 사람들은 더 이상 학교에서 가르치는 것이 자신을 무지로부터 해방시키는 그런 지식이라고 생각하지 않는다. 오히려 학교에서 가르치는 내용은 사람을 국가와 시장에 종속시키는 역할만 하고 있다는 것이 폭로되었다. 배울수록 무지에서 해방되는 것이 아니라 배울수록 무지해지고 맹목적이 된다고 목소리를 높이는 사람들이 생겼다. 배움을 통해 자신만의 관점을 가지고 자신의 목소리를 내는 시민이 아니라, 국가의 말을 곧이곧대로 믿는 '국민', 시장논리에 충실한 '소비자'만 만들어지고 있다는 것이다. 어려운 말로 학교는 이데올로기적 국가기관에 지나지 않는다는 것이다.

사회적 신분 상승의 역할도 끝났다. 이제 아무도 개천에서 용이 난다는 것을 믿지 않는다. 한 학생이 서울대를 가기 위해서는 적어도 네 가지가 전제되어야 한다는 말이 있다. 할아버지의 재력, 아버지의 무관심, 어머니의 정보력 그리고 학생의 체력이 그것이다. 서울대를 보내는 데 필요한 사교육비가 오죽 많이 들면 부모 세대의 돈만으로는 부족하여 윗세대인 할아버지의 재력까지 동원되어야 하겠는가?

서울의 한 중산층 학부모가 했다는 말이 인상적이었다. 그들은 사교육이 없어지는 것을 원하지 않는다고 노골적으로 말한다. 사교육에 들어가는 돈은 천문학적이고 자신들에게도 부담이 되지만, 이 사교육이 없어지면 자기 자식이 시골에서 엉덩이 무겁게 공부만 하는 아이와 경쟁해야 하는데 그게 더 끔찍하다는 것이다. 이들에게 사교육이란, 공부는 잘하지만 재력이 안 되는 자기 자식의 경쟁자를 미리 제거하는 역할을 한다. 이런 관점에서 본다면 교육과 학교는 서민이나 하층계급이 자기 자식을 통한 신분 상승을 꿈꿀 수 있는 도구가 아니라 중산층 이상이 자신의 계급을 재생산하는 도구로 전락한 지 오래라 할 수 있다.

학교는 학생들이 가진 다양한 재능을 발견하고 기운을 북돋우는 역할도 하지 못하고 있다. 처음에 말한 선배의 아들 이야기로 돌아가보자. 이 친구는 대학을 다니는 동안 짬을 내서 아르바이트를 했다. 다른 학생들이라면 피곤해할 만한 고단한 노동도 즐겁게 했다. 장애인을 보조하는 일도 했고 밤늦게까지 가게를 보는 아르바이트도 했다. 그러다 얼마 전부터는 24시간 편의점에서 새벽 시간대에 아르바이트를 하고 있다. 시급이 좀 더 많기 때문이다. 이 편의점은 본사에서 새벽에 '암행어사'를 보내 제대로 운영을 하는지 확인하는 모양이었다. 보통 새벽 3~4시가 되면 아르바이트생들도 피곤해서 손님들에게 짜증을 내는 일이 다반사이기 때문에 암행어사를 보내 체크한다는 것이다. 그런데 암행어사로 온 본사 직원이 이 친구를 보고 깜짝 놀랐다고 한다. 자기가 많은 편의점을 다녔지만 새벽 시간에 이렇게 밝게 웃으면서 손님을 맞이하는 아르바이트생은 처음 봤다며, 이 친구에게 본사에 정사원으로 입사할 생각이 없느냐는 제의까지 했단다.

사실 이 친구의 이런 '재능'은 고등학교에서도 빛을 발한 적이 있었다. 중학교에서는 왕따를 당한 기억이 있었지만 고등학교에서는 친구들과 곧잘 지냈다. 물론 친구들도 공부를 못했고, 개중에는 집안 형편이 어렵거나 가정이 파탄 난 친구도 있었다. 그런 친구 중의 하나가 가정불화 때문에 가출을 했다. 다른 친구들은 그 아이의 가출이 워낙 일상다반사라 개의치 않았지만 선배의 아들은 결석까지 하며 친구를 찾아다녔다고 한다. 결국 수소

문 끝에 친구를 찾아서는 "네가 이래서는 안 된다"며 일장훈계를 하고 집으로 데리고 돌아왔다고 한다. 사람을 보살피고 친구를 사귀며 대하는 의리와 솜씨가 이 아이의 '재능'이었던 셈이다. 그러나 이 사건에서 아이의 능력을 봐준 사람은 아무도 없었다. 선배의 아들은 학교로 돌아오자마자 친구를 잘 설득했다고 칭찬을 받은 것이 아니라 오히려 "학생이 감히 학교를 빠졌다"는 이유로 몽둥이 찜질을 당했다고 한다. 다양성과 창조성 그리고 리더십을 강조한다 하지만, 결국 학교에서 인정하는 재능이란 딱 하나밖에 없고, 그 밖의 재능과 능력은 관심과 배려에서 제외되어 있다는 사실을 잘 보여준다.

지식 습득의 장으로서도, 계몽의 공간으로서도, 신분 상승의 도구로서도, 다양한 재능을 발견하고 계발하는 곳으로서의 의미도 상실한 학교는, 나아가 다양한 사람을 만나 폭넓은 경험을 하는 '성장의 공간', '삶의 공간'으로서의 역할도 상실하고 있다. 이것을 가장 상징적으로 보여준 것이 내가 지난 학기에 한 대학에서 교육을 주제로 진행한 수업이었다. 자기 자신이 성장했다는 생각이 드는 공간이 있다면 어디냐고 물어보았다. 200명의 학생 중에서 학교에서 자기가 성장했다고 말한 학생은 단 두 명뿐이었다. 학교는 성장과는 아무런 관련이 없으며 도리어 자신의 성장을 방해했다고 말하는 학생이 더 많았다. 반면 군대를 다녀와서 성장했다고 말하는 학생이 의외로 많았다. '남자는 군대를 다녀와야 인간 된다'라는 말을 반복하는 것인가 싶어 좀 시큰둥하게 그들의 이야기를 듣다가 깜짝 놀라고 말았다.

그들은, 세상에 이렇게 다양한 사람들이 있다는 것을 군대에서 처음 알았다고 했다. 자신이 대학생이다 보니 군대에 온 사람들이 다 대학생일 것이라고 생각했지만 대학생이 아닌 사람들도 많았다. 동네 깡패를 하던 사람부터 오토바이 좀 타던 사람, 중국집 배달 일을 하던 사람에 말도 안 되는 허황된 꿈을 꾸는 사람까지, 인간이 천차만별이라는 것을 군대에서 알았단다. 군대를 다녀오지 않았다면 절대 만나지 못할 사람들을 만났고, 자기는 우물 안 개구리에 지나지 않았을 것이라고 말했다. 나아가 몇몇 학생은 '다양성, 나와 다른 사람들과 공존하는 법'을 배웠다는 놀라운 말을 했다. 우리가 사람이 성장한다고 말할 때 의미하는 바가 바로 이것이 아니던가. 하나는 '자기 생각을 가지고 세상을 사는 것'이고 다른 하나는 '남과 더불어 살아가는 것' 말이다. 가장 획일적이라고 알려진 군대를 통해 '다양성/차이/공존'을 이야기하는 것이 놀라웠다.

이 학생들은 고등학교까지는 다 고만고만한 친구들하고만 어울려 다녔기 때문에 세상이 그렇게 다양하다는 것을 몰랐다고 한다. 초등학교에서 중학교까지는 그래도 한 반에 잘사는 학생부터 못사는 학생, 성적이 좋은 학생부터 나쁜 학생까지 모여 있지만 고등학교를 가면서는 거의 '분리수거'되고 '다름과 격리'된다는 것이다. 비슷한 배경을 가진 학생들끼리 모이고 또 그 안에서 역시 비슷한 학생들끼리 몰려다니며 또래집단을 형성한다. 서울의 아파트 단지에서는 학생들의 또래집단이 아파트 평수에 따라 결성되고, 지방의 대규모 공장지대에서는 부모가 정규직인가 비정규직인가에 따라 또래집단이 따로 만들어진다고 한다. 이렇게 비슷한 경제적 수준에, 비슷한 문화적 배경을 가진 학생들끼리 친구를 맺다 보니 나와 다른 사람과 공존하는 법을 몰랐는데, 군대에서 그걸 배웠다는 것이다.

이들이 군대에서 배웠다는 것이 바로 타자성이다. 우리가 흔히 말하는 사람의 성장이, 자기 주관을 가지고 살아가는 것과 함께 나와는 다른 사람과 더불어 살아가는 능력을 갖추는 것이라고 한다면, 다름/타자성은 인간의 성장에 필수적이다. 이어지는 장에서 설명하겠지만, 인간은 다름을 만나고 마주쳤을 때에만 자기 자신을 돌아본다. 인간은 다름/타자를 통하지 않고서는 자기 자신을 돌아볼 재간이 없는 존재이다. 그래서 타자와 만나지 않는 성장이란 불가능하다. 타자와 만나지조차 않는데, 타자와 공존을 꿈꾼다는 것은 어불성설이다. 그런데 우리는 좀처럼 나와 다른 것을 견디지 못하고, 다른 것이 나타나면 가급적 회피하려고 한다. '다름'과 같이 있어본 적이 없기 때문이다.

이런 점에서 본다면, 학교가 성장의 공간이 되기 위해서는 나와 다른 이질적인 존재들과 일상적으로 부딪치고 만나는 공간이 되어야 한다. 그래야만 타자를 통해 자신을 돌아볼 수 있으며 나와 다른 목소리를 들을 줄 알고 말할 줄 아는 존재가 될 수 있다. 그러나 지금 학교는 군대보다 더 동질적으로 집단화된 공간이며 이 책의 주제이기도 한 '타자성'과 단절된 곳이다. 이런 곳에서 성장을 꿈꾼다는 것은 불가능하다. 이런 공간에서는 그저 늘 자기 자신만 바라보는 존재, 자기 자신하고만 사랑에 빠지는 나르시스트들만 양산될 뿐이다. 자기와 사랑에 빠진 나르시스트는 다름을 견디지 못한다. 그래서 다름을 적대하고 추방한다. 또한 자기 자신이 추방되고 배제되는 것이 두려워 자기 스스로를 '다른 존재'로서 친구들에게 드러내지 못한다. 학교는 동질성으로 똘똘 뭉친 배타적인 공간이며 타자성을 적대하는 공간이다. 이것이 왕따와 자살 같은 학교 폭력의 근거를 이룬다.

그러나 이렇게 타자성과 단절되고 동질성만 추구하며 성장과 단절된 것은 학생들만의 이야기가 아니다. 학교 안에서의 인간관계 전체가 총체적으로 타자성과 단절되어 있다. 학생과 학생, 교사와 교사, 교사와 학생, 교사와 학부모 등 일체의 관계가 그렇게 타자성과 단절하고 동질적으로 구성되어 있다. 내가 만난 교사들은 수업이 잘 안 되는 것을 넘어서 교사와 학생 간의 관계가 근본적으로 변화하고 있다고 말했다. 문제는, 학생들과의 관계를 '새로' 맺어야 하는데, 그걸 어떻게 해야 할지 모른다는 것이다. 특히 대학 입시에 뜻이 없거나 배제된 학생들은 교사들이 불필요하게 자신들을 감시하고 억압하는 귀찮은 존재라고 생각하고 있다. 따라서 될 수 있는 한 교사와의 관계는 무관할수록 좋다고 여긴다. 성적이 좋은 학생들이라고 해도 입시에 도움이 되지 않는 과목에서는 교사와 그 어떤 관계도 형성할 필요가 없어졌다. 교사 스스로도 수업에 큰 영향을 미치지 않는다면 자신의 과목을 선택하지 않은 학생들의 수업 태도에 관여하지 않고 있었다. 서로에게 피해를 주지 않는 범위에서 적당히 봐주고 공모하는 것이 구조화되어 있는 것이다. 그런데 교사가 이 관례적인 무관심을 넘어 학생들의 삶에 개입할 때, 교사와 학생의 관계는 종종 폭력화된다. 교사와 학생의 관계는 무관한 관계, 공모 관계와 적대적 관계 사이를 넘나들고 있었다. 교사들은 이렇게 변화하고 있는 학생들과의 관계를 어떻게 이해하고 언어화해야 할지 몰라 곤혹스러워하고 있었다.

나는 이런 교육현장에서 교사들이 서로 어떤 이야기를 나누고, 어떻게 이 상황에 대처하고 있는지가 궁금해졌고, 그들이 어떻게 살고 있는지를 들여다보려고 했다. 현장의 곤경에 대한 언어는 개인에게서보다는 그 곤경을 같이 겪고 있는 이들이 머리를 맞대고 서로의 고통과 상처를 공유하고 경험을 나누면서 나온다고 생각했기 때문이다. 그러나 교사들은 교육현장에서 교사들 간의 소통과 나눔은 점점 더 힘들어지거나 없어지고 있다고 전해주었다. 가뜩이나 개인주의적이고 고립적인 것이 교직문화인데 이 현상이 더욱더 심화되고 있다고 했다. 교사들끼리 모여 학교와 교육 그리고 학생들에 대해 이야기하는 문화가 사라져가고 있다는 것이다. 의견이 다른 것은 곧 서로 간의 '취향'이 다른 것이기 때문에, 토론할 만한 문제가 아니라 서로 건드리지 말고 존중해야 하는 것이 되어 있었다. 이렇다 보니 형식적인 이야기나 뒷담화 정도만 살아남아 있고 자신들이 처한 상황을 나누기 위해 둥글게 모여 앉는 일은 교육현장에서 흔적도 없이 사라지고 있었다.

어떤 교사들의 딜레마

모두가 냉소하는 시대다. 그래서 우리는 어떤 시도도 하지 않고서 이미 그것이 실패한다는 것을 다 알고 있다. 원인도 결과도 다 안다고 생각한다. 그래서 시도조차 하지 않는다. 이런 악순환이 계속 반복되고 있는 곳이 학교다. 결과를 이미 알고 있기 때문에 시도도 하지 않고, 시도도 하지 않기 때문에 그 결과가 진짜 결과가 된다. 그 과정에서 모두가 냉소하기만 할 뿐 서로 머리를 맞대고 모여 앉으려고 하지 않는다. 자신들이 알고 있는 것이 무엇이고, 모르고 있는 것이 무엇인지에 대해 묻지 않는다. 이것이야말로 위기 중의 위기라고 볼 수 있다. 다 안다고 착각하는 냉소적 주체들, 결과까지 다 알기 때문에 절대 움직이지도 않고 모이려고도 하지 않는 주체들, 이들을 어떻게 넘을 것인가?

우리가 둥글게 모여 앉아야 하는 이유가 문제가 해결될 것이라는 희망 때문만은 아니다. 오히려 우리는, 우리가 알고 있는 것이 무엇이고 모르고 있는 것이 무엇인지를 알기 위해 모여 앉을 필요가 있다. 이런 갑갑함을 느끼던 즈음에 나는, 여전히 학생들과 교육에 대한 이야기를 지속하려다 고통받고 있는 몇몇 교사를 만났다. 이들은 여전히 둥글게 모여 앉아 자신들의 상황을 이해하고 교육현장의 문제를 새롭게 조명할 수 있는 언어를 찾아내려고 계속 시도하고 있었다.

이들은 "배우고 싶다"고 말했다. '인문학 공부'를 통해 자신들이 처한 상황과 학생들을 이해하고 그 맥락을 이해하고 싶다고 했다. 이들에게 인문학 공부는 해결방법을 모색하기 위한 것이 아니라, 어쩔 수 없이 꽉 막힌 현재의 상황이 왜 이렇게까지 되었는지를 이해하는 것이었다. 이를 통해 학교에서는 더 이상 발견할 수 없는 '삶의 의미'를 찾고 싶어했다. 이들은 이제 학교에서는 자신들이 원하는 배움이 불가능하다고 말했다. 학생들뿐만 아니라 교사들에게도 학교 안에서는 배움이 가능하지 않다는 것이다. 그래서 이들은 배움을 찾아 학교 바깥으로 열심히 돌아다니고 있었다. 자신과 뜻을 같이 하는 동료 교사들과 함께 독서토론을 하고, 철학자와 문학비평가 등을 초청하여 인문학 교실을 열기도 했다. 그렇기 때문에 나는 이들의 시도와 좌절에 대한 이야기가 우리가 냉소하기만 하는 학교의 많은 진실을 말해줄 수 있을 것이라고 생각했다.

이들은 학생들에게 집중하는 데 있어서는 열심이다. 이들은 지역의 대학과 연결하여 학생들을 위한 강좌를 만들기도 하고, 학생들에게 가급적 새로운 이야기를 들려주기 위해서 외부 강사를 학교에 초대해 학생들을 만나는 자리를 만든다. 독서토론회와 같은 동아리 활동을 열심히 하며, 방학 때 학생들과 여행을 떠나기도 한다. 이런 활동을 하기 위해서 이들은 학교의 업무에 대해서는 소극적이다. 승진은 일찌감치 포기했고, 학교의 업무는 가급적 맡지 않거나 최소한으로 맡으려고 한다. 고등학교 3학년 담임을 맡지 않으려는 것이 단적인 예이다. 고3 담임을 맡는 순간 입시 경쟁에서 자유로울 수 없고 자신이 원하는 수업을 할 수 없기 때문이다.

그러나 역설적으로 바로 이런 점들 때문에 이들은 학교 안에서 딜레마적인 상황에 처해 있었다. 한편에서 이들은 동료 교사들과의 만남을 통해 서로의 경험을 듣고 나누며 교육과 학생들에 대해 질문하고 토론하고 싶어했다. 그러나 이들의 이야기를 들어보니 정작 같은 학교에 있는 다른 교사들과의 관계는 단절적인 경우가 많았다. 이들이 교육에 대해 말하고 언어화하는 방식에 대해 동료 교사들은 불편해하고 있었다. 이들이 교육에 대해 하는 얘기가 자신들을 비교육적이고 반교육적인 존재라고 질타하는 '도덕적 공격'이라고 여겼다. 그렇다 보니 이들은 지금의 학교 교육에 대한 문제의식을 동료들에게 드러내지 않으며 특히 업무와 입시 교육에 충실한 다른 교사들 앞에서 자기 자신을 단속하고 있었다. 이들은 학교에서의 교육이 점점 어려워질수록 동료 교사들과 만나 상처와 고통을 공유하는 것이 무엇보다 중요하다고 말하면서도, 막상 주변의 동료 교사들과는 나눌 이야기가 없다며 학교 안에서 고립되어가고 있었다.

학생들과의 관계 역시 이들에게는 딜레마였다. 동료 교사와의 관계가 단절적이 될수록, 이들은 학생들과의 관계만 좋다면 얼마든지 학교에서 버틸 수 있다고 말한다. 그러나 학생들과의 관계도 갈수록 힘들어지고 있었다. 이들은 다른 교사들에 비해서는 수업 붕괴나 학교 폭력 같은 문제를 비교적 덜 겪고 있었지만, 동시에 언제 그런 상황이 자신들에게 닥쳐올지 모른다는 불안을 느끼고 있었다. 자신들이 통제한다고 해서 그런 상황이 발생하는 것을 막을 수 있다고 생각하지 않았다. 학생들에게 집중하기 위해 때로는 동료 교사들과의 불화까지 감수하고 있지만, 정작 학생들과의 관계는 앞날이 불투명하다는 점에서 이 교사들의 태도는 교사사회에서 자신들의 고립만 심화시키는 딜레마를 초래하고 있는 것이다.

  이들의 이야기는 학교가 성장과 배움의 공동체라는 기대가 어떻게 무너져가고 있는지를 내부적으로 증언하고 있다. 학교에서 교사와 학생 사이, 교사와 동료 교사 사이에 '성장을 위해 서로에게 자극이 되는 만남'이라는 의미에서의 '교육적 만남'은 점차 불가능한 것이 된다. 교육적 만남이 교육현장에서 회피되고, 대신 그 자리를 자기 단속의 문화가 차지하고 있다. 교사가 학생과, 학생이 교사와, 교사가 동료 교사와 가급적이면 부딪치지 않고 서로의 삶에 개입하지 않으며 형식적인 관계만 유지하는 현상이 벌어지고 있다. 요컨대 이들이 추구하는 '성장을 위해 서로에게 자극이 되는 만남', 즉 '교육적 만남'이 더욱더 불가능해지는 역설적 상황이 심화되고 있는 것이다.

다시 선배 아들의 이야기로 돌아가보자. 사실 나는 고등학교 3학년 나이의 학생이 자신이 무엇을 좋아하고 잘할 수 있는지 아는 것은 불가능하다고 생각한다. 나를 돌아봐도 그렇다. 사회학과에 진학하였지만 내가 사회학에 특별한 흥미나 관심이 있는 것은 아니었다. 철학, 특히 유학을 공부하고 싶었지만 집안의 반대와 실망이 엄청났다. 나는 부모님을 실망시킬 정도의 위인은 못 되었다. 경영학과나 법학과를 가라고 부모님은 말씀하셨지만 왠지 모르게 싫었다. 그때 사회학이 나와 잘 맞을 것 같다고 말해준 사람이 있었다. 그 사람은 나에게 늘 교사의 역할을 하던 사람이었다. 또 사회학과에 붙고 난 다음에는 뜬금없이 괴짜 같던 중학교 때의 사회 선생님이 전화를 했다. 너한테 딱 어울리는 과라며 잘 다니라고 했다.

사실 우리는 학생들에게 "너 하고 싶은 걸 해. 나는 네가 하고 싶은 걸 하면서 행복하게 살았으면 좋겠어"라고 말하지만, 이것이 얼마나 어마어마한 폭력인지에 대해서는 잘 모른다. 득도하기 전까지는, 자신보다 남이 자기에 대해 더 잘 아는 법이다. 물론 이 말이 "너는 아직 너를 몰라. 내가 너를 더 잘 알아" 하면서 강요하라는 의미는 아니다. 그 나이에 자기가 무엇을 좋아하는지 알기 위해서는 그 자신이 스스로를 비춰볼 수 있는 거울의 역할을 하는 사람이 옆에 있어야 한다는 의미이다. 이런 거울, 타자의 역할을 하는 사람을 우리는 가르치는 사람, 스승이라고 할 수 있을 것이다.

선배의 아들은 학교를 다니면서 얼마나 많은 타자를 통해 자신을 비춰볼 기회를 가졌을까? 그런 교사는 있었을까? 그런 교사가 있었어도 선배의 아들은 졸업하는 순간 자기가 캄캄절벽으로 떨어지는 것 같은 절망감을 가졌을까? 그런 교사가 있다면, 그들은 학교에서 어떻게 살아가고 있을까?

이 책은 바로 그런 교사들에 대한 이야기를 통해 폐허가 된 학교를 응시하려고 한다.

교실이라는 정글

우리가 교실에서 기대하는 것은 배움이다. 정의를 뭐라고 하든, 배움은 가르치는 이와 배우는 이의 만남이다. 이 만남은 가르치는 이가 배우는 이의 언어로 말을 하고, 배우는 이는 가르치는 이의 말을 알아들을 수 있을 때 비로소 배움으로 성립한다. 그래서 배움의 매체는 다른 무엇보다 말이며, 교실은 말을 하고 말을 듣는 공간이다. 몸짓과 침묵도 물론 말의 일종이다. 우리는 가끔 침묵할 때야말로 많은 생각을 하고, 자신이 무슨 생각을 하는지 눈빛으로 상대방에게 전달한다. 학생이 생각하기 위해 침묵할 때 교사는 그 표정과 몸짓을 보며 학생의 이야기를 읽는다. 학생들 역시 마찬가지다. 이처럼 교실은 침묵이 흐를 때조차도 말로 가득 찬 공간일 때 가르침과 배움의 공간이 될 수 있다.

  그러나 지금 교실은 수많은 말이 흐르고 있음에도 불구하고 말로 가득 찬 공간이 아니라 공허한 침묵과 소란의 공간이 되었다. 초등학교에서는 학생들이 수업 시간에 가만히 앉아 있지 않고 교실을 돌아다니는 일이 많다고 한다. 수업 시간에 소리를 지르기도 하고 교실 바닥을 데굴데굴 굴러다니기도 한다. 교사의 말과 학생들의 말은 서로 엇나가는 경우가 많다. 중·고등학교에서는 대부분의 학생이 수업 시간에 엎어져 있다. 잠을 자는 학생들이 태반이고, 잠을 자지 않는다 하더라도 무기력하게 '널브러져' 있는 경우가 많다. 교사의 말을 듣는 학생이라 해도 수능에 나올 만한 것만 듣는다. 학생들은 이것을 두고, 자신들은 교실에서 교사의 말을 '낚시'한다고 표현한다. 이 때문에 교실에 들어갈 때마다 내가 과연 교사인지에 대해 교사들은 회의하고 절망한다고 전한다. 교실 붕괴다.

얼핏 생각하면 이런 교실 붕괴, 즉 교실에서 교사의 말을 무시하고 거부하는 현상은 공부를 못하는 학생들의 문제인 것처럼 보인다. 그래서 우리는 늘 학업을 포기하거나 반항하는 학생들에게만 초점을 맞췄다. 이들에게 의미가 없는 학교는 어떤 학교인지를 되물었다. 이들에 대한 해법만 찾으면 문제가 해결될 것이라고 생각했고 '범생이'들은 문제가 없다고 생각했다. 그러나 지금 한국의 교실에서 무슨 일이 일어나고 있는지를 자세히 들여다보면, 교사와 학생, 학생과 학생이 서로에게 말을 걸고, 그 말에 대해 반응하기 위해 침묵하거나 대응하는 공간이 아니라는 사실을 알 수 있다. 이는 공부를 잘하는 학생이냐 아니냐와 상관없다. 오히려 공부를 잘하는 학생들은 잘하는 학생대로, 못하는 학생들은 그들대로 교실에서 입을 다물고, 귀를 닫고 있다.

입시교육은 교실을 두 그룹의 학생들로 나눴다. 첫 번째는 입시경쟁에 뛰어든 학생들이다. 소위 말하는 '공부하는 애들'이다. 이들은 입시를 위해 모든 것을 걸어야 한다. 이 때문에 입시에 소용이 없거나 자신이 선택하지 않은 과목은 전략적으로 수업을 듣지 않는다. 들을 필요가 없는 것이다. 이들은 교사가 입시와 상관없는 방식으로 수업을 전개하거나 시험문제를 내면 항의하거나 불만을 표출하기도 한다. 자신의 이해관계에 예민하며 교사와의 관계도 도구적으로 생각한다고 한다. 이런 경우 국·영·수를 제외한 선택 과목이나 예·체능 과목에서 수업 붕괴가 나타난다. 이익이 되지 않기 때문이다. 공부를 한다고 해서 교실 붕괴가 예외가 되지는 않는다.

두 번째는 '공부하는 애들'의 반대편에 있는 학생들이다. 흔히 '널브러진 애들'이라고 불리는 이들의 범위는 넓다. 여기에는 입시 자체에서 완전히 벗어난 학생들은 물론, 대학에 가는 것을 포기하지는 않은 학생들도 포함된다. 이들은 경쟁과 경쟁의 바깥에 한 걸음씩 비스듬히 걸쳐 있는 경우가 많다. 고등학교 2학년과 3학년의 경우에는 수능을 포기한 학생에서부터 '때로는 공부하고 때로는 포기하는' 학생들까지 들어간다. 성적이 나오는 정도에 따라, 상황에 따라 달라진다. 이 학생들은 그저 학교에 수용되어 대체로 교육이나 교사들과는 무관하게 하루하루를 지내고 있다. 교사들이 이들에게 다가갈 수 있는 방법은 거의 없으며 이들 역시 교사들과 관계를 맺고 싶어하지 않는다. 이들은 교사와 될 수 있는 한 무관하게 지내려고 한다. 이들이 학교에 가는 이유는 교사나 공부 때문이 아니라 친구 때문이다. 이들은 자신이 학교에서 찾는 몇 안 되는 즐거움이 급식이며, 자신은 급식 먹으러 학교에 간다고 말하기도 한다.

사실 지금까지 이들은 학교라는 시스템이나 교사와 비교적 무관하게 지낼 수 있었다. 복도에서 교사와 만나면 배시시 한 번 웃어주는 것으로 많은 것을 무마할 수 있었기 때문이다. 교사들도 이들에게 무엇을 물어야 할지를 모른다. 의례적으로 나누는 말을 제외하고는 할 이야기도 없다. 따라서 굳이 만날 이유가 없기도 했다. 이들은 일단 사고를 치지 않기 때문에 감시의 레이더망에 들어오지도 않는다. 굳이 특별히 관리할 필요가 없었다. 학교의 입장에서는 '편한 학생들'이었다. 그래서 교사들은 이들을 "착한 학생들"이라고 부른다. 학교에 순응하고 교사의 말을 잘 들어서 착한 것이 아니다. 학교와 교사에게 수고로움을 끼치지 않기 때문에 착한 것이다.

그런데 이들이 갑자기 학교에서 요주의 인물로 부상하였다. 학교 폭력과 자살 때문이다. 폭력은 학교에서 예외적인 사건이 아니라 일반적인 교사와 학생, 학생과 학생 사이에 잠재되어 있는 것으로 인식되기 시작했다. 폭력 사건이 벌어지면 으레 나오는 말이 피해학생이나 가해학생이 '착하고 평범한 학생'이었다는 것이다. 이제 평범한 것이 위험한 것으로 인식되기 시작했다. 안전이 학교의 중요한 관심사가 되면서, 이들은 언제 터질지 모르는 안전 관리의 대상으로 전환되고 있다. 수고로움을 끼치지 않는 존재에서 가장 많은 수고로움을 끼치는 존재, 알기 위해서 많은 검사와 관리가 필요한 존재로 전환하였다.

더 이상 수업을 진행할 수 없어서 입을 다물었어요.
그 순간 왈칵 눈물이 솟더군요.
이게 뭔가, 내가 지금 여기서 뭘 하고 있지?

102
한 교실 속의 두 세계

모든 수업이 의미 없는 '널브러진 애들'

지금부터 살펴보겠지만 수업 붕괴는 전방위적이다. 초등학교에서 고등학교까지, 공부를 잘하는 학생들로부터 성적이 낮은 학생들까지, 특목고에서부터 전문계 고등학교까지 다채롭게 나타나고 있다. 문제는 이런 수업 붕괴가 단지 수업이 잘 되지 않는다는 것을 넘어서고 있다는 점이다. 일례로, 전문계 고등학교로 배정받은 교사들은 학생들이 수업을 열심히 듣지 않는다는 것을 잘 안다. 그래서 그들의 수준에 맞추고 흥미를 끌기 위해 다른 수단을 썼다. 그러나 지금 교사들이 당혹해하고 있는 것은 학생들이 학습에 대한 의욕을 상실했다는 것만이 아니다. 그들이 교실이라는 공간에서, 수업이라는 시간을 통해 교사와 맺는 일체의 관계 자체를 거부하거나 무력화하고 있다는 사실 때문이다.

고등학교로 한정하자면, 이런 수업 붕괴는 대략 신흥 중산층 지역보다는 구도심 지역에서, 외국어고나 과학고, 영재고 같은 특수목적고나 자립형 사립고보다는 일반 공립고에서, 자연계보다는 인문계에서, 여학생 학급보다는 남학생 학급에서 상대적으로 심하게 일어나는 경향이 있다. 그중에서 가장 격렬하게 수업 붕괴가 일어나는 곳은 전문계 고등학교이다. 즉 성적의 서열에 따라 수업 붕괴가 가속화된다. 특히 교사들을 당혹스럽게 하는 것은 인문계 고등학교의 경우다. 인문계 공립학교는 지난 정권을 거치면서 학교 정책의 다변화에 따라 그 위상이 대폭 추락했다. 중학교에서 성적이 좋았던 학생들이 대부분 특목고나 자사고에 진학하면서 인문계 고등학교의 슬럼화 현상이 나타난 것이다. 이 중에서 구도심에 있는 인문계 고등학교의 경우에는 양상이 더 심각하게 나타난다고 한다.

수업 붕괴에 대한 교사들의 감정과 경험도 자신이 어떤 학교에서 가르치는가에 따라 널뛰듯 달라진다. 특히 4~5년에 한 번은 학교를 이동해야 하는 공립학교의 교사들은 자신이 어떤 학교에서 어떤 학생들과 어떤 과목을 공부하는가에 따라 수업 붕괴에 대한 경험이나 입장이 달라질 수밖에 없다. 어떤 경우에는 전혀 문제점을 느끼지 못하고, 전문계나 구도심의 인문계 남학생 반을 맡는 경우처럼 아예 수업이 진행되지 않을 정도로 격렬하게 수업 붕괴를 경험할 수도 있다. 교사 개인을 보더라도 그렇다. 일희일비가 아주 심해진다. 어떤 해에는 수업이 잘되고, 어떤 학교에서는 완전히 망해버린다. 이 편차가 워낙 심하다 보니, 자신이 수업 붕괴를 겪으면 이것을 교육의 보편적인 현상으로 여기며 심각하게 생각하다가도 다시 수업이 잘되는 학교나 학년으로 이동하면 곧 잊어버리곤 한다. 수업 붕괴에 대한 교사들의 공감과 연대가 깊어질 수 없는 이유가 바로 여기에 있다.

구도심 지역에서 수업 붕괴가 먼저 일어나는 것은 도심이 슬럼화되는 현상과 관계가 깊다. 김 교사가 근무하고 있는 고등학교는 그 도시에서 "역사와 전통을 자랑하는" 학교였다. 그런데 이 도시의 외곽에 초고층 아파트를 중심으로 한 신흥 중산층 신도시가 세워지고 서울의 8학군과 비슷한 학군이 형성되었다. 동문회를 중심으로 신도시로 학교를 이전하는 문제가 거론되었지만 지자체와 지역 주민들의 반발로 무산되었다. 이런 과정에서 김 교사 학교에 점차 "기피하는 학생"들이 진학하기 시작했다.

제가 이 학교에서 5년째 근무하고 있는데, 제가 올 때부터 수업 붕괴가 있었어요. 선배들 이야기로는 이전부터 그랬다고 하더군요. 오래전엔 명문고였죠. 이 도시에서 가장 오래된 역사와 전통을 자랑하는 학교예요. 그런데 도심이 슬럼화되고 중산층 아이들이 신도시 지역으로 떠나면서 문제가 생기기 시작한 거죠. 소위 교사들이 기피하는 학생들, 거친 학생들이 많이 오죠. 그러니 학교 생활 자체도 점차 거칠어지고, 그러면 중산층들은 더욱 기피하게 되죠. 올해 입학한 1학년 중에는 전문계를 떨어지고 온 아이들이 있었어요. 입학식 끝나자마자 반 배치고사를 봤는데 시험 보는 자세가 너무 안 좋은 거예요. 따로 불러서 왜 여기를 왔냐고 물어봤더니, 다른 학교 가려다 떨어져서 왔대요. 세 명이 한꺼번에 그렇게 대답하더군요. 그중에는 방통고를 간다고 한 아이도 있었어요. 심지어 자기가 원하는 학교가 아니라서 자퇴하겠다는 아이도 있었어요. (김 교사)

김 교사는 이런 학생들 대부분이 경제적으로 어려움을 겪고 있으며 가족이 해체된 경우도 많이 있다고 했다. 이런 학생들일수록 학업에 대해 무기력하고 교사에 대해 적대적인 경우가 많다고 한다. 이 학생들의 심리검사 결과가 이걸 잘 보여주고 있다고 전했는데, 자살충동, 우울증, 공격적 성향이 다른 학생들에 비해 많이 나타난다고 한다. 그래서 피해자로든 가해자로든 학교 폭력의 당사자가 되는 경우도 많다.

다른 교사들 역시 구도심 지역에서 비슷한 경험을 한다. 류 교사가 근무하는 학교도 몰락하고 있는 부도심 지역이다. 노동자들이 밀집해 있는 지역의 학교에서도 근무해본 적이 있는 류 교사는 같은 '가난'이라고 해도 두 지역의 가난에 큰 차이가 있다고 말한다. 대공장 중심의 노동자 밀집 지역에서는 가정이 해체되는 경우가 많지 않다. 학생들 역시 공부를 못하긴 해도 자기 부모가 공장에서 고생하며 자기를 교육시킨다는 점은 알기 때문에 순박하고 얌전한 편이라고 한다. 반면 슬럼화되고 있는 구도심 지역에는 자영업을 하거나 자영업에 속하는 일용직과 임시직에 근무하는 부모가 많다. 가정이 해체된 경우도 많고 학생들 역시 훨씬 거친 경향을 보인다고 한다. 이런 지역에서 근무하는 교사들은 학생들의 태도와 경험 그리고 행동을 이해하기가 힘들고 학생들과 소통하는 것도 불가능할 정도라고 입을 모았다.

　이번 주까지가 태도 점수 마감이라 점수가 부족했던 몇 명 학생들이 목숨 걸고 점수 따기에 돌입했어요. 교탁 앞까지 나와 답을 외치며 점수 달라고 소리소리 지르고, 어차피 해도 점수 따기 그른 녀석들은 수업을 방해하기 시작했죠. 노래를 부르고 핸드폰을 꺼내 게임을 하고 바닥에 엎드려 자고……. 아비규환이 따로 없었어요. 더 이상 수업을 진행할 수 없어서 입을 다물었어요. 그 순간 왈칵 눈물이 솟더군요. 이게 뭔가, 내가 지금 여기서 뭘 하고 있지? (류 교사)

　류 교사는 '수포자들'의 마음을 충분히 이해하는 교사다. 학생들이 수업 시간에 무조건 열심히 들어야 한다고 생각하지 않았다. 그래서 학생들에게 선택권을 줬다고 말한다. 수업 방식이 마음에 들지 않거나 다른 공부가 필요한 사람은 수업에 집중하지 않아도 좋고 잠을 자도 좋다고 미리 학생들에게 이야기했다. 다만 수업을 방해하지 않는 정도의 '매너'를 지켜줬으면 좋겠다고 말했다. 하지만 소용이 없었다. 그는 교사나 학생이 모두 학교에서 "서로를 존중하는 것이 아니라 상대를 조롱하고 무시하는 것"을 배운다고 자조적으로 말한다. 이 학교에서 근무하고 나서부터 교실에 들어가면 유령인간이 된 것같이 느껴질 때가 많은데, 교사가 있을 때나 없을 때나 학생들의 행동에 달라지는 것이 없기 때문이다. 교사가 있다고 해서 행동을 가리지 않는다.

이런 수업 붕괴는 일상적으로 나타난다. 다만 교사들의 민감도에 따라 다르게 느껴질 뿐이다. 무엇보다 교육과정이 학생들에게 너무 어렵다. 방법이나 내용에 있어서 교사가 장악할 수 있는 여지가 별로 없거나 진도를 나가야만 하는 경우에는 수업 붕괴가 훨씬 더 심각한 양상으로 나타난다. 한 국어 교사는 '고대 국어'를 가르칠 때는 한 반에서 다섯 명을 빼고는 다 자버리기도 한다고 말했다. '고대 국어'에서 나오는 단어만 들어도 학생들이 그냥 잠을 잔다는 것이다.

박 교사는 문학 시간에 '운명'을 주제로 한 소설을 학생들에게 가르치면서 절망했다고 한다. '운명은 거스를 수 없다'는 것이 그 소설의 내용인데 이걸 고등학교 2학년들이 이해할 수 있을 것 같지가 않았다. 학생들에게 그 소설에 대해 느끼는 것이나 동의하는 것이 있는지 물어보니 다들 없다고 답했다. 그는 "공부 잘하는 학생들은 시험문제에 나올 것이니 붙어서 공부를 하겠지만, 공부 안 하고 무기력한 학생들은 의미가 없으니까 수업에 달라붙을 수가 없다"고 말한다. 최 교사 역시 이 점에 동의한다. 국어나 역사 같은 교과목은 그나마 교사가 탄력적으로 수업을 운영할 수 있지만 과학이나 수학 같은 과목은 선택의 여지가 너무 없다. 수능을 목표로 하는 학생들을 위해서라도 진도는 나가야 한다. 그러면 '수포자'들이나 수업 내용을 따라갈 수 없는 학생들에게 수업과 교실은 고통만 있는 무의미한 공간이다. 국사를 가르치는 정 교사도 같은 경험을 했다.

제가 느끼기에는 버티고 앉아 있는 아이들이 많은 거예요. 아무것도 안 하고, 정말 들으려고조차도 하지 않는 그런 아이들이 있는 것 같아요. 기본적으로 학습을 하기 위해서는 인내력도 필요하고 근면성도 필요하고, 자기 관리나 이런 것들도 필요한데, 이런 것들을 훈련받지 못한 애들이 그냥 학교에 와서 앉아 있으니까 선생님 얘기가 안 들어오는 거죠. 무슨 얘기인지 못 알아들어요. 쉽게 이야기하면 알파벳도 모르는 인문계 고등학교 애들도 있어요. 그리고 제가 쓰는 용어들 있잖아요. 용어를 못 알아들어요. 예를 들어 "회사가 도산했어"라고 하면, 도산의 뜻을 몰라요. 어휘력이 너무 부족하죠. (정 교사)

초등학교의 사례를 통하여 엄훈은 이런 학생들을 "학교 속의 문맹자들"(2012)이라고 부른다. 어떤 학생들은 교과서의 글을 조사 빼고는 다 모르겠다고 투덜거린다. 그나마 이렇게 투덜거리기라도 하면 참을성 있게 가르칠 수 있다. 대부분의 학생은 자신이 모른다는 것에 대해 관심조차 없다. 그래서 수업 시간에 그저 멍하게 앉아 있다. 학교가 배움의 공간이라고 하지만 이들은 문맹이기 때문에 배움의 과정 전체에서 소외되어 있다. 문제는 이들이 문맹이라는 것이 알려지지도 않았기 때문에 실태조사 제대로 파악되지 않은 상태라는 것이다.

엄훈은 "학교에서의 기능적 문맹은 성인의 기능적 문맹과 다르게 정의"되어야 한다면서 "정상적인 학년 수준에서 읽기 능력이 2년 이상 뒤떨어지면 교실 수업에서 실질적으로 문맹자가 된다"(위의 책: 29)고 말한다. 문제는 현재의 학교 제도는 이런 문맹을 학습 부진의 문제로 보고 성적 올리기에만 급급(위의 책: 384)하다는 사실이다. 학습 부진이라는 말이 표방하는 것처럼 "이들에게 학습지를 반복해서 푸는 방식으로 어떻게든 공부를 하도록 하고 조치를 취하면"(위의 책: 385) 문제가 해결될 것이라고 생각한다. 문제의 원인이 학생들의 게으름이나 태도에서 기인한 것으로 전도된다.

엄훈의 논지를 조금 확장해서 살펴보면, 이것이 초등학교만의 문제가 아님을 알 수 있다. 고등학교에서 국어를 가르치는 한 교사 역시 전문계 고등학교의 사례를 통해 "아이들이 우리나라 고등학교에서 배우고 있는 책의 내용을 전혀 이해하지 못했다"(박현숙, 2012: 25)고 말한다. 그는 이런 상황을 "전문계 고등학교 학생들에게 《국어(상)》는 우리말로 쓰인 '외국어' 책에 가까웠다"(위의

책: 25)고 요약한다. 이 책에 소개하는 여러 교사들이 말하는 것도 바로 이런 학교 안의 문맹이다. 이들은 학생들의 시험 성적이 안 좋은 주요 이유 중의 하나가 질문 자체를 이해하지 못하기 때문이라고 말한다. 어떤 학생은 질문에 들어 있는 단어 자체를 모르고, 어떤 학생은 개별 단어는 알지만 그 단어들의 조합이 무엇을 의미하는지는 파악하지 못한다. 교사들의 이야기에 따르면, 지문에 나온 '작자미상'이 일본 사람의 이름이냐고 묻는 경우도 있었고, 〈님의 침묵〉을 가르치는데 한용운이 '승려'인 것을 보고 작가의 성별이 '여자'라고 생각한 경우도 있었다고 한다. 승려의 '려'를 여자를 의미하는 '녀'로 이해한 것이다. 초등학교가 아닌 고등학교 교실에서 벌이진 일이냐.

그런데 이것을 학생들의 문맹으로만 볼 수 있을까? 학생의 입장에서 바라본다면 상황은 정반대가 된다. 교사들은 학생들이 모른다고 말하는 그 개념을 설명하는 데 어려움을 겪는다. 그들 자신이 대체로 모범생이었기 때문에 '학교에서 사용하는 말하기'를 자연스럽게 익혔다. 그들에게는 이런 용어가 공기처럼 당연한 개념들이라서 그걸 이해하지 못한다는 것을 이해할 수 없다. 그러니 그걸 설명할 다른 방법을 찾을 수도 없는 것이다. 나 역시 이런 경험이 있다. 십수 년 전에 한 전문대에서 사회학을 가르칠 때의 일이었다. 이미 그 전에 연세대학교에서 강의를 하면서 꽤 좋은 평가를 받았던 터라 자신만만했다. 그런데 강의를 하는 동안 학생들이 내 말을 전혀 이해하지 못한다는 것을 발견했다. 가만히 학생들을 관찰해보니 '구조'라는 말의 의미를 모르고 있었다. 사회학을 이해하는 데서 구조를 모른다는 것은 주춧돌이 없는 상태에서 집을 짓는 것이다. 그래서 구조를 설명하려다가 말문이 막혀버린 것은 오히려 강의하는 나 자신이었다. 그 말이 너무 당연하고 익숙해서 그걸 설명할 방법이 없었다. 학생들은 그 말의 의미를 모르고, 나는 그 말을 설명할 방법이 없으니 당연히 그 수업은 망해버렸다.

교사들은 학생들이 교과서나 학교에서 통용되는 용어, 개념, 공식적인 언어를 모른다고 하지만, 뒤집어서 보면 교사들이 학생들의 일상생활과 그 안에서의 말을 모른다고 할 수 있다. 교사의 역할이 '모르는 사람을 가르치는' 것이라면, 교사가 해야 하는 일은 그들이 모르는 개념을 그들의 언어로 풀어주거나 그들의 삶에서 사례를 찾아 이해할 수 있도록 도와주는 것이다. 그런데 학생들이 사용하는 일상용어를 모르고 또 그 말을 비속어나 저질이라고 단정 지으면 그 말로 설명할 수가 없다. 또한 그들의 생활을 경험하거나 깊이 있게 들여다본 적이 없으니 구체적이면서도 그 개념에 딱 들어맞는 적합한 사례를 찾을 수도 없다. 그러니 교과서의 말과 학생들의 삶이 서로 겉돌고 헛돌 수밖에 없다.

그렇다면 이 문제를 어떻게 해결해야 할까? 이들에게 필요한 것은 "교사와 학생 사이의 개별적이고 친밀한 상호작용"(엄훈, 2012: 396)이다. 그것도 서로의 언어와 생활이 구체적으로 상호작용해야 한다. 따라서 교사와 학생 사이에 개별적 관계가 형성되지 않으면 그 학생에게 읽기와 쓰기, 셈하기에 무슨 문제가 있는지를 파악할 수 없고 적합한 텍스트와 코멘트를 제공할 수도 없다. 글을 잘 읽고 독해 능력이 뛰어난 학생들은 점점 더 "긍정적인 피드백이 제공되어 읽기 능력이 빠르게 신장"되고 그렇지 못한 학생들은 "상대적으로 적은 읽기 기회와 부정적인 피드백이 제공"되어, "읽기 능력이 뛰어난 아이들과 읽기 능력이 뒤처지는 아이들 사이에 격차가 심화"(위의 책: 323)되는 것이다. 당연히 읽기 능력이 뒤처지는 학생들은 학교와 수업을 거부하거나 멍하니 숨어들어갈 수밖에 없다.

  교사들은 이런 학생들을 만날 때마다 무력감에 시달리지 않을 수 없다. 내가 교사인가 싶은 것이다. 이 때문에 사실 특목고나 공부를 좀 잘하는 학교에서 근무하는 교사들은 안도하며 가급적 오래 남기 위해 노력한다. 교사에게 학교에서 '수업이 된다'는 것은 학생들이 자기 말을 잘 듣는다는 것만을 의미하지 않는다. 교사로서 학생들과 관계를 유지하고 있다는 뜻이기도 하다. 그래서 입시에 가장 목을 매고 있는 특목고가 가장 비인간적인 학교 같지만, 역설적으로 교사와 학생의 관계라는 측면에서 보면 오히려 인간적이라고 할 수 있다. 무엇보다 교사 1인당 학생 수가 적다. 그래서 1학년 담임이 2학년 학생들도 안다. 학생을 부를 때도 "야!"가 아니라 이름을 부를 정도로 친하다.

  그러나 일반적인 인문계 고등학교는 사정이 다르다. 같은 학년에서도 자기가 가르치는 학생들을 다 안다는 것이 불가능하다. 그러니 학생들의 이름을 외우고 부르는 것은 엄청난 노력을 필요로 한다. 교사에게 이름이 기억되지 않는 학생들은 학교에서 공식적으로 존재감을 가질 기회도 별로 없다. 공부뿐만이 아니다. 학교에서 가장 성적이 낮은 반을 맡고 있는 조 교사는 학교가 얼마나 성적이 좋은 학생들 위주인가를 절감하고 있다. 동아리 활동 같은 것도 마찬가지다. 조 교사가 지금의 학교에 전근 올 때, 다른 것은 몰라도 동아리 활동은 알차게 이루어진다는 말을 들었다고 한다. 그래서 기대를 많이 했다. 비록 공부는 못하지만 자기 반 학생들이 동아리 활동을 많이 하게 하면 되겠다고 생각했다. 그런데 동아리 활동 역시 성적이 좋은 학생들이나 "학교에서 주가 되는 애들" 중심으로 신입 회원을 뽑고 운영되었다. 선배들이 면접을 하고 신입 회원을 뽑는 과정에서 조 교사 반 학생들은 거의 탈락했다. 그의 반 학생들은 학교에서 만든 형식적인 동아리나 정원 미달인 동아리에 들어갔다.

  자기가 원하는 동아리가 아니라 그냥 배정이 된 동아리에 들어간 것이니 이 학생들이 무엇인가를 열심히, 주도적으로 할 리가 없다. 동아리 활동도 시간 때우기 식이다. 다른 학교 생활과 큰 차이가 없다. 조 교사는 이들이 이렇게 동아리 활동에서조차 수동적인 것이 학교 일이라면 무조건 싫어서 그런 것인지, 아니면 살아오면서 자기가 주도해서 뭔가를 해본 적이 없어서 그런 것인지, 그것도 아니면 스스로 자기를 소외시키는 것인지 잘 모르겠다고 말한다. 그걸 파악할 단서조차 주지 않을 정도로, 학생들은 교사가 묻는 말에 대해 "그냥요"라고 말하는 것 말고는 별 응답이 없다고 한다.

이런 상태에서 성적이 좋지 않은 학생들은 학교에서 매사에 무기력할 수밖에 없다. 이미 학습에서 소외된 학생들이기 때문에 교사와 열성적으로 관계를 맺으려고 하지 않는다. 자기가 얼마나 모르는가를 드러내는 것은 부끄러운 일이고, 교사가 열심히 가르치겠다고 다가오는 것도 부담스럽고 귀찮다고 생각한다. 이미 자기는 많이 뒤처졌기 때문에 다른 학생들을 따라갈 수 없다고 생각하는 터라, 조금만 하면 된다는 그런 생각도 별로 없다. 그러니 학생과 교사의 관계는 점점 배움과 무관해지는 것이다. 이런 상태가 한 번 나타나면 학생들은 좀처럼 교사에게 신뢰를 보내지 않게 된다.

그럼에도, 이 글에 등장하는 이들처럼 이런 학생들을 만나기 위해 갖은 노력을 다하면서 수업을 이끄는 교사들이 있다. 이 교사들은 무엇보다 학생들과의 무관한 관계를 경험을 나누는 관계로 바꾸기 위해 노력하고 있다. 교육과정 운영이 비교적 자유로운 국어나 역사 과목에서는 수행평가를 통해 학생들의 흥미를 끌어내기 위해 노력한다. 자서전 쓰기나 주변 인물 탐방 같은 것도 한다. 저자와의 만남을 주선하기도 하고, 학생들이 안 나서면 교사가 저자와 접촉해서 "밥상을 다 차려주기도" 한다. 이 모든 것 중에서 가장 기본이 학생들의 이름을 외우고 부르며 눈을 마주치는 것이라고 한다. 수학이나 과학 과목은 특성상 국어 과목과는 달리 수행평가 등을 통해 학생들의 관심을 이끌어내기가 쉽지 않다. 바로 이 때문에 최 교사는 학생들의 이름을 부르는 것이 더욱 중요하다고 말한다.

생활기록부에서 사진 출력을 해서 아이들 이름을 다 외웠어요. 원래는 이름을 잘 못 외우는데, 일주일 동안 제가 스스로 과제로 삼았어요. 이름만 적힌 출석부는 집어치우고 사진을 보면서 외웠죠. 그랬더니 학생들이 신기해하더군요. 학생들이 반응을 보이기 시작했어요. 생활기록부에 있는 자기 사진이 마음에 안 든다고 다른 사진을 주는 아이들도 있었어요. 또 "이름을 왜 불러요?"라고 묻는 학생들도 있었어요. "제 이름 뭐게요?"라고 테스트하는 학생들도 있죠. 그렇게 한 이후부터 수업이 잘되고 있어요. 이제 아이들이 수업 내용을 들어주는 것 같아요. 고맙게도 들어줘요. "1분단 뒤의 너 일어나라"고 하면 안 움직이던 학생들이, 이름을 부르면 10분은 버텨요. 이름을 불렀을 때 환해진 아이들이 많아요. (최 교사)

많은 교사들이 학생들과 눈을 맞추고 이름을 부르며 그들에게 전달할 수 있는 내용의 수업을 만들기 위해 고군분투한다. 이때 중요한 것 하나는, 교사가 학생과 그리 다르지 않다는 점을 알게 해주는 것이다. 학생들로 하여금 자기의 경험이나 생활에서 이야깃거리를 끄집어내게 만들려고 교사가 먼저 그와 비슷한 경험을 꺼내는 것을 말한다. 학생들은 교사를 자기와는 다른 사람이라고 여기는 경우가 생각보다 많다. 교사라는 직업이 매우 규범적인데다 교사들 역시 규범적인 말을 많이 하고 스스로를 규범적으로 드러내기 때문이다. 이 때문에 특히 성적이 낮은 학생들은 교사가 자신과 같은 경험을 했을 것이라고 기대하지 않는다. 그래서 교사 자신이 '망가진 이야기'를 하면 학생들은 무척 재미있어한다.

윤 교사는 자신이 국어 교사인데도 국어를 못했고, 발음이 안 좋아서 대학 다닐 때 교수들로부터 구박을 받았던 이야기를 해주자 학생들이 아주 좋아한다는 것을 발견했다. 대학 다닐 때 '국어 공대생'이라고 교수들한테 놀림당했다는 말을 학생들에게 해주면 학생들이 글쓰기를 할 때 긴장을 좀 푸는 편이라고 한다. 대다수의 학생에게 글을 쓰는 것은 사실 고통이다. 그래서 교사가 먼저 자신도 글을 잘 못 쓴다고 말하고 그 때문에 고통받았던 이야기를 하면, 학생들은 '저 선생에게는 글을 좀 못 쓴다고 해서 야단을 맞지는 않겠구나' 하고 생각한다는 것이다. 윤 교사는 학생들이 글을 못 쓰는 것에 대해 지적하지 않고 대신 학생들의 글솜씨가 조금씩 는다고 말해준다.

이처럼 교사가 스스로 망가진 이야기, 잘못했던 이야기를 하면 학생들 역시 그 교사에게는 자신의 이야기를 드러내도 괜찮겠다고 생각하게 된다. '널브러진 애들'일수록 교사는 늘 야단치는 사람이었기 때문에, 자기 이야기를 솔직하게 드러냈다가는 또 야단이나 맞을 것이라는 생각에 움츠러들고 스스로를 잘 보여주지 않는다. 더구나 교사들이 하는 규범적인 이야기는 잘 와닿지도 않고 그런 이야기를 듣는다고 해서 머릿속에 떠오르는 생각도 없다. 반면 교사가 자신이 잘못한 이야기나 실수 그리고 상처와 고통을 드러내면 학생들도 머릿속에 교사의 경험과 비슷한 일을 생생하게 떠올릴 수 있고 그걸 드러내도 된다고 생각하는 것이다.

이것을 잘 보여주는 것이 윤 교사의 '도둑질' 이야기다. 윤 교사는 '상처'를 화두로 삼아 글쓰기 수업을 했다. 이 수업을 하기 전에 그는 먼저 학생들에게 자기가 겪었던 이야기를 들려주었다. 초등학교 시절에 오빠와 같이 구멍가게에서 도둑질을 한 사건이었다. 주인에게 잡혀서 오빠는 오리걸음으로 운동장을 돌고 자신은 훔친 물건을 들고 눈물 콧물을 줄줄 흘리면서 서 있었는데, 그게 아직까지도 마음의 상처라고 학생들에게 말해주었다. 윤 교사는 이때 학생들의 반응이 상당히 좋았다고 말했다. 그에게 "샘, 그건 도둑질이에요"라거나 "샘, 잘못하신 거예요. 반성하세요"라고 학생들이 말을 걸어왔다. 윤 교사는 학생들이 이런 반응을 보일 때 "그래, 나도 잘못했다고 생각한다. 그런데 너희는 그런 경험 없냐? 그런 상처를 한번 써봐라" 하고 제안했다.

다행히 학생들은 이 수업에 깜짝 놀랄 정도로 호응을 보여주었다. "학생들이 다 도둑놈들이었던 거 있죠" 하며 윤 교사는 깔깔 웃었다. 교사가 먼저 자신의 상처를 보여주자 학생들도 '이 정도는 개방해도 되겠구나'라고 생각한 것 같다고 했다. 평소에는 글을 한두 줄밖에 쓰지 못하던 학생들도 솔직하게 쓰게 되자(점수도 큰 작용을 했다. 길게 써야 점수를 많이 준다고 미리 말했다고 한

다) 글의 분량도 많이 늘어났다. 다들 자기 상처를 솔직하게 드러내 점수를 차별적으로 주기가 힘들었다고 한다. 그래서 모두에게 좋은 점수를 주자 성적이 좋은 학생들이 변별력이 없다고 불평을 했다. 이 때문에 윤 교사는, 좋은 수업을 했지만 입시체제에서는 한계가 있을 수밖에 없다며 씁쓸해했다. 교사의 진정성은 여전히 학생들에게 다가서는 데 핵심적인 태도이지만, 입시체제에서 '공부하는 애들'과 '널브러진 애들'로 분할되어 있는 교실을 넘어서기는 쉽지 않은 것이다.

어떤 수업은 필요 없는 '공부하는 애들'

입시경쟁에 뛰어든 학생들에 의해서도 수업 붕괴는 일어난다. 다만 그 양상이 다를 뿐이다. 그들에게는 대학에 진학하는 것이 가장 중요한 목표이며 수업이란 입시를 위한 도구일 뿐이다. 따라서 입시를 위해 선택한 과목인지 그렇지 않은지, 혹은 학원에서 배우는 것보다 더 유효한지 그렇지 않은지, 내신에는 얼마나 반영이 되는지 등등에 따라 선별적이고 전략적으로 수업에 집중할지 말지를 선택한다. '널브러진 애들'의 수업 붕괴가 그들의 '몸'과 교실과 수업이 요구하는 '몸'의 불일치에서 생기는 것이라면, '공부하는 애들'의 수업 붕괴는 몸의 문제가 아니라 전략적 판단의 문제인 것이다.

앞서 인문계 고등학교에서 교과서에 나오는 문학 작품이 학생들의 삶과 상관이 없기 때문에 수업을 하며 절망할 수밖에 없었던 이야기를 들려준 박 교사는, 특목고에서도 수업 붕괴가 일어난다고 말한다. 대학 입시와 상관없는 과목에서는 수업이 무너진다. 그래도 자신이 가르치는 국어 수업에서는 덜한 편이지만 내신 성적에 반영되지 않는 국사 같은 수업은 완전히 붕괴되었다고 한다. 교사들이 수업을 마치고 돌아오면 자괴감에 빠진다고 한다. 예외 없다고 할 정도로 학생들이 다 잠을 잔다. "수학 시간에 정신 차려서 들어야 하기 때문"이란다. 수학 시간에 학생들이 자면 수학 교사는 "수학 시간에 자지 말고 다른 과목 시간에 자라"고 충고하기까지 한다. 그래서 그 '다른 과목'에 해당하는 교사들은 수업을 마치고 나면 "개새끼들"이라는 욕을 달고 나온다.

입시에 맞춰서 딱 계산을 해보면 이 과목은 할 필요가 없는 거예요. 어쩌면 교사와 학생이 공모해서 무너뜨린 거죠. "이 시간에는 자고, 수학, 영어, 과학 시간에는 열심히 들어." 제가 그때 문학 수업을 하면서 어떤 시를 모방해서 시를 쓰라고 했어요. 그 시가 누구는 얼마, 누구는 얼마, 이런 시였는데, 한 학생이 수학 선생 이름을 대고 5000원, 내 이름을 대면서 500원, 누구는 300원, 이런 시를 쓴 거죠. "자기는 매일 수학 누구만 먹는다, 그런데 국어는 먹기는 힘든데 버리기도 아까워서 냉장고에 넣어놔서 썩히는 중"이라고. 정보(컴퓨터) 선생 이름을 넣어서는 이것마저 먹는 애들을 비웃으며, "자기는 과감히 버린다"라고 해요.

이게 무슨 말인가 하면, 수학은 죽어라고 하는 거예요. 먹는 거예요. 몇 천 원짜리라도 몇 번이라도 사서 먹는 거죠. 저는, 국어는, 내신에 들어가기는 하는데 그렇게 중요하지는 않잖아요. 버리지도 못하고 그렇다고 확 먹지도 못하니까 냉장고에 처넣고. 국사나 컴퓨터 수업 같은 경우에는 내신에 안 들어가니까 자기는 과감하게 버린다면서, 그런 것까지 열심히 하는 아이들을 막 비웃는 거예요. 아이들이 백 프로 공감하는 거예요. 자기들의 실제가 그렇다고 공감하는 거죠. (박 교사)

초등학교에서도 마찬가지다. 장 교사는 그 도시에서 가장 부유한 지역에 있는 초등학교에서 근무한다. 그 지역 학부모들은 자녀들 공부를 많이 시킨다. 그래서 학생들이 늘 수업 시간에 잠을 잔다. 장 교사가 다른 지역의 초등학교에서 근무할 때는 별로 나타나지 않은 현상이었다고 한다. 수업을 대하는 태도도 다르다. 선행학습을 다 하고 온 상태라서 교사가 무슨 이야기를 해도 지루해하고 듣기 싫어하는 태도가 역력하다. 장 교사는 "학생들이 '날 잡아 잡수세요'라는 표정으로 수업 시간에 나를 쳐다본다"며 한숨을 내쉬었다.

이해 못할 일도 아니다. 학교를 마치자마자 학원에 가는 학생들이 3분의 2는 된다. 그 학생들은 학교에 와서도 학원 숙제를 하느라 바쁘다. 어떤 학생들은 학원 숙제 외에 과외 교사가 내준 숙제까지 해야 해서 학교에 와서 학원 숙제를 하는 역전현상이 벌어진다. 학생들에게는 학원 숙제가 학교 수업보다 더 급하다. 학원과 학습지, 과외는 부모의 직접적인 감독 아래에 있기 때문이다. 부모들 역시 성적을 올리는 것은 학원이지 학교라고 생각하지 않기 때문에 학원 숙제에 더 신경을 쓴다. 학교는 학생들을 잘 돌봐주기만 하면 된다고 생각한다. 그래서 학원을 다니지 않는 몇 명만 수업을 귀 기울여서 듣고 나머지는 다 숙제하느라 바쁜 것이다.

하루에 학습지 네 장을 풀어요. 근데 아이들이 그 네 장 풀이를 제때 하기가 힘들거든요. 한 번 미루면 여덟 장, 학습지 교사가 일주일에 한 번씩 오니까 매일 미루다가 학습지 교사가 오는 날 한꺼번에 해요. 그러니 학습지 교사 오기 전 날은 학교에서 틈틈이 학습지 숙제하기 바쁜 거예요. 그런데 또 아이들이니 놀아야 되잖아요. 놀 시간이 없으니까 쉬는 시간에는 놀아야 해요. 그러고 나서 수업 시간에 학습지를 풀려고 하는 거죠. 학원 숙제를 안 하면 엄마한테 혼나니까 그건 해야 하거든요. 그러니 차라리 저한테 떼를 써요. 수업 안 하면 안 되냐고. 제가 체벌을 하는 것도 아니니 위험부담도 없고, 그래서 대놓고 수업 듣기 싫다고 짜증을 내요. (장 교사)

학교에 학원이 보조로 있는 것이 아니라 학원에 학교가 보조로 있다. 그래서 학생들을 걱정하는 교사들은 학원에서 학생들이 얼마나 피곤할까를 계산하면서 수업을 진행해야 한다. 학생들이 이미 지쳐 있으므로 더 부담을 주고 싶지 않기 때문이다. 장 교사는 수업을 재미있게 해보려고 하다가도 '내가 이걸 해야 하나 말아야 하나'를 고민하게 된다고 말한다.

아이들도 엄마들도 학교에서 배운다고 생각하지 않아요. 제가 올해 알았는데요. 국가 수준 성취도평가를 하잖아요. 그걸 초등학교 엄마들은 아무도 신경 안 쓴대요. 등수가 나오는 게 아니니까. 레벨이 올라가는 학원 시험이 더 중요하대요.(웃음) 아무 상관없는 시험이라고 생각한대요. 일제고사 성적 올리기는 선생들만 급급하죠. 성과급 같은 게 달려 있으니까. 엄마들은 자기 애 등수에 관심 있지, 학교가 어떤 등급이 나오는지는 신경 쓰지 않아요.
  학교에서 치는 기말고사가 있어요. 그게 오히려 엄마들의 관심사래요. 학교 시험을 치고 나면 그다음 날 등수가 나와서 아파트에 좍 돌거든요. 누가 전교 일등이라더라. 정작 학교에서는 등수를 안 내는데, 등수가 좍 돌아요. 기말고사에 신경 쓰다는 것도 학원에 아이를 보냈으니 그게 얼마나 효과가 있나, 그걸 시험해보는 장이기 때문이죠. 학교에서 배운다는 생각은 오래전에 떠난 것 같아요. 누가 사교육을 잘 시켰나 시험해주는 것이 학교인 거죠. (장 교사)

학생들은 성적에 목숨을 걸어야 한다. 초·중·고등학교를 가리지 않고 이렇게 성적에 목을 매는 학생들 중에 "이기적이고 성격

파탄"인 학생들이 있다고 극언까지 하는 교사들도 있다. 시험점수 1~2점에 "목숨을 걸고" 따진다는 것이다. 수행평가 비중이 높으면 성적이 좋은 학생들은 이게 객관적이고 합리적이냐고 따진다. 말은 경쟁은 공정해야 하기 때문이라고 하지만, 잘 들어보면 공정함을 추구하는 것이 아니다. 중요한 것은 오로지 자기에게 유리하냐 불리하냐이다. 게임식으로 수업을 진행하고 그 결과로 평가를 하면 "게임 따위로" 점수를 준다고 따진다. 모두가 열심히 했으니 다 100점을 주자고 하면 "그런 게 어디 있냐?"고 투덜거린다. 시험문제를 쉽게 내는 것도 싫어한다. 점수 차이가 많이 나야 하는데 그렇지 못하다고 또 따진다.

임 교사는 지난 학기 중간고사에서 자신이 가르치지 않은 것을 시험문제로 냈다가 학기 말이 되도록 한 학생 때문에 곤욕을 치렀다. 수업 시간에 들어갈 때마다 그 학생이 "문제가 잘못되었다, 그런 문제를 내서는 안 되는 것 아니냐"며 항의를 했다. 그 학생은 "띄어쓰기 같은 문제를 내면 안 된다, 만약 수능에 출제되었다면 아마 문제가 많았을 것이다, 문제가 이상하다"라며 불만스러운 얼굴 반, 억울하다는 얼굴 반으로 '입을 삐죽이 내밀며 불손하게' 말했다고 한다. 사실 이미 이 문제에 대해서는 "지나치게 점수가 높게 나오는 것을 방지하기 위해" "일부러 낸 비겁한 의도"가 있었음을 임 교사 스스로도 인정한다(임 교사가 문제를 이렇게 낼 수밖에 없었던 이유는 7장에서 제시된다). 문제집을 많이 풀었다 하더라도 대처할 수 없는 문제여서 시험 공부를 열심히 한 학생들이 특히 불만을 가질 수 있는 문제였다. 그래서 사과를 했음에도, 그 학생에게는 자기 미래가 걸린 문제였다. 이 학생은 다시 3일 후에 임 교사에게 "**따지듯 질문**"을 했다고 한다.

많은 교사들이 학생들이 지나치게 계산적이라고 말한다. 그런데 학생들이 이렇게 나올 수밖에 없는 이유가 있다. 입시 제도 탓이다. 대학에 가는 데 내신이 중요한 비중을 차지하기 때문에, 학생들을 무조건 9등급으로 나눠야 한다. 문제가 쉽게 나오면 입시에 치명타가 가해진다. 1등급이 4퍼센트가 되어야 한다. 4퍼센트를 넘어가면 1등급이 사라진다. 특히 국·영·수에서 1등급이 4퍼센트 이상 나오면 학교 전체가 발칵 뒤집힐 수밖에 없다. 서울대를 많이 보내야 학교 평가가 좋아지는데, 1등급이 없어지면 서울대를 보낼 수 없기 때문이다. 학생들의 입장도 마찬가지다. 입시에 도움이 되는 과목과 그렇지 않은 과목을 구분하고 거기에 맞춰서 행동해야 한다. 강 교사는 이 때문에 대학 입시나 수능과 관련이 없는 수업에서는 '합의된 붕괴'가 일어난다고 말한다. 학생과 교사 사이에 공모 관계가 성립되는 것이다.

수업 붕괴가 일어나는 데는 아이들 요인도 있지만 입시 요인도 있어요. 특히 고등학교 선택 과목 수업은 이미 붕괴된 지 오래됐어요. 그러니까 이과 학생에게 문과 과목, 문과 학생에게 이과 과목, 이런 선택 과목은 이미 교사나 학생 사이에 합의된 붕괴가 있는 거예요. 선생님도 대충 활동이나 영상을 보여주고 마무리하거나, 뮤

직비디오 보여주고 감상문 쓰게 하거나, 노래 한 곡 부르게 하고 평가하거나. 그것도 수업 시간에 충분히 연습하게 해서 점수 잘 주고, 이렇게 수업 방식을 나이브하게 바꾸는 거지. 어쨌든 그런 식의 방법들을 찾아나가고. 나는 어느 게 먼저인지 모르겠는데, 수업 붕괴라는 게 어느 시간에만 일어나는 게 아니에요. 아이들이 수업을 안 들어도 된다는 것을 학습하는 순간에 쫙 퍼져나가는 거죠. 그러니까 사실 제도적 붕괴가 먼저냐, 학습자에 의한 붕괴가 먼저냐, 어떤 게 먼저인지는 모르겠지만 어쨌든 붕괴는 일어났고, 그 기운은 아이들 사이에 퍼져 있고, 근데 그게 '드러나는가, 안 드러나는가' 그런 차이만 있는 거 아닌가 싶어요. (강 교사)

강 교사는 수업 붕괴는 학생들이 수업을 듣지 않아도 된다는 것을 학습하는 순간 이미 발생한다고 말한다. 학생들이 '아, 이 수업은 안 들어도 되는구나'라고 생각하는 순간 그 수업을 진행하는 교사와 학생 사이는 무의미한 관계, 무관한 관계가 된다. 같은 공간에 있지만 둘 사이를 매개하는 것은 없다. 수업을 통해 지식이 전수되는 것도 아니고 경험이 전달되는 것도 아니다. 그저 시간 자체를 때우기 위해 기계적으로 한 공간에 있는 것에 불과하다. 요즘은 아예 공간을 둘로 분할하여 수업을 하기도 한다.

투명 칸막이가 있다고, 어떤 선생님은 그런 표현을 했어요. 분단을 정해준대요. 자습할 사람 이리 앉아라 하고. 그 과목 안 들을 학생들을 한 분단에 몰아넣고, 칸막이가 있다고 생각하고 수업을 하는 거예요. 슬픈 건 그 분단이 늘어난다는 거죠. 그 과목을 선택한 학생들조차도, 3학년 2학기가 되면 돌파구가 안 보이니까 적성검사 준비를 하겠다는 둥 하는 거죠, 갑자기. 자기가 그 과목을 선택했어도 수능 봐서 대학을 갈 수 있을지 없을지 불안하니까, 다른 경로를 자꾸 찾는 거예요. 그러다 보면 수업을 들을 여지는 없어지고 저쪽 칸이 점점 커지는 거야. 그래서 나중에는 수업을 듣는 애들이 한 줌밖에 안 남고. 심지어 공부 잘하는 학생들은 "아우, 저 선생은 왜 저렇게 목소리가 커. 자습하는 데 방해되게" 이런다는 거야. (강 교사)

이러한 전략적 수업 붕괴 상황에서 국·영·수가 아닌 과목을 가르치는 교사들이 느끼는 자괴감은 공식적인 수업에서조차 교사로서 존재감을 상실했다는 데서 나온다. 역사를 가르치는 정 교사는 "근현대사가 필요 없는 친구들"이 생기면서 그들에게 수업을 하는 것이 "얼마나 고통스러운지를 작년에 처음 느끼고"는 "이런 상태가 1년 내내 계속되면 정말 못 살겠구나"라고 생각했다고 한다. 그러나 이런 고통은 다음 학년이나 다음 학기에 조금 상황이 나아지면 그냥 잊어버리곤 한다는 것이다. 작년(2011년)처럼 수업이 잘 안 되면 "뭔가 돌파구를 찾아보는 것에 대해 진지하게" 생각한다. 하지만 지금처럼 학생들이 열심히 듣거나 하면 학생들이 "끌려오니까" 그리고 자신은 "끌려가니까" 잊어버린다고 한다.

어떤 교사의 의미는 자신의 과목이 선택되는가 그렇지 않은가에 따라 결정되며, 이에 따라 교사들은 '조울증'적 상태를 반복할 수밖에 없다. 그러다 보니 교사와 학생 사이의 관계뿐만 아니라 한 교사의 삶도 연속적이고 성찰적으로 구성될 수 없고 상황에 따라 단절적으로 전개된다. '삶의 서사'가 불가능해지는 것이다.

나아가 수업 붕괴는 이야기의 부재를 의미한다. 나는 대학에서 '교육과 문화'라는 수업을 하면서 학생들에게 기억에 남는 수업에 대해서 글을 써보라고 한 적이 있었다. 이 주문에 대해 대학생들은 크게 당황했다. 평소에는 글을 꽤나 성찰적으로 쓰던 학생들도 과제를 못한 경우가 많았다. 학생들에게 왜 그런지에 대해 물어보니 생각나는 수업이 없어서 그렇다고 대답했다. 초·중·고등학교 때 공부를 잘힌 친구들도 마찬가지였다. 몇몇 학생은 이 과제가 가장 고통스러운 주제였다고 토로했다. 한참을 생각한 후에 비로소 몇몇 에피소드를 떠올린 학생들도 있었다. 그러나 그들이 떠올린 것은 수업과는 무관한 것이 대부분이었다. 교사가 수업 시간에 교과 내용과는 상관없이 시사적인 내용이나 삶에 대해 충격적인 이야기를 한 것이 인상 깊었다는 정도였다. 학교에서 보내는 절대 다수의 시간이 수업이라는 것을 생각해보면, 아무도 수업을 기억하지 못하고 있다는 것은 놀라운 일이다. 때문에 '학교에서 우리는 무엇을 하고 있는지' 심각한 질문을 던지지 않을 수 없다.

우리가 어떤 경험을 기억한다는 것은 그것이 재미있거나 혹은 교훈적이었을 때다. 수업이 재미있기 위해서는 학생들 스스로가 뭔가를 하고 그전에는 알지 못하던 '경이로운 것'을 발견해야 한다. 그래야 그것이 인상 깊게 기억에 남게 된다. 그전까지는 없던 깨달음이 있어야 기억되는 것이다. 그런데 수업이라는 시간은 학생들에게 재미있지도 않았고 교훈적인 것을 주지도 않았다. '공부하는 애들'에게는 빨리빨리 정보를 습득하고 소비하는 공간에 불과하고 '널브러진 애들'에게는 그조차 의미가 없다. 수업 시간에 교사나 다른 학생들과 같이 재미있는 뭔가를 해본 기억도 없다. 그렇기 때문에 수업은 교사와 학생, 학생과 학생이 한 공간에 모여 있지만 공동의 기억을 만들어내지 못한다는 점에서 결속이 부재한 시공간이다.

바로 이런 점 때문에 '공부하는 애들'을 입시체제의 수업이라는 틀 바깥에서 만나기 위해 노력하는 교사들이 있다. '널브러진 애들'보다는 수업 태도도 진지하고 잘 따라오지만, 그것은 아무래도 성적과 연결되어 있다. 이 때문에 동아리 활동이나 대외 활동을 통해 '공부하는 애들'에게 자신들의 이야기를 들려주고 공동의 경험을 만들기 위해 애쓰는 것이다. 이 책에서 소개하는 교사 중 몇 명이 하고 있는 독서토론 모임과 같은 자리가 그렇다. 이들이 학교에서 이끌고 있는 독서토론 동아리는 입시를 위한 '스펙'을 쌓는 것과는 거리가 있지만, 그래도 진지함과 재미 때문에 성적이 좋은 학생들을 중심으로 꾸준히 운영된다고 한다. 물론 수행평가 때문에 참석하는 학생들도 있고, 처음에는 '불안해했지만' 곧 책 읽는 재미에 빠져 독서토론회에 열심히 참여하게 되는 학생들도 생긴다고 한다. 손 교사는 이들과 함께 '엄격하게' 동아리를 운영하는 편이다. 정해진 책을 반드시 읽어 와야만 토론에 참석할 수 있으며, 연말에는 학생들과 함께 여행을 떠나기도 하는데 잘 운영되고 있는 편이라고 한다.

이런 독서토론회와 같은 교내 동아리 활동은 교사들의 자발적인 노력으로 지역의 연합 활동으로 이어지기도 한다. 류 교사 등은 지역의 대학과 연결해서 매학기 '청소년 인문학 교실'을 열고 있는데, 초청강사는 교사들이 협의해서 주제를 정한 다음 선정한다. 그리고 각 교사들이 이끌고 있는 독서토론회의 학생들에게 강사가 쓰거나 선정한 책을 읽고 먼저 토론한 다음 강연회에 참여하게 한다. 보통 토요일이나 일요일에 강의가 있는데, 교사들은 새벽부터 학생들을 자신의 차로 강연장이 있는 지역의 대학까지 태워준다. 물론 이 행사에 참여하는 것은 학교에서 대외 활동으로 인정받는 것도 아니라 순전히 몇몇 교사의 자발적인 노력으로 이루어지는 일이다.

그러나 앞으로 살펴보겠지만 이런 몇몇 교사의 개별적인 고군분투는 교육현장의 관료주의와 안전에 대한 강박 그리고 동료 교사들의 냉소와 업적 중심으로 교사를 평가하는 제도에 의해 가로막히게 된다. 교장을 비롯한 관리자들은 교사들의 자발적 노력이 불온한 것은 아닌지 늘 감시하고 있다. 학생들의 자발적인 동아리를 사조직으로 몰아붙이며, 사조직을 만들지 말라고 노골적으로 금지시키기도 한다. 또한 이런 활동이 초래할지도 모르는 안전

문제에서 책임을 회피하기 위해서라도 가급적 '아무것도 하지 말 것'을 요구한다. 그러나 이런 자발적 노력을 하는 교사들이 가장 참기 힘들어하는 것은 동료 교사들의 냉소적 시선이다. 어떤 교사들은 이들의 노력이 자신의 교육 방식을 비판하는 것이라며 노골적으로 불만을 나타내기도 한다. 학교가 어떻게 교사의 자발적 노력을 가로막는지는 2부와 3부에서 보다 자세히 살펴보도록 하겠다.

교사들은 이런 사고가 발생하지 않는 것이
오히려 이상할 정도라고 말하며, 사건이 발생하면
'드디어 터질 것이 터졌구나'라고 먼저 생각한다고 말한다.

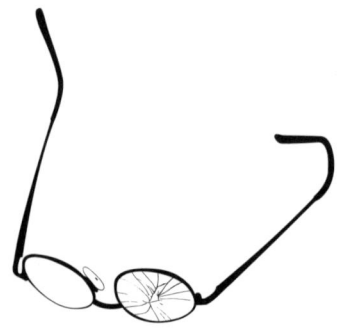

103
학생들의 분노와 학교 폭력

섬바디와 노바디의 먹이사슬

학교의 위기 한편에 수업 붕괴가 있다면, 다른 한편에는 학교 폭력의 문제가 있다. 학교 폭력이 사회적으로 큰 문제가 되기 시작한 것은 1990년대 중반부터이다. 흔히 '왕따'라고 알려져 있는 집단따돌림 현상이 학생들 사이에서 "급속도로 확산"되고 "따돌림당하던 아이가 자살이라는 극단적인 방법을 선택하고, 급우를 괴롭힌 고등학생이 검찰에 구속되고, 피해학생 부모가 학교와 교육청에 따돌림의 책임을 물어 손해배상을 청구"(가우디, 1999: 15)하는 일이 벌어지면서, 학교 폭력은 학교의 문제가 아닌 사회의 문제가 되었다. 1998년의 자료에 따르면 학교 폭력에 대한 상담 중에서 43.3퍼센트가 왕따에 대한 상담이었고, 48.1퍼센트의 학생들이 가해의 경험이 있다고 말했다(위의 책: 16-17). 2000년에 들어와 왕따와 일진 등은 꾸준히 사회 문제로 다루어지다가 2011년 겨울 대구에서 일어난 한 중학생의 자살 사건으로 가장 뜨거운 교육적 이슈가 되었다.

특히 문제가 되고 있는 것은 '왕따'와 약자들에 대한 강자의 공격이다. 학교 폭력이 과거와 달라진 것이 있다면 위계에 따른 신분적 폭력이라는 점이라고 한다(조용선, 2012). 학교 자체가 맨 아래층에 있는 '왕따'에서부터 맨 위의 '관리자'에 이르기까지 성별, 나이, 경제 등에 따라 위계화되어 있고, 학생들 역시 '노페 계급도'*에서 볼 수 있는 것처럼 "'찌질이', '일반', '중상위권', '양아치', '있는 집 날라리(혹은 등골 브레이커)', '대장'"(위의 책: 14) 등으로 신분제적으로 위계화되어 있다는 것이다. 이때 강자들은 약자에 대해 아무런 감정적 결속감을 느끼지 못하는 경우가 많다. 피해학생들 역시 "친구가 없는 경우가 많"기 때문에 "그나마 무리 속에 섞여 지내는 삶을 유지하고 싶어서 폭력적인 요구를 거절하지 못하기도"(위의 책: 17) 한다는 것이다. 따라서 강자는 더욱 지능적이고 교묘하게 약자들을 공격하고 약자는 "어디까지가 장난이고 어디

---

* 패딩점퍼 브랜드인 노스페이스를 가격대별로 서열화한 것이다. 같은 브랜드의 옷을 입지만, 20만 원대 옷을 입은 '찌질이'에서 70만 원대 옷을 입는 '대장'까지 또 나뉜다.

부터가 폭력인지 인지 못하는"(위의 책: 16) 경우가 많다.

초등학교 교사인 장 교사가 맡고 있는 학급의 회장이자 성적이 월등히 좋은 학생이 수업을 지능적이고 지속적으로 방해하는 것이 그 예이다. "공부 못하는 학생들이 대놓고 하는 그런 것"이 아니라 "어른을 골려 먹으려고 하는 방해"가 공부 잘하는 학생에 의해 주도된다. 수업의 흐름을 끊고 다른 학생들의 호기심에 찬물을 끼얹는 방식이다. 자기는 이미 선행학습을 통해 다 알고 있으니까 재미가 없다는 것을 노골적으로 표시하기도 한다. 또, 다른 학생이 수업 시간에 교사가 묻는 말에 대답을 하면 비아냥거리거나 다른 대답을 해서 무안을 줘버린다고 한다.

가끔 그림책이나 동화책을 읽어줘요. 듣기 싫은 아이들은 안 듣고 누워 있으면 되는 거죠. 하루는 1학년짜리 꼬마들이 구덩이에 빠진 개를 구하는 이야기를 읽어주고 있었어요. 등장한 꼬마들이 어떻게 꺼내지 하고 고민하는 대목인데, 이야기를 듣는 아이들도 열중해서 어떻게 됐을까 궁금해하고 있었죠. 그런데 회장이 "119에 신고하면 되지" 이러는 거예요. 이게 그냥 장난스러운 말투가 아닌 거예요. 자기는 짜릿한가 봐요. 누군가 팽팽하게 열중하고 있는데, 그 줄을 꽉 끊어버리고 싶은 욕구가 있는 것 같아요.

수련회 가기 전에도 그런 일이 있었어요. 준비물하고 일정을 이야기하고 있었는데, 학급에서 비주류인 아이가 질문을 한 거죠. 애는 재밌는 생각도 많이 하는데 가끔 얘기가 다 진행된 상황에서 느닷

없이 뒷북도 좀 치는 애예요. 애가 "샘, 우리 반은 장기자랑 준비 안 합니까?" 하고 묻는 거예요. 이미 여자애들이 다 준비하고 있었거든요. 그래도 궁금한 게 당연하고 지금이라도 궁금해졌다는 건 학급 일에 관심이 있다는 말이잖아요. 그런데 회장이라는 애가 "조용히 해라. 넌 그게 그렇게 하고 싶냐" 하고 면박을 줬어요. 질문한 아이가 되게 상처를 받았어요. 관심이 있어서 물은 거니까요. 애가 화가 나서 "내가 언제 하고 싶다고 그랬냐?" 이러고, 회장은 또 "니가 하고 싶으니까 물어보는 것 아니냐"면서 쏴붙이고. 회장이 매사 이런 반응을 보이니까 반 애들이 말을 못해요. 말하면 면박이 돌아오니까. 근데 또 자기 친구들이 하는 말에는 가만있어요. 반의 주류들 말투가 있거든요. 선생님을 깎아내리거나 비아냥거리는 투. 이럴 때는 가만있는 거죠. (장 교사)

    장 교사가 보기에 주류로 분류되는 학생들은 대부분 공부를 잘하거나 운동을 잘하는 학생들이다. 비주류는 한 명을 빼고는 공부도 못하고 운동도 못하며 직책도 없는 학생들이다. 한 명은 집도 잘살고 공부도 잘하지만 주류들과 생각이 다르다는 이유로 비주류가 되었다고 한다. 결국 수련회에 가서는 장 교사의 지시를 무시하고 회장 마음대로 행동하는 일이 벌어졌다. 장 교사는 두 개의 방에 학생들을 배정하면서 왕따 문제를 방지하기 위해서 제비뽑기를 했다고 한다. 그런데 회장과 친한 학생들이 다른 방으로 배정되었다. 그러자 회장 마음대로 방 배정을 바꿔서 비주류인 학생들을 한 방으로 몰아넣은 것이다. 문제는 비주류인 학생들이 주류인 학생들에게 한마디 항의도 하지 못했다는 점이다.

애들은 뭉칠 힘이 없어요. 구심점이 없어요. 그러니까 제각각 투덜거리고 말죠. 애들이 모여 있는 방에 가니까 불만이 가득한 거예요. 쟤들 마음대로 바꿨다고. 그래서 "너희는 가만있었냐, 정해진 방인데 정정당당하게 얘기해야지" 하니까 저한테 다시 방을 바꿔 달라고 떼를 쓰는 거예요. 걔들 앞에선 말 못하고 저한테 쏟아내더라구요. 욕을 정말 많이 하더라고. 뭐라더라, 십원, 씨바, 씨바거리면서 정말 짜증나요, 이러고. 제가 회장을 불러서 그랬어요. "네가 회장이면서 방장 아니냐. 소금이라도 책임감이 있다면 이렇게 하지 말았어야지. 아무리 친한 친구랑 같은 방을 쓰고 싶어도, 우리가 제비뽑기해서 약속한 거 아니냐" 하고 좀 꾸짖었어요. 그런데 애가 "그게 아니구요, 씨발 개새끼……" 하면서 온몸을 부르르 떠는 거예요. 그럴 때는 아이 눈이 좀 정상적이지 않아요. 완전히 흥분해서. (장 교사)

이 일은 장 교사에게 큰 충격이었다. 그는 이 사건을 두 번이나 이야기하며 속상해했다. 이전에 근무한 학교에서도 이런 일들이 가끔 일어났다고 회상했다. 가난하고 성적이 낮은 학생들이 많이 다니는 학교였는데 그중에서 공부 잘하는 학생이 친구들을 괴롭혔다. 장 교사는 이 경우를 이야기하면서도 "**그런 아이가 폭력을 휘**

두른다"라고 다시 강조했다. 공부를 잘하고 엄마가 학교에 영향력을 행사하는 학생들은 특권의식 같은 것을 가지고 있다. 장 교사에 따르면 학교에서 "굉장히 지명도가 있는" 학생이라서 "이름을 대면 누구나 다 알고" 있으며 "주변 아파트 엄마들도 다 알고 있는" 학생이었다. 공부만 잘하는 것이 아니라 "육상부 에이스"이기까지 했다.

학급에 왕따를 당하는 아이가 하나 있었어요. 공부도 정말 못하고 냄새도 나고…… 그래서 다른 애들한테 대놓고 왕따를 당하는 아이예요. 걔가 아무 잘못도 하지 않았는데도 아이들이 자기 옆에 지나가기만 해도 싫어하고 그랬대요. 수학 시간에 문제를 풀 때 재능봉사라고 해서 공부 잘하는 애들한테 친구들을 좀 봐주게 했거든요. 육상부 에이스인 애가 공부를 잘하니까 왕따인 애를 좀 가르쳐주라고 이야기했더니, 걔를 정말 벌레를 보는 듯한 표정을 하고 대하고 그랬어요. 그런데 하루는, 왕따를 당하는 애가 교과전담 시간에 수업을 못 들어가고 우리 교실에 왔더라구요. 걔가 지나가다 부딪쳤다고 "너 나한테 죽는다"라고 했다면서, 그래서 도저히 수업에 못 들어가겠다고 쉬는 시간에는 화장실에 숨어 있다가 수업 시간 되니까 저한테 온 거예요. (장 교사)

두 학생의 사례는 학교에서의 폭력이 어떻게 서열화되어 있는지를 잘 보여주고 있다. 학교 내에서의 서열화가 단지 교사와 학생 사이, 혹은 학생들 간의 문제가 아니라 각각이 학교 내에서 가진 자원에 따라 교사와 학생 사이를 가로지르며 복잡하게 위계화되어 있는 셈이다. 일진의 경우에는 폭력 서열에서 여교사보다 더 높으며, 집이 잘살고 공부도 잘하는 학생의 경우에는 평교사보다 더 서열이 높고 큰 위세를 가지고 있다(조용선, 2012).

교사들도 왕따를 주도하는 학생들을 건드리지 않는다. 공부도 잘하고 인정받기 때문이다. 이들은 단지 학생들 사이에서만이 아니라 학교 전체에서 주류가 되어 교사도 우습게 알고 깔보는 경우가 많지만, 그들의 부모가 가진 힘 때문에 교사들도 그냥 눈감는 경우가 많다. 최 교사는 자신이 근무하는 학교에서는 교사들이 이런 학생들을 "엘리트 싸가지"라고 부른다고 했다. 최 교사와 다른 교사들의 말을 종합하면 이런 학생들은 사교육을 많이 받으면서 학교 수업은 "우습고", 교사들의 수준은 "같잖고", 수업은 내신 때문에 받지만 "거추장스럽고 귀찮기만" 하다. 또 이를 노골적으로 표시하기 때문에 교사들이 자존심이 많이 상하지만, "서울대 갈 아이", "학교를 빛낼 아이"라서 학교 전체가 보호하기 때문에 교사들도 어쩌지 못하는 경우가 많다고 한다.

반면에 비주류인 학생들은 자기네들끼리 뭉치지 못한다. 대신 "이 아이랑 친해지고 싶어서" "이 아이가 따돌리면 같이 따돌리고" 동조한다. 장 교사가 비주류라고 부르는 이 학생들은 전형적인 노바디nobody들이다. 풀러(2004)는 "사회적 신분의 차이에 그 뿌리를 두고 있는 차별"(위의 책: 26)을 '신분주의rankism'라고 부른다. 이 신분주의에 의해 사람은 "투명인간"(위의 책: 30)처럼 취급 받으면서 "모욕을 당하고, 괄시를 받으며, 착취와 무시에 시달"리는 노바디들과 "추종과 추앙의 대상"(위의 책: 31)이 되는 섬바디 somebody로 나뉜다.

풀러는 노바디와 섬바디를 나누는 중요한 요소는 인맥이라고 말한다. 섬바디들은 "아주 풍부한 인맥을 확보하고 있는 반면, 노바디들은 그렇지 못하다"(위의 책: 121). 이 인맥은 양에만 국한되는 것이 아니라 권력이라는 의미에서 질적이다. 양으로만 따지면 노바디야말로 훨씬 많지만 이들의 인맥은 쓸모가 없다. 풀러(위의 책: 123)에 따르면, 이들은 자신이 노바디로 분류되는 것을 수치스러워하기 때문에 스스로가 노바디임을 감추려고 한다. 그래서 이들은 서로 뭉치기보나는 등을 돌린다. "신분 때문에 학대받은 경험이 있는 사람들은 기회가 있으면 스스로 남을 학대"(위의 책: 123)하는 경향이 있다.

이것이 신분주의가 만들어내는 폭력적 양상이다. 텔레비전에 나오는 것처럼 가난하고 공부 못하는 학생들이 휘두르는 폭력보다, 주류와 비주류로 나눠서 가뜩이나 힘없는 학생들을 더 주눅들게 하는 것이 더 큰 문제인 것이다. 이 때문에 섬바디의 폭력으로 노바디가 된 학생들은 다른 노바디를 괴롭힘으로써 섬바디가 되려고 한다. 노바디를 파괴하는 것을 통해서만 섬바디 간의 결속이 일어나기 때문이다. 여기서 섬바디의 권력 남용이 시작된다. 장 교사는 이것이 더 심각한 폭력이라고 말한다. 그는 자신이 겪은 두 경우 모두에서, 교사를 노골적으로 무시하고 권력을 휘두르며 같은 반 친구들을 좌지우지한 학생이 나름의 스트레스와 분노를 가지고 있다고 말한다. 어렸을 때부터 영재라는 소리를 듣고 자라며 뭐든지 잘해야 했던 학생들로, 전형적인 섬바디였다.

고교 교사인 조 교사가 몇 년 전에 담임을 맡은 학급에서 일어난 왕따 사건은 섬바디들에게 왕따가 장난으로 받아들여지는 메커니즘을 잘 보여준다. 당시 조 교사가 맡은 학급은 학생 수는 많았지만 학교에서 제일 좋은 반이라는 평가를 받았다. 교사들에게도 우호적인 학생들이었다. 학교를 그만두고 싶어하거나 공부하기 싫어하는 학생도 몇 명 없었다. '올 한 해 편하게 지내겠구나' 하고 생각했다. 그러나 아무리 학생들이 착해도, 반에서는 서열이 만들어졌다. 이 과정에서 왕따 사건이 일어났다.

피해자가 된 학생은 1학년 때 이미 왕따 경험이 있는 학생이었다. 초등학교 때부터 따돌림을 받았고 친구들에게 물어보면 "○○는 원래 그래요"라는 말이 돌아왔다. 힘이 없고 표현이 어눌해서 심하게 공격을 받아 다친 적까지 있었다. 그래서 처음에는 다른 반에 배정되었지만 또 공격을 당할까 싶어서 2학년에서 학급 구성이 제일 좋았던 조 교사 반으로 옮기게 된 학생이었다. 학기 초에는 문제가 없었지만 5, 6월이 되어 반 분위기가 풀리면서 사건이 벌어졌다. 조 교사가 모르는 사이에 학생들이 이 친구에게 짓궂은 짓을 하면서 괴롭히기 시작한 것이다. 이런 일이 문제로 불거진 다음, 조 교사가 학생들에게 왜 이런 일이 있다는 것을 말하지 않았냐고 다그치자 학생들은 작년보다 훨씬 덜한 편이라서 말할 필요를 못 느꼈다고 털어놓았다. 사실 1학년 때 워낙 심한 일을 많이 당했기 때문에 가해자인 학생들도 이 정도로 괴롭히는 것이 문제가 될 줄 몰랐다는 것이다.

교사로서 무력감을 가장 심하게 느끼는 순간이 이렇게 약자를 괴롭히는 폭력 사건이 발생했을 때다. 교사들은 약한 친구들을 괴롭히는 모습을 봤을 때 학생들에 대해 실망하고 자기 자신에 대해서도 절망한다. 교육의 목적이자 교사의 존재가치는 학생들이 타자를 이해하고 관계가 넓고 깊어지게 하는 것이다. 류 교사에 따르면 타자란 원래 공유한 부분이 없는 존재들이기 때문에 불편하고, 그들을 이해하기 위해서는 인내해야 한다. 남을 이해하는 것이 그렇게 쉬운 일이 아니기 때문이다. 그는 "그 시간을 버텨주고 알아가는 과정을 통해 인간에 대한 이해나 배려 같은 것들이 생기지 않겠는가?"라고 반문했다. 그런데 학교는 타자를 만나고 이해하는 공간이 아니라 자기가 가진 권력으로 약자를 괴롭히고 파괴하는 공간이 되었다.

학교 폭력이 벌어지고 난 다음에 학생들이 흔히 하는 변명이 장난이라는 말이다. 그러나 이 말은 역으로 그들이 괴롭힘을 당한 사람의 입장을 한 번도 생각해보지 않았음을 드러낸다. 사태의 심각성은 오로지 그 사람의 입장에 서 있을 때에만 이해가 된다. 문제는 이 사회적 약자들은 역지사지의 대상이 되지 못한다는 점이다. 그들의 입장에서 생각해볼 필요가 없는 존재들이기 때문에 감정이입을 할 이유가 없다. 이런 현상을 나는 공감/동감 능력의 상실로서의 감정적 단절이라고 부른다. 교실은, 모르는 존재를 만나 그들에게 감정적으로 이입하면서 타자가 되는 경험을 하는 공간이 아니라 다름을 배제하고 차별하는 단절의 공간이 되고 있다.

장난이라는 말에는 타자가 상처받을 가능성에 대한 고려가 없다. 고통받는 타자의 얼굴 앞에서 '나'는 더 이상 정당할 수가 없게 된다. 고통받는 타자의 얼굴은 '나'의 정당성과 질서에 충격을 가하고 균열을 내기 때문이다. 그런데 장난이라는 말은 고통받는 타자에게서 얼굴을 지워버리는 폭력이다. 장난이라는 말로 타자의 고통은 '내 질서'에 충격을 가하는 것이 아니라 '내 유희'를 정당화하는 것으로 역전되는 것이다. 타자를 괴롭히는 것이 그에게 상처를 주는 행위로 여겨지지 않기 때문에 그의 얼굴에서 고통을 발견할 수 있는 길이 원천적으로 봉쇄된다.

건드리면 폭발한다, 적대화되는 교사와 학생

학생들 간의 폭력 문제에 교사들이 관여하기란 쉽지 않은 일이다. 사실 대부분의 교사들은 학생들 사이에서 어떤 일이 일어나는지 잘 모르고 있다. 사건이 벌어지고 나서야 그런 일이 있다는 것을 아는 경우가 허다하다. 학생들의 세계를 잘 모를뿐더러 알 수 있는 방법이 별로 없기 때문이다. 잡무에 시달리느라 시간이 나지도 않을뿐더러 학생들과 깊은 관계를 맺으려고 하지 않는다. 혹여 교사가 학생들에게 다가선다 하더라도 학생들이 쉽게 마음을 열고 다가오는 것도 아니다. 교사와 학생의 관계는 하루 종일 절대 다수의 시간을 같이 보내는 것 같지만 밖에서 생각하는 것보다 그리 친밀하지 못하다. 다수의 학생들은 교사와 무관하게 학교 생활을 한다.

그래도 이 책에 등장하는 교사들은 학생들에게 다가서려고 노력하는 이들이다. 이들에게 학교란 일차적으로 학생들을 만나는 공간이고, 학생들과의 만남을 통해서 자기 존재가치를 발견하는 공간이기 때문이다. 요컨대 학생들과의 만남은 이들이 교사로서 자기 정체성을 가지고 삶을 서사적으로 기획할 수 있는 가장 근본이 되는 만남이다. 그렇기 때문에 이들은 학생들과의 만남을 통해서 모범생이었던 자기 한계를 절감하고 사람과 삶에 대한 자신의 인식과 앎의 부족함을 반성하며 교사로서 성장해왔다. 이들은 교사가 진정성을 가지고 대한다면 충분히 학생들과 만날 수 있을 것이라고 믿었다. 그런데 이들조차도 이제는 학생들에게 다가서는 것이 그리 쉽지 않다는 사실을 절감하고 있다.

몇 년 전만 하더라도 신 교사는 교실이 붕괴하고 수업을 교사가 장악하지 못하는 것은 개별 교사의 능력이 부족한 탓이라고 생각했다. 학생이 교사에게 대들었다면, 교사가 빌미를 먼저 제공했기 때문이라고 확신했던 것이다. 그런데 그게 개별 교사의 노력으로 되는 일이 아니라는 것을 깨닫게 만든 사건이 있었다. 신 교사보다 2년 선배이고 그의 평가로는 "매우 노련하며 인격적으로도 풍미가 있는" 교사가 겪은 사건이었다. 그 선배 교사가 어느 날 교실을 박차고 나와 "저 녀석이 있는 한 수업에 들어가지 않겠다"고 소리를 쳤다.

> 선생님이 들어가서 학습자료를 나눠주는데, 애가 엎어져 자고 있었대요. 그래서 선생님이 그 아이 쪽으로 가서, 어깨를 툭툭 치면서 "일어나라 종쳤다, 선생님 왔다" 하고 이야기한 거죠. 그런데 이 녀석이 무의식적으로 선생님 손을 탁 치더래요. 그래도 그때까지는 선생님이 '이 녀석이 내가 선생인 줄 몰라서 이러나 보다'라고 생각했대요. 그래서 "샘이다, 일어나라" 하고 다시 말을 한 거죠. 이랬는데, 애가 대뜸 선생님을 째려보면서 "씨발" 이렇게 내뱉더라는 거예요. 선생님이 너무 어이가 없어서 뒤로 나가 서 있으라고 했대요. 그런데 애가 나가기는커녕 선생님한테 "니가 나가라, 씨발" 이런 거죠. 그렇다고 선생님이 나갈 수도 없잖아요. 그래서 선생님이 애 뒷덜미를 잡고 일으켜 세웠는데, 그러다 폭력적인 상황이 벌어진 거예요. (신 교사)

신 교사의 선배가 처음부터 학생을 감정적으로 대한 것이 아니었다. 여느 교사 같았으면 학생이 처음에 교사의 손을 쳐냈을 때부터 감정적으로 대처했겠지만 이 교사는 학생이 친구가 한 말이라고 착각하여 반응한 것이라고 생각했다. 상황을 알면 학생이 가라앉을 줄 안 것이다. 그러나 학생이 보인 행동은 교사가 기대한 것과 전혀 달랐다. 교무실로 와서 분노에 떨고 있는 선배 교사의 말을 들으면서 신 교사가 생각한 것은 '내가 능력이 있구나'가 아니라 '내가 지금까지 운이 얼마나 좋았던가'였다. 다른 상황이라면 이럴 때는 교사가 어떻게 대처해야 한다는 방법이 생각났을 터였지만 이 상황에서는 아무런 대책이 있을 수 없었다.

다른 상황에서라면 '나라면 이렇게 했을 텐데' 같은 나름의 답이 있는데, 그 상황이라면 나도 꼭 그렇게, 선배처럼 했을 것 같거든요. 많은 선생님들이 다양한 상황에서 아이들을 장악하지 못하는 사정을 이야기하시잖아요. 그럴 때마다 저는 '나 같으면 다른 방법을 써봤을 텐데, 저 방법은 좀 문제가 있네' 이렇게 생각했거든요. 그런데 선배가 겪은 상황이라면 나도 대책이 없을 것 같아요. 운 좋게도 나는 그런 상황을 안 만났을 뿐이라는, 그런 생각이 들었어요. 그제서야 나도 그런 상황을 충분히 맞닥뜨릴 수 있다는 가능성을 인식하게 된 거죠. 교사 개개인의 인격이나 능력과 무관한 돌발적 상황이 충분히 일어날 수 있다고. 그리고 아이들을 그런 지경으로 몰아가고 있지 않나, 그런 생각도 합니다. 틈이 없는 거죠. 쉴 틈이 없어요, 전혀. (신 교사)

신 교사는 "쉴 틈이 없다"는 말을 몇 번이고 힘주어 반복했다.

교사들 역시 학생들이 얼마나 극한적인 상황에서 스트레스를 받고 있는지 잘 알고 있다. 이 스트레스는 옆에 있는 사람을 향해 폭발적으로 터진다. 교사들은 이런 사고가 발생하지 않는 것이 오히려 이상할 정도라고 말하며, 사건이 발생하면 '드디어 터질 것이 터졌구나'라고 먼저 생각한다고 말한다.

류 교사는 학생들이 교사들에게 드러내는 이런 감정을 "적개심"이라고 표현했다. 수업이 안 되는 것을 넘어서, 학생들이 대놓고 반항하고 교사를 폭행하는 일이 벌어진다. 수업 시간에 돌아다니고 심하게 떠드는 학생을 꾸짖거나 자는 학생을 깨울 때 학생들이 욕부터 하는 일은 자주 일어난다. 류 교사가 자신의 학교에서 직접 목격했던 일이다. 사건은 담임에 대한 반발심에서 시작되었다. 보수적이고 권위적이어서 말이 안 통하는데다 자기 과시가 심해서 학생들로부터 질시를 받던 교사였다. 그 교사의 반 학생이 야간자율학습을 하지 않고 도망을 갔다. 다음 날 그 교사는 도망간 학생을 교무실로 불러서 야단을 쳤고, 학생이 대들면서 언성이 높아졌다. 교사가 학생에게 태도가 그게 뭐냐며 야단을 치자 학생이 욱해서 주먹을 날렸다. 그 주먹이 그만 담임이 아니라 싸움을 말리던 교사에게 날아갔고 전치 6주 진단이 나오는 사건이 되고 말았다.

성적이 나쁘거나 학교에 적응하기 어려운 학생들만 교사에게 이런 태도를 보이는 것이 아니다. 임 교사는 얼마 전 자신이 담임을 맡고 있는 반의 회장이 교사에게 폭력적인 행동을 보인 적이 있다고 전했다. 한 교사가 수업이 끝나고 난 다음 교무실에 와서 임 교사에게 그 반 회장이 수업 시간에 "아주 가관"이었다고 불평했다. 떠든다고 야단을 쳤더니 교사가 보는 앞에서 의자를 발로 걷어찼다는 것이다. 임 교사가 회장을 불러서 왜 그랬냐고 물었다. 회장은 공부하느라 너무 스트레스를 받아서 그랬다고 대답했다.

공부가 너무 안 돼서 열이 받아 있는데, 선생님이 자신을 더 심하게 야단치는 것 같아 화가 났다고 해요. "그래, 그 심정은 이해된다. 1학년 때가 제일 힘들다더라. 너 평소에 잘하고 있는 것, 애쓰고 있는 것 잘 안다. 그런데 담임이 너를 보는 것과 물리 선생님이 보는 것, 음악 선생님이 너를 보는 것은 다 다르다. 사람마다, 다르게 본다. 그러니 너도 선생님의 스타일에 따라 현명하게 행동해주었으면 좋겠다." 회장에게 이렇게 말해주었어요. 아이가 고개를 끄덕이더라구요. 이어서 "뭐가 그렇게 힘드냐?"고 물었더니 눈물을 뚝뚝 흘리면서 영어 공부가 힘들대요. 수준별 이동 수업을 하는데, 14개 반 회장 중에 유일하게 얘만 영어가 B반이었는데, 중간고사 이후 영어는 물론 A반이던 수학 성적까지 가장 낮은 C반으로 내려가버린 거예요. 그러니 얼마나 스트레스를 받겠어요. 안 그래도 이기고 싶은 마음이 많고 매사 적극적인 아이인데. 아이 이야기 들어주고, 내 이야기도 하면서 좀 울도록 두었다가 화장실 가서 씻고 오라면서 마무리했는데, 마음이 무거워요. (임 교사)

학생들의 삶에 틈이 없다. 학생들은 너무 바쁘고 지쳐 있다. 거의 모든 학생이 자기가 왜 여기에 와서 하루 종일 앉아 있어야 하는지도 모르고 있다. 학교에 와야 할 내적인 동기가 없다. 하고 싶지도 않고, 왜 해야 하는지도 모르는 상태에서 아침부터 밤늦게까지 학교에 붙들려 있으니 "그야말로 스트레스가 꽉꽉 차 있는 상황"이라고 신 교사는 말한다. 그러니 종이 치고 교사가 들어오더라도 일어나고 싶지 않은 것이 당연하다. 학생은 학교에 와준 것만으로도 자기가 할 바를 다했다고 생각하는데 '만만한' 교사가 건드리니 폭발해버린 것이다.

학생들이 일상에서 받는 스트레스와 분노는 대부분 정당한 통로로 표출되기보다는 옆에 있는 약자들에게 폭발하는 경향이 크다. 신 교사는 자신의 수업이 붕괴되지 않는 이유가 학생들이 자기를 무서운 교사로 알고 있기 때문이라고 말했다. 학생들도 만만한 교사를 건드리지, 무섭거나 권력을 가지고 있는 교사에게는 대들지 않는다. 교사와 학생이라는 이분법적 권력 관계로 학교 폭력의 문제가 해명되지 않는 것이 바로 이런 이유에서다.

이런 물리적 폭력까지는 아니더라도, 교사들은 교실이 붕괴된 상태에서 정서적으로 폭력에 시달린다. 교실 붕괴 자체가 교사에겐 폭력이라는 것을 류 교사의 이야기를 통해 분명히 알 수 있다. 인문계 고등학교에서 근무하는 그는 3학년 수업을 하지 않은 지 10년이 넘었다. 대체로 3학년 수업은 수능 이후에는 부담이 없어 원로 교사들이 선호했고, 따라서 류 교사는 그동안 근무했던 학교에서 별 문제 없이 1, 2학년 수업만 할 수 있었다. 그가 고3 수업을 기피한 이유는 3학년 수업에서는 하고 싶은 활동을 죄다 접어두고 문제집 풀이만 하는 게 끔찍했기 때문이다. 아무리 독특한 방식으로 수업하고 싶어하는 교사라 해도 고3 수업에서는 어쩔 수가 없다고 한다. 수능을 봐야 하는 현실 때문에 1~2학년 때까지는 다른 활동을 보장하다가도 3학년만 되면 저항감이 매우 높아진다고 한다. 관리자나 학부모로부터의 저항뿐만 아니라 학생들로부터의 저항도 있다. 그런데 이 학교에 와서 수업시수를 나누던 중 같은 과목을 맡은 교사들이 모두 3학년을 기피하는 바람에 "쓸데없는 배려심과 자만심을 발휘"하여 2학년과 3학년 수업을 함께 맡게 되었다고 한다. 그런데 왜 모든 교사가 3학년을 기피했는지 첫날 바로 감이 왔다고 한다.

저는 가벼운 게임으로 수업을 시작해요. 교실 문을 열고 들어가면 대부분 엎어져 있는 애들을 깨우기 위해서이기도 하고, 공부는, 아니 인생은 즐거워야 한다는 제 좌우명 때문이기도 하죠. 수업에서 진행하는 게임은 다양한데, 그중 학생들에게 인기 있는 것이 초성게임이에요. 영화나 책, 노래, 애니메이션 등의 제목을 초성만 적어놓고 모둠별로 맞히게 해서 많이 맞히는 모둠에게 태도점수 가산점을 주죠. 아이들이 왜 게임으로 점수를 주냐고 물으면 잘 노는 게 성공의 비결이라고 일축하고, 내가 열심히 했는데 왜 모둠원 전체에게 점수를 주냐고 따지면 인생은 묻어가는 거라고, 넌 묻어갈

일 없을 줄 아냐고 가볍게 넘어가곤 했죠.

첫날 수업에서도 이 게임을 했는데, 아이들의 승리 세레모니가 지나친 거예요. 교탁을 붙들고 엉덩이를 앞뒤로 흔들지를 않나, 뜻대로 안 되면 욕설을 내뱉고 쓰레기통을 걷어차거나 벽을 치지를 않나, 과잉행동을 보였죠. 절제가 되지 않는데다 욕구불만, 분노, 스트레스가 가득했어요. 당황스러웠지요. (류 교사)

수업을 운영하는 방식에서 류 교사는 동료 교사들의 인정을 받는 교사이다. 그가 수업에 게임을 도입하거나 성적이 낮은 학생들이 좋아하는 방식을 수행평가에 과감하게 도입하는 이유는 자신이 가르치는 모든 학생을 데리고 가야 한다는 책임감 때문이고, 지금까지는 대부분 성공적이었다고 한다. 그런데 이번에는 그 수업 방식이 문제가 되었다. 지금까지 경험하지 못한 수업 방식인데다 교사가 학생들의 말과 태도를 받아주다 보니 류 교사가 생각한 것 이상으로 학생들이 과잉되고 폭력적인 반응을 보인 것이다. 그중에서도 "교탁을 붙잡고 엉덩이를 흔드는" 것은 내가 보기에 명백히 성폭력이었다. 내가 류 교사에게 "그건 성폭력이지 않냐?"고 물었더니 그는 한숨을 내쉬었다. 행위로 보면 명백히 성폭력이지만, 그게 성폭력도 아니라는 게 더 문제라는 것이다.

큰 악의가 있다거나 그런 것이 아니에요. 만만하고 편하니까 선생을 놀리는 일이었죠. 교실 바닥에 드러눕는 아이, 노트북 전원을 끊는 아이……. 컴퓨터를 설치하는 도중에 전원을 꺼버린 거죠. 저도 정도가 지나친 걸 아는지, 눈치를 살짝 봐요. 애들을 혼내고 나면 내가 너무 심하게 화를 낸 것은 아닌지 자책하게 되고. 애들의 행동은 애정결핍이고 욕구불만이거든요. 가정형편이 어려운 아이들도 많고. 제가 문제 삼으려고 했으면 정말 큰 문제가 되었겠죠. 그런데 정말 아무 생각이 없어서 벌어진 일이에요. 성폭력이고 뭐고 아무 생각이 없어요. (류 교사)

류 교사는 자신이 교사이기만 한 것이 아니라 여성인데 그런 감이 없겠냐고 반문했다. 자신이 여교사이기 때문에 그런 행동을 한 것은 맞지만 그 행동이 자기를 향한 성폭력은 아니며, 학생들에게 "아무 생각이 없어서 벌어진 일"이라는 것이다. 이 이야기를 나에게 들려주는 동안 그가 수없이 한숨을 내쉰 이유가 교사로서 학생들을 봐주고 싶다는 생각과 여성으로서 모욕을 당했다는 분노 사이의 갈등 때문은 아니었다. 오히려 갈등은 "아직 서로에 대해 신뢰가 형성되지 않은 상태"에서 야단을 치면 벽만 쌓게 될 것 같고, 그렇다고 "아이들의 분노와 스트레스를 계속 수용하자니 내가 욕망의 배출구나 하수구가 된 느낌" 사이에 있었다.

학생들에게 내 감정을 솔직하게 말했어요. "너희들이 얼마나 힘들고 스트레스를 받는지 잘 알고, 너희들이 힘든 게 어른들 잘못이라 생각했기 때문에 그나마 내 수업 시간에서라도 풀어주고 싶어서 참고 넘어갔다. 그런데 시간이 지나면서 내가 너희들 분노의 배출구나 하수구가 된 느낌이 들어서 우울하고 힘들다. 너희들을 힘들게 하고 스트레스 주는 사람이 선생님은 아니잖니? 나는 내 욕구불만이나 분노, 스트레스를 너희들에게 풀지 않으려고 노력하니까 너희들도 더 이상 내게 풀지 말아줬으면 좋겠다." (류 교사)

그 이후로 학생들의 과격한 행동이나 말이 좀 줄었고 류 교사는 조금 편해졌다. 그러나 수업에 대한 학생들의 저항은 수업 내용에서도 나타난다. "의도적으로 삐딱하게 나오고 악의적으로 수업을 방해"하면서 교사의 인내심을 테스트하는 학생들도 있다고 한다. 류 교사 외에도 많은 교사들이 자주 하던 이야기다. 류 교사는 학생들과 공감할 수 있는 문학 작품이나 인문학 자료를 같이 읽고 분석하며 자기 삶이나 사회현실과 연관한 글쓰기를 자주 한다. 그러다 보니 자연스레 교육현실이나 사회현실에 대한 비판이 자주 언급된다. 문제는 이전에 이런 수업을 하면 학생들이 '이 선생님은 좀 다르군, 우리와 교감하려고 하는군' 하면서 좋아하거나 존중했다면, 이제는 오히려 삐딱하게 나오는 학생들이 생겼다는 점이다. 더불어 학생들은 문제집 풀이 수업을 지겨워하면서도 다른 수업 방식에 대해서는 불안해한다.

"그래서 어쩌라구요, 이게 현실이잖아요. 경쟁에서 이긴 놈이 다 차지하는 게 뭐가 나빠요? 약자의 비겁한 변명일 뿐이라구요." "다른 당이 잡으면 뭐 달라요? 다 똑같잖아요. 그놈이 그놈이지 뭐. 잘하니까 계속 뽑아주는 거겠죠. 전 집권당 편이에요. 집권당 만만세, 영원하라!"(라고 말하는 학생들이 많아요.) (류 교사)

류 교사는 학생들이 이렇게 나오는 이유가 교사를 시험하는 과정이라고 말했다. 저 교사는 다 받아주는 것처럼, 지금까지 봐왔던 교사와 다른 사람인 것처럼 말하는데 '어디까지 수용이 되는지, 넌 다른 사람이랑 과연 차이가 있는지'를 보자는 것이다. 이러다 그가 지쳐서 나가떨어지면 '너도 별 수 없지 않느냐'며 냉소한다. 류 교사는 이런 학생들을 두고 "우리가 괴물을 만들고 있다"며 한숨을 내쉬었다.

특히 고3의 경우는 입시경쟁의 최정점에 서 있기 때문에 공부를 하든 하지 않든 입시 스트레스로부터 자유로울 수 없다. 이제까지 하지 않던 공부가 갑자기 잘될 리 없고 바닥을 헤매던 성적이 갑자기 수직상승할 일도 없다. 이제 와서 공부해봤자 될 턱이 없다는 사실은 본인들이 더 잘 안다. 공부를 안 하자니 불안하고 두렵지만, 그렇다고 갑자기 공부에 목매는 모습을 보이는 건 또 자존심이 상한다. 이 탈출구 없는 폐쇄회로 속에서 학생들은 괴물이 되어가고 있다고 류 교사는 말한다. 이런 "괴물"들이 약한 타자를 향해 분노를 터뜨리는 것은 당연한 일이다.

'착한 아이들'은 어떻게 두려운 학생들이 되었나

지금 학교에서는 수업만 붕괴되고 있는 것이 아니다. 수업 시간 바깥의 교사와 학생 사이의 '질서'도 붕괴되고 있다. 진보적인 교사이거나 보수적인 교사이거나 모두 입을 모아 "'요즘 아이들'은 어떻게 처신해야 하는지를 전혀 모르고 있다"고 이야기한다. 교사에게 말을 할 때는 어떻게 해야 하는지, 교실에서는 어떻게 처신해야 하는지를 모르고 그냥 자기가 하고 싶은 대로 행동한다는 것이다. 그런데 이 때문에 당황해하는 쪽은 오히려 교사들이다. 이런 학생들을 어떻게 '지도'해야 할지 모르겠다고 교사들은 한탄한다. 한 교사의 경험담이다. 시험을 일찍 마친 학생이 밖으로 나가지 않고 복도에 있는 소파에 누워 있더란다. 여기 있으면 안 되니 밖으로 나가라고 하자 학생은 "떠들지 않으면 다른 아이들한테 방해가 되지 않잖아요. 그냥 여기 누워 있을래요"라고 대답했다. 교사는 당황했다. 그 학생의 말이 틀린 것은 아니지만 그렇다고 그대로 내버려둬서도 안 될 것 같아 어떻게 해야 할지 모르겠더라는 것이다. 학교에서 교사의 말을 경청하는 학생을 찾기란 쉽지 않다.

예전에 학생들은 선생님이 부르면 왔거든요. 근데 저희 반 애들은 안 와요. 누구 좀 데려오라고 세 명을 차례로 보내도 안 와요. 무시하는 거야, 선생님 말을. 결국 직접 잡으러 가서 데리고 오면 대꾸도 안 하고 그냥 서 있어. 그러다가 제가 결국 무얼 하냐 하면요, 벌점을 주겠다고 이야기하는 거예요. 그게 너무 싫어. 저는 벌점 주는 게 너무 싫은데, 그거 말고는 안 먹히는 거야. 그냥 올라가요. (올라간다니요?) 애가 '어, 벌점. 뭐 벌점 받지 뭐' 하고 교실로 올라가는 거예요. 교사는 뭘 기대하냐 하면요, "교실로 올라가" 하면, 아이가 "선생님 죄송해요" 이러길 원하잖아요. 그게 아닌 거예요. 올라가라, 하면 그냥 올라가버려요. (오 교사)

오 교사는 지금까지 담임을 하면서 올해(2012년)처럼 힘들었던 적이 없었다고 한다. 그는 수업 자체보다 학생들과의 관계가 중요하다고 생각하고, 거기에 바탕을 두고 수업을 해왔다. 그런데 학생들에게 어떤 이야기를 해도 그들은 그저 불만에 가득 차서는 교사를 불신하는 어투로만 대답을 한다. 상담을 하거나 가벼운 대화를 나누려고 해도 마음을 열지 않는다. 지각을 해서 지적해도 "왜 저한테만 그래요?"라며 불만을 터뜨린다. 무슨 말을 하더라도 다 대답이 "왜 저한테만 그래요?"다. 자기만 억울하다는 항의다. 최 교사 또한 학생들이 입에 "달고 있는 말"이 '제가 안 그랬는데요'라고 말했다.

예전엔 전문계 학교라고 해도 애들이 수업 시간에 뭘 먹는 건 상상하지 못했는데, 올해 애들은 정말 무진장 먹어요. 뒤에 앉아서 살짝 먹다가 저랑 눈이 마주치잖아요. 그러면 먹는 걸 멈추고 그걸 책상 서랍에 감춰야 되잖아. 그런데 웃으면서 계속 씹어요, 그걸. '저건 뭐지?' 이런 생각이 든다니까요. 먹더라도 최소한, 소리가 안 난다든지 냄새가 덜하다든지 이런 걸 먹을 것 같은데 그게 아니에요. 한번은 수업을 한창 하고 있는데 피자 냄새가 교실에 좍 퍼진 거예요. 누가 피자빵을 뜯은 거죠. 피자빵은 냄새가 나잖아요. 안 들킬 수가 없는 거지. 그런 분별력이 없어졌어요. 이런 상황을 겪으면 화가 난다기보다는 놀라워요. '어떻게 저럴 수가 있을까.' 다른 생물을 만나는 것 같아요. 교실에 쓰레기가 있어서 주우라고 하면 애들이 십중팔구는 뭐라고 하냐면 "제가 안 그랬는데요" 이래요. "네가 떨어뜨렸다고 한 게 아니라 쓰레기가 있으니까 주우라고 하는 거다"리고 하면 그세서야 수워요. 애들 입에 "내가 안 그랬다"가 붙어 있어요. (최 교사)

두 교사의 말을 종합해보면 학생들에게 교사의 언어가 어떻게 자리매김되어 있는지를 알 수 있다. 학생들은 일차적으로 교사의 언어를 '지적과 훈육의 언어'로 받아들인다. 이것은 그들에게 학교가 자신에게 규칙을 따르라고 명령하는 훈육의 공간이었기 때문이다. 그들에게 학교는 야단맞는 공간으로 부정적으로 각인되어 있다. 규칙을 따르면 뭐가 좋은지를 생각하는 것이 아니라 그 일이 내 책임이 아니라는 것만 강조하면 된다. 학생들의 '제가 안 그랬는데요'라는 말은, 지금 학교의 문제는 훈육의 부족이 아니라 학교가 그저 훈육의 공간이기만 하다는 사실에서 비롯된다는 것을 보여준다.

사실 교사들이 잘 모르고 있는 것 중의 하나가 학생들은 개별 교사를 학교에 대한 총체적인 경험 속에서 만난다는 사실이다. 대다수의 학생에게 학교와 교사에 대한 경험은 부정적이고 상처투성이인 경우가 많다. 대학생들에게 교사가 자신에게 어떤 존재였는지에 대해 글을 써보라고 했다. 그런데 한 학생은 자기를 기억하는 교사가 한 명도 없을 텐데 왜 자기는 교사를 기억해야 하느냐고 반문했다. 또 다른 학생은 자기에게 교사가 어떤 존재인지가 아니라 교사들에게 자기가 어떤 존재였는지가 더 궁금하다고 했다. 이 질문을 다른 학생들에게 하니, 대부분의 학생이 자기는 교사들에게 아무 의미도 없는 존재였을 것이라고 말했다.

학교와 교사에 대한 인식은 이 정도로 부정적이다. 그러니 개별 교사가 아무리 친근하게 접근한다 해도, 그 교사의 '진심'을 학생들이 알고 마음을 열기는 그리 쉽지 않다. 한 대학생은 교사에 대한 기억을 떠올리며 어느 교사가 자기에게 진심으로 잘해줬지만 학년 말이 될 때까지 마음을 열 수가 없었다고 했다. 도무지 믿을 수가 없었다는 것이다. 학년 말이 되어서야 비로소 그 교사의 진심을 알았지만 너무 시간이 늦었다며 그걸 가장 후회한다고 술회했다.

그러니 교사가 학생에게 뭐라고 하면 당연히 학생들은 "**왜 또 선생님은 나한테만** 그러는 건데요?"라며 폭발하는 것이다. 억울함이다. 자신은 교사에게 늘 야단만 맞았고, 교사는 자기를 야단만

치는 존재로 각인되어 있다. 게다가 교사들의 그 야단은 공정하지도 않다. 공부를 잘하거나 집이 잘사는 학생들에게는 교사가 눈을 감는 장면을 많이 봐왔기 때문이다. 그래서 자기가 야단맞는 이유가 공부를 못하거나 집이 잘살지 못하고 부모가 교사를 챙기지 못해서라고 생각한다. 자기가 잘못하지 않아서가 아니라 교사의 야단이 공정하지 못하다고 생각해서 억울해하는 것이다. 이 때문에 성적이나 가정환경 때문에 자존감이 낮은 학생들일수록 억울함을 많이 느끼고 그 감정을 잘 통제하지 못한다.

임 교사는 전문계 고등학교에 있었을 때 한 학생이 분노를 터뜨리면 그걸 풀어주는 데 30분은 걸렸다고 회상했다. 누군가에게 무엇이 잘못되있지 않았냐고 지적하면, 그 학생은 "자신의 삶 전체를 걸고 분노를 폭발"시켰다고 한다. 어떤 교사가 무슨 이유로 말했는가는 중요하지 않았다. 다만 그 학생에게는 '내가 또 비난받았다'는 사실 자체가 그전에 교사들에게서 비판받았던 모든 기억을 다 끌어오는 계기가 되는 것이다. 이처럼 다수의 학생들에게 교사와 이야기하는 시간은 교사가 자신의 이야기를 경청하고 어려움을 나누는 공감의 시간이 아니라, 야단만 맞고 안 좋은 기억을 떠올리는 귀찮고 꺼려지는 시간이다. 학생들은 교사가 자신의 삶에 귀찮게 관여하지 않는 것이 최선이라고 생각한다. 눈에 띄는 대학에 진학할 것이 아닌 이상, 학교에게 학생은 그리고 학생에게 교사의 존재는 크게 의미가 없어졌다. 이런 학생들에게 교사는 존재감이 없다. 다만 귀찮게 하는 존재일 뿐이다. 무관한 관계로 지내는 것이 최선인 셈이다.

그렇기 때문에 학생들이 교사와의 관계에서 가장 꺼리는 것이 상담이다. 상담은 학교의 규율기관적 성격을 가장 강하게 드러내는 시간이었다. 이 시간이 가장 집약적이고 집중적으로 야단맞는 때라고 각인되어 있기 때문이다. 전통적으로 상담은 성적이 좋거나 품행이 단정한 학생들과는 무관한 일이었다. 이들이 교사를 만날 때는 주로 성적이 떨어졌거나 진로와 관련된 깊은 상담이 필요할 때였고 그것은 대체로 한정적이었다. 또한 학교를 그저 오가며 잠만 자는 학생들의 경우에도 사고를 치지 않는 한에는 교사와 상담할 일이 별로 없었다. 대체로 교사가 학생을 상담한다는 것은 거의 문제가 드러났을 때이며 그때는 징계나 처벌로 이어지는 경우가 많았다. 이처럼 상담이란 진로 상담 같은 것을 제외하고는 특정한 부류의 학생들을 향한 훈육의 시간이었다.

따라서 교사로부터 칭찬을 받거나 진로와 관련해서 집중적인 관리를 받는 모범생들을 제외하면, 상담이나 면담에 '호출되는' 학생들은 대부분 문제 학생이었다. 무단결석을 하거나 친구들에게 폭력을 휘두르거나 혹은 집안 문제로 교사의 도움이 필요한 학생들이 대부분이었다. 그러나 이런 학생들을 상담하는 과정에서 교사들은 무력감을 더 많이 느낀다.

그때 제가 3년차였어요. 저희 반 아이가 부모님은 이혼을 하고 아빠, 오빠랑 같이 살았어요. 아빠는 알코올중독자였고 오빠는 노상

동생을 때려서 이 아이한테 체벌에 대한 공포가 있었어요. 게다가 아빠나 오빠가 이 아이를 챙겨주지 않았어요. 아침에 학교 가라고 깨워주지도 않아요. 제가 전화를 해야 일어나고 학교에 와요. 제가 매일 아이 핸드폰으로 전화를 했어요. 그렇게 학교에 오면 존재감을 확인시켜줘야 해요. "우리 ○○ 왔어? 아주 이쁘네"라는 말을 해 줘야 다른 사고를 안 쳐요. 제가 그렇게 인정을 해주는 행동을 하지 않으면 꼭 한 번씩 사고를 쳐서 자기 존재감을 드러내는 거죠. 또 "○○야, 고등학교는 졸업해야 하지 않겠어?" 하면 "네, 선생님. 졸업해야죠"라고 대답은 해요. 하지만 집에 가면 애를 컨트롤해줄 사람이 없기 때문에 아무런 소용이 없어요. (정 교사)

정 교사뿐만 아니라 나와 만나 이야기를 나눈 교사들 대부분이 학생들을 상담하면 할수록 무력감을 느낀다고 말한다. 위에서 살펴본 것처럼, 한편으로 학생들은 상담을 싫어하고 되도록 교사와 무관해지려고 노력하지만, 다른 한편으로는 교사와 친밀한 관계가 맺어지면 "무섭게 달라붙기" 때문이다. 특히 친밀감이 잘 형성되는 여학생들은 교사가 감당할 수 없는 자신의 내밀한 이야기를 한꺼번에 개방해버리는 경향이 있다고 한다. 정 교사는 첫 학교에서부터 이런 경험을 하면서 "지쳐버렸다"고 말했다. 이런 이야기를 수도 없이 반복해서 듣는 과정에서 감정적으로 소진되는 것이다. 정 교사의 사례가 보여주듯이, 이런 학생에게는 '아주 이쁘다'와 같은 말을 계속 반복해서 해주어야 한다. 이런 말을 한 번이라도 중단하거나 학생에게 비판적인 말을 하면 "선생님도 마찬가지군요"라며 더 상처받고 떠나버리는 경우가 많다. 그래서 정 교사는 여학생 반을 맡으면 자신이 심리적으로 "얼마나 볶일지"를 잘 알고 있다면서, 그들의 삶에 뛰어드는 것이 겁난다고 말한다. 그들이 힘들어하는 것이 보이고 위로가 필요하다는 것도 알지만, 자신이 다치지 않기 위해서는 거리를 둘 수밖에 없다고 한다.

교사의 태도는 이처럼 분열되어 있다. 한편에서는 학생들과 친해지고 그들의 삶에 밀착하기 위해서 그들의 이야기를 들어야 한다고 생각하지만, 다른 한편에서는 지나치게 내밀한 이야기를 듣는 것에 대해 두려워한다. 학생들이 들려주는 내밀한 이야기가 대부분 교사가 해결할 수 있는 범위 밖에 있는 가족과 관련된 것인데다, 내용 역시 교사의 상상과 경험의 세계를 벗어나 있는 경우가 많기 때문이다.

사실 학생들이 처해 있는 곤경 중에서 가족이 해체되어 받는 상처는 아주 약한 편에 속한다고 한다. 부모로부터 가혹한 폭력을 당하는 경우도 많다. 아버지에게 맞아서 학교에 오지 못하는 학생도 있고, 심지어 아버지나 형제, 친척에게 성폭력을 당한 학생도 종종 있다. 그래서 가출을 하고 남자친구를 사귀다 또 폭력을 당하는 경우도 있다. 임신과 낙태를 경험한 학생도 있다. 한 교사는 이런 학생을 상담하는 도중에 학생이 자신을 똑바로 쳐다보며 "선생님은 언제 첫 경험했어요? 전 중학교 1학년 때예요."라고 말하는 바람에 대답할 말을 찾지 못했다고 한다. 이런 경우들은 교사가 들어서 해결해줄 수 있는 정도가 아니라 전문적인 상담이 필요한 경우다. 자칫 어설픈 해법을 제시하면 더 큰 문제를 만들 수 있기 때문이다.

  교사들이 학생의 문제를 듣고 해결하는 과정에서 다른 문제가 발생하기도 한다. 상담하는 학생의 문제가 다른 학생들과 연관되어 있는 경우가 많기 때문이다. 교사와 상담하는 학생들은 교실에서 문제상황을 만드는 경우가 많다. 다른 학생을 괴롭힌다거나 돈을 빼앗는다거나 수업을 방해하는 행동 등이다. 교사는 상담 과정에서 비로소 그 학생이 왜 그런 행동을 할 수밖에 없었는지 알게 되지만, 그것은 학생의 입장에서는 감추고 싶은 일인 경우가 많다. 가정폭력이나 성폭력의 경험 등이 대표적이다. 문제는 그 학생이 일으킨 문제를 해결하는 과정에서 학생을 '방어'하다 보면 본의 아니게 그 학생이 감추고 싶어하는 비밀이 공론화되거나 다른 학생에게 알려지는 경우가 있다는 것이다. 이런 경우 학생과 교사 모두 심각한 상처를 받게 된다.

  상담을 한다는 건 사실 비밀을 듣는 거잖아요. 비밀을 듣는다는 게 정말 괴로워요. 아이를 사랑하면 사랑할수록 더 괴로워요. 어느 정도는 무서워서 더 많이 사랑하지 않은 적이 있어요. 적당한 거리를 두고 아이들이 요청할 때만 얘기를 들어주는 거죠. 사실 내 문제만도 너무 많은데 하는 이기적인 마음인 거죠.

  예전에 중학교에 있을 때였는데요, 중학교 1학년짜리 아이가 다른 아이들을 자꾸 괴롭히는 거예요. 아이들끼리 무리를 지어서. 아이를 불러서 얘기를 듣는데, 아이가 눈물을 뚝뚝 흘리면서 "아버지가 엄마를 자꾸 때려서 엄마랑 피해 나와서 살고 있다"고 이야기하는 거예요. 다른 아이들 부모님이 이 아이 때문에 학교에 전화를 거세요. 그 아이가 친구들을 때리고 힘들게 하니까. 제가 "그 아이가 원래 그렇게 나쁜 아이는 아닌데 사정이 있습니다" 하고 사정을 이야기했는데, 그 어머님이 자기 딸한테 "사정이 있다더라"면서 이야기를 전한 거예요. 나쁜 뜻은 전혀 없었죠. 하지만 그 과정에서 처음에 상담했던 아이가 상처를 받았어요. 그 아이가 나중에는 비밀 전학을 갔어요. 성폭력이나 가정폭력인 경우에는 아버지가 가족 주소를 알면 안 돼요. 그래서 비밀 전학을 갔는데, 너무 미안한 거예요. 사람들이 아이의 사정을 다 알게 된 게. 결과적으로 담임 말 때문에 걔가 상처를 받았잖아요. 그런데 그럴 때 어떻게 이야기를 해야 하는지도 잘 모르겠고. 그게 너무 마음이 아파서, 그 아이 이름이 잊혀지지가 않아요. (서 교사)

서 교사는 이 이야기를 하면서 내내 눈물을 흘렸고, "비밀을 많이 듣고 싶지 않은데 상담하면 들어야 하는 것이 괴롭고 힘들다"고 호소했다. 그런 마음을 가지고 수업할 때 그 학생 눈을 쳐다보는 것도 부담스럽다고 말했다. 자신이 교사가 된 이유는 "국어를 가르치고" "수업을 하면서 아이들과 깨달았을 때 '와 재밌다'는 그런 순간을 즐기기 위해서"인데 자신의 전공도 아닌 상담을 계속

해야 하는 것에 지쳤다고 했다.

그런데 최근 교육 정책이 서 교사의 고통을 배가시키고 있다. 학교 폭력과 자살 등 학생들의 '안전과 생명 관리'가 학교의 중요한 이슈로 떠오르고 나서부터이다. 실제 한국보건의료연구원의 발표에 따르면 한국의 청소년 중에서 우울증을 앓고 있는 비율은 2007년에서 2009년 사이 연평균 1.6퍼센트 증가했으며 청소년 사망 원인에서 자살이 차지하는 비중이 1위로, 2000년에는 14퍼센트였으나 2009년에는 28.6퍼센트로 급증했다.

청소년 자살과 우울증이 사회적 문제가 되면서, 이전까지는 사고를 치지 않기 때문에 관리할 필요가 없었던 학생들, 나아가 성적이 좋은 학생들까지 관리하고 감시하는 것이 교사의 주된 업무가 되었다. 다른 학생을 때리거나 물건을 빼앗는 것만큼이나 자살이 학교가 관리해야 하는 중요한 이슈가 되었기 때문이다. 생명/안전 관리가 학교의 중요한 업무가 된 것이다. 학교현장에서 "사고를 치지 않는 아이들"이 "속내를 알 수 없는 아이들"로 규정되면서 이들의 심리 상태와 주변 환경이 학교와 교사의 중요한 관리 대상으로 급부상하게 되었다. 그 결과 그동안 드러나지 않던 우울증이나 과잉행동장애 같은 학생들의 정서를 파악하고, 규정하고, 관리하는 것이 중요해졌다.

학기 초에 심리검사를 하면서 우리 반 여러 학생에게 문제가 있는 것으로 드러났어요. 종류도 다양한데, 자살충동, 우울증, 공격적

성향 등등이죠. 이 학생들은 평소에 폭력에 노출되어 있어서 피해에 대해서든 가해에 대해서든 감각이 높은 아이들로 파악됐어요. 컴퓨터 중독도 좀 있었고. 30여 명 되는 학급에서 여덟 명이 그렇게 나왔어요. 그런데 그 아이들이 저소득층과 겹쳐요. 결과가 나오면 높은 영역별로 재검을 하는데, 학부모의 동의서가 필요해요. 여덟 명한테 동의서를 보냈는데 저한테 돌아온 경우는 한 명뿐이에요. (김 교사)

서 교사가 담임을 맡고 있는 반에서도 우울증으로 나타난 학생들이 6~7명 정도라고 말했다. 같은 자리에 있던 오 교사도 대부분 한 반에서 그 정도 비율의 학생들에게 정서적으로 문제가 있는 것으로 파악된다고 말했다.

최근의 상담은 푸코(2011)가 말하는 사목권력적 성격을 보여준다. 이때 교사들은 학생들의 정서를 파악하고 감시하는 관리자가 되는 것이다. 학교에서 심리검사와 상담은 전체 학생들에게서 고위험군의 분포가 어떻게 되는지를 전체적으로 관리하면서 동시에 개별적인 학생들을 만나서 이야기를 듣고 관리하는 통치 전략이다.

교육과학부와 학교 그리고 교사는 전체적으로 학생들의 우울증 정도, 우울증을 앓고 있는 학생, 폭력성향을 가지고 있는 학생과 그것이 나타나는 빈도 등을 통계적으로 파악해야 한다. 이를 통계적으로 파악한다는 것은 학생들을 하나의 인구(푸코, 2011)로 여긴다는 뜻이다. 또한 동시에 목자가 양 하나하나를 돌보듯이 개별 학생의 정서와 행동도 파악하고 관리해야 한다. 이것이 푸코가 말하는 사목권력적 특성이다. 사목권력은 "무리에게 행사되는 권력"(위의 책: 184)이면서 동시에 "하나씩 보살"피며 "개인화하는 권력"(위의 책: 188), 즉 "전체와 각자를 동시에 주시"하며 "전체적인 동시에 개별적으로"(위의 책: 188) 작동하는 권력이라는 의미다. 그를 통해 학생들이 "살게" 만드는 것이 중요하다. 푸코는 "군주의 권리는 죽게 만들고 살게 내버려두는 것"이었지만 근대의 권력은 "살게 만들고faire, 죽게 내버려두는laisser 것"(푸코, 1998: 279)이라고 말했다. 그에 비하면 지금 교육현장의 사목권력은 "죽지 않게 하는 것"이라고 할 수 있다.

이처럼 학교가 학생들의 심리검사나 정서 파악에 초점을 두는 것에서 학교의 통치 방식에 큰 변화가 있다는 것을 알 수 있다. 앞에서 살펴본 것처럼, 이전에 상담은 '사고 치는 아이들'을 훈육하거나 '좋은 교사들'이 학생들에게 다가서기 위한 교육적 행동이었다. 그러나 이제는 학생을 통제하고 감시하는 새로운 통치술이 되었다. 학교의 주된 역할이 교육이나 성장 혹은 훈육에서 학생들의 생명을 '안전하게 관리'하는 것으로 전환했음을 의미한다. 이제 학교에서 학생들을 분류하고 구분하는 것은 '성적'만이 아니라 '마음'이 되었다.

그 과정에서 특히 내가 주목하는 것은 학교에서의 위상이 180도로 바뀐 학생들의 존재다. '사고를 치는 것도 아니고 공부를 잘하는 것도 아닌 학생들' 말이다. 이들은 그저 가방 메고 학교를 오고갈 뿐이다. 교사들도 이런 학생들을 기억하기는 쉽지 않다. 문제를 일으켜야만 상담을 하는데, 학기 초에 한 번 만나고는 다시 만날 일이 별로 없었던 학생들이기 때문이다. 대다수 교사와 무관하게 학교에서 시간을 보내는 학생들, "오며 가며 말을 걸었을 때 씩 웃으면서 지나가니까 더 대화가 이어질" 필요도 없는 학생들, 그동안 학교의 관심사와 감시망에서 벗어나 있던 학생들이다. 최 교사는 교사들이 이들을 "착한 아이들"이라고 부른다고 한다.

일진이라거나 까부는 아이들은 오히려 잘 살아갈 것 같아요. 왜냐하면 집에서도 관심을 기울이고, 학교에서도 오로지 관심은 개네들이거든요. 그런데 진짜 속을 알 수 없는 아이들이 있어요. 학교에 와서도 개네들 이름을 친구도 안 부르고 누구도 부르지 않을 것 같은 아이들, 자기를 끝까지 드러내지 않는 아이들. 몇 년 만에 모인 반창회에서 "누구는 잘 있어?" 하면 "걔 우리 반이었어요?" 하는 애들이 있어요. 사실 교사도 잘 기억 못해요. 담임이 되었다고 하더라도 얘기를 나눌 시간이 거의 없거든요. 주로 그런 애들이 왕따도 당하고.

교사들은 그런 애들을 착하다고 하는데, 착한 게 아니에요. 알 수 없는 거죠. 착한지 나쁜지 평가할 수 없는 아이들인 거죠. 문제를 안 일으키니까 착하다고 하는데, 과연 착할지 두려운 아이들이죠. 어쨌든 문제를 안 일으키니까, 대부분의 교사들이 "누구 어때요?" 하고 물으면 "착해요" 하고 넘어가는 거예요. (최 교사)

'착한 아이들'이란 이름이 아니다. 그들의 성격이나 태도를 평가하는 말도 아니다. 그저 부를 말이 없어서 붙여놓은 '텅 빈 기표'에 불과하다. 이름이 없는 존재들이다. 이들이 바로 (1절에서 언급한) 노바디다. 우리는 흔히 노바디로서 이 '착한 아이들'이 그저 학교에서 존재감이 없다고만 생각한다. 그러나 노바디는 "단순히 지위가 낮다거나 주변인에 지나지 않는다거나 소모품"일 뿐인 존재가 아니라 "아예 정체성 자체가 주어지지 않기 때문에", "한마디로 고려에 넣을 가치도 없는 인간, 아무런 결과도 가져오지 못하는 인간, '제로'와 다를 바 없는 인간"(풀러, 2004: 126)이다. 그래서 이들에게는 이름이 없다. 그저 번호만 있다. 교사들은 이들을 이름으로 부르는 것이 아니라 번호나 몇 분단 몇 번째 줄로만 기억한다.

이처럼 노바디는 투명인간과 같은 존재이다. 이들은 학교에서 인정받지 못한 존재이기만 한 것이 아니라 인정받을 기회조차 상실한 존재(위의 책: 110)다. 인정이 남들에게 기여함으로써 얻어지는 것이라면, 이들은 학교에 기여하는 바가 없다. 학교 또한 이들이 학교에 기여하기를 기대하지 않는다. 학교는 이들이 탁월해지기를 바라지 않는다. 학교에서 사고나 치지 않기만을 바란다. 그저 숨만 쉬면서 가만히 있기를 바랄 뿐이다. 이런 점에서 본다면 노바디들은 학교에서 버림받은 존재이고 학교의 관심 밖에 있는 것처럼 보인다. 그러나 학교 폭력이 이슈가 된 이후에 이 노바디들이 학교의 적극적인 관리 대상이 되었다. 최 교사가 말한 것처럼 이들이야말로 "두려운 존재들"이 되었다. 언제 사고를 칠지 모르는 존재이기 때문이다.

이처럼 안전은 경쟁과 더불어 학교를 통치하는 또 다른 원리가 되었다. 교장, 교감과 같은 관리자들의 가장 큰 소망은 학생들이 사회를 위해 희생하는 '훌륭한 사람'으로 성장하는 것이 아니다. 영재학교나 몇몇 특수한 학교를 제외하고는 '시장이 원하는 글로벌 인재'를 만드는 것도 교육의 목표에서 멀어졌다. 대다수 평범한 인문계 고등학교에서 관리자들이 바라는 것은 그저 아무 일도 벌어지지 않는 것이다. 선별된 극소수에 대해서는 경쟁에서 살아남아 학교를 빛내기를 바라지만 나머지 대다수의 학생에 대해서는 자신의 임기 동안에 사고를 치지 않는 것, 그것이 가장 중요한 바람이다.

최근 학교 폭력 담론 이후 제기되고 있는 안전에 대한 강박은 노바디들에 대해서 학교를 그저 '육체적 생명'을 돌보는 공간으로 전환시키고 있다. 학생들의 생명을 정치적 생명에서 육체적 생명으로 완전히 축소하여 그들을 사회적·정치적으로 벌거벗은 생명으로 만들고 있다. 학교는 그저 학생들의 육체적 생명을 돌보기만 하는 '수용소'가 된 것이다. 노바디인 학생들을 아무 목적 없이 가둬놓고 그저 죽지만 않으면 무방하다고 생각하는 공간이 바로 학교다.

교사와 학부모 사이의 불신은 계층을 가리지 않고
둘 사이를 단절시키고 있다. 학생의 성장과 성적이라는 '이해'가
복잡하게 얽혀 있지만 서로 다른 해법과 접근을 시도한다.

104
서로를 믿지 못하는 교사와 학부모

입시 앞에선 무력해지는 협력 관계

교사와 학생의 관계를 결정하는 또 다른 변수는 학부모다. 학생의 성장을 위해 교사와 학부모, 학교와 가정이 잘 협력하고 지혜를 모아야 할 것 같지만 교사와 학부모 사이에는 깊은 긴장과 갈등이 흐른다. 교사들에게서 학부모에 대한 경험을 들어보았을 때, 사정은 과거에 비해 나아지기는커녕 오히려 악화된 것처럼 보인다. 학생의 성장을 위해 교사와 학부모가 협력하는 것이 아니라 더 불신하고 단절된 관계가 되었다. 학부모가 자녀의 진로와 성적에 기대가 크면 클수록 교사는 학생 성장의 동반자로 결속되기보다 학부모의 관리 대상이 된다. 서 교사는, 어떤 교사들에게는 자기 반에 서울대 갈 학생이 있으면 승진의 기회가 되지만 어떤 교사들에게는 압박감이 되는데, 자신은 후자라고 말했다. 서 교사 반의 회장은 내신 1등급일 만큼 공부를 잘하는 학생인데, 이 친구가 갑자기 존재론적인 고민, '내가 왜 공부를 하는가, 내가 있어야 할 곳은 여기가 아니다'라는 고민을 시작했다고 한다. 그러자 바로 그 학생의 부모에게서 전화가 왔다.

"담임 선생님이 신경 좀 써달라"면서 우유를 넣어주시더라구요. 우유가 책상 위에 딱 있어요. 회장 어머니께서 보내셨다는 거예요. 그래서 이걸 어떻게 해석해야 하나 고민했죠. 아침에 우연히 우유 아줌마를 만나 하나 넣어주라고 할 수도 있잖아요. 그날은 잠자코 있었는데, 다음 날 또 온 거예요. 그래서 전화를 드려서 "제가 교직에 처음 발을 들였을 때 맹세했던 바를 잘 지키고 싶다, 죄송하다"라고 말씀드렸죠. 다시는 우유 넣지 마시라고요. 그 어머니는 저를 관리하는 것이에요, 자기 아들을 관리하기 위해서. (서 교사)

서 교사와 같은 상황에서, 교사가 학생의 존재론적인 고민에 동참하기는 쉽지 않다. 부모는 자녀가 그런 존재론적인 고민은 대학 이후로 미루고 지금 당장은 공부하기를 기대하고, 교사 역시 그렇게 조언하며 자녀를 통제해주기를 바라기 때문이다. 만약 학생의 존재론적인 고민에 동참했다가 학생의 성적이 떨어지거나 진로에 수정이 가해지면 책임은 교사가 져야 한다. 이런 점 때문에 손 교사처럼 단적으로 "학부모들은 만나고 싶지 않다. 아이들만 만나고 싶다"고 말하는 교사가 생긴다. 그들은 학부모를 만나면 불편하다고 솔직히 고백한다. 얼마 전 손 교사 반에서 진행한 학부모 간담회에 열두 명이 참석했다고 한다. 지금까지 그가 진행한 학부모 간담회 중에서 참석률이 가장 높았다. 그런데 그때 참석한 학부모들의 관심은 단 하나로 귀결되었다. 성적과 진학이다. 학급운영을 어떻게 하고 생활지도를 어떻게 하겠다고 말하면 학부모들은 대부분 호의적인 반응을 보였지만, 학생의 전망에 대해 이야기할 때면 눈빛이 달라졌다고 한다. 모든 대화의 종착점은 학생들의 성적이었고, 성적을 올려주있으면 좋겠다는 말이었다.

교사와 학부모 사이에 갈등이 생기는 첫 번째 원인은 학생의 진로와 관련되어 있다. 특히 갈등이 커질 때는 학생이 바라는 미래와 학부모가 바라는 미래가 다를 때이다. 최근 손 교사가 걱정하고 있는 학생 한 명도 이런 경우다. 학생 자신이 수능과 대학에 대해 기대를 하지 않고 있다. 음악을 하고 싶어하는 학생이고 자신에게 소질도 있다고 생각하고 있다. 그런데 학부모는 학생의 기대와는 달리 이과를 가라고 강요했다. 손 교사가 보기에는, 음악까지는 몰라도 이과보다는 문과가 더 맞는 학생이었다. 하지만 자녀가 음악을 좋아하는 것에 불안함을 느낀 학부모는 문과보다는 공부하는 분위기가 더 잡혀 있는 이과에 밀어넣었다. 그 때문에 집안에서 갈등이 생겼고, 결국 부모와 학생이 타협하여 중간고사

때까지만 음악을 해보라는 결론이 났다. 그때까지 해보고 미래가 안 보이면 바로 음악을 접고 공부를 한다는 약속이었다. 학생은 보충수업도 안 하고 음악에 전념했다. 그 기간 동안 학생의 얼굴에는 "꽃이 피었다"고 손 교사는 전했다. 자기가 하고 싶은 일을 하는 것이기에 전력을 다했다. 학부모의 계산은 달랐다. 아이가 워낙 하고 싶어하니 어쩔 수 없이 허락했지만 몇 달 해본 다음 포기하게 하려는 것이었다. 아무리 전념한다 해도 음악이 몇 달 안에 되는 것이 아니니 그 근거를 만드는 것이기도 했다.

아이는 일단 신나게 하고 있어요. "부모님은 이렇게 생각하시는데, 너는 아마 음악에 더 빠져들 것 같다. 그때가 되면 어떻게 해줘야 될지 고민이다"라고 얘기하는데, 같이 질문을 던지면서 아이와 공감하는 거죠. 아이도 똑같은 고민일 테니까요.(웃음) 그럴 때 무력감을 느끼죠. 공부도 답은 아닌데, 그런 이야기를 부모님한테 한다고 긍정적으로 먹혀들 것 같지는 않고. 오히려 '저 아무것도 모르는 담임 때문에 우리 애가……'라고 보실 수도 있겠다는 생각도 들고. 아직 어리고, 사실 어리지도 않은데, 아무것도 모르는 담임 때문에 이런 일이 벌어졌다고 생각하실 수도 있으니 무력감을 느껴요. (손 교사)

대부분의 경우 학부모는 교사에게 자녀를 같이 설득해줄 것을 요구한다. 그게 '학생을 걱정하는 교사가 할 일'이라고 말한다. 그러나 이런 경우 학생의 편인 손 교사는 난감해질 수밖에 없다. 학생을 이해하도록 부모를 설득할 때, 심한 경우에는 "이게 다 교사 때문에 벌어진 일"이라는 원망을 들을 수도 있다. 아직 세상 물정을 모르는 '어린 교사'가 학생을 설득하기는커녕 오히려 부화뇌동했다는 것이다. "당신이 내 아이 책임질 거냐?"가 학생의 장래와 관련해서 교사가 들을 수 있는 가장 무서운 말이다.

고학력 중산층과 저학력 노동자층의 자녀 양육 방식의 비교를 통해 왜 고학력 중산층 학부모의 자녀들이 성적이 더 좋은지를 분석한 연구(신명호, 2011)를 보면, 고학력 중산층 학부모들은 자녀를 학업에 몰입시키기 위해 총력전을 펼치고 있음을 알 수 있다. 고학력 중산층 학부모는 자신의 생애 경험을 통해 한국사회에서 학벌주의가 얼마나 중요한지를 온몸으로 체득한 사람들이다. 따라서 이들은 자녀를 학업에 몰입시키기 위해 일상적으로 '의식화'를 수행한다. 공부 이외에 다른 것에 관심을 기울이는 것을 경계하면서, 어떻게 해서든 그 관심을 공부 쪽으로 돌리기 위해서 노력한다. 초등학교 때는 음악이나 체육 등에도 관심을 두루 가지게 하지만 중학교 진학 이후에는 공부에만 전념하도록 유도하는 것이 정석이다. 이들은 "공부를 통해서 출세하는 길이 가장 안전하고 확실하며, 그 외의 길은 고생스러운 삶이 될 가능성이 높다는 것"(위의 책: 75)을 추호도 의심하지 않는다. 따라서 교사가 자기 자식에게 공부 이외의 길에 마음을 두게 하거나 자기 자녀의 역량을 부정하는 것을 가장 못 견뎌한다.

부모의 이런 양육 방식은 자녀에게는 생활에 대한 강한 통제로 귀결된다. 한편에서는 우리 아이는 천재라고 치켜세우지만 다른 한편에서는 강압적으로 자녀의 생활을 통제한다. "강남의 중산층 어머니들 사이에서는 외출할 때 컴퓨터의 전원 케이블을 뽑아 가지고 나가는 것은 상식화된 방법"(위의 책: 89)이라거나 "강남의 중산층 부모들이 자녀의 학원 스케줄에 맞춰서 자가용으로 일일이 태워다주고 데려오는 이유는 …… 한편으로 자녀들이 친구들과 만나 시간을 허비할 것을 우려해서 그것을 예방하고 통제하기 위한 목적"(위의 책: 91)이라는 것에서 극명하게 드러난다. 이것이 학생과 학부모 사이의 갈등이 되며, 학생이 교사에게 이런 상황을 호소했을 때 교사들은 손 교사처럼 난처해진다.

　박 교사는 이 문제로 여러 차례 곤욕을 치른 적이 있었다. 그중 하나는 박 교사가 근무하던 학교에서 0교시 수업을 강행하면서 벌어진 문제였다. 그는 0교시 수업이 학생들에게 무리이기 때문에 폐지해야 한다는 입장이었지만, 문제제기는 교사들에게 비정상적인 방법으로 0교시 수업 수당을 지급한 것을 지적하는 방식으로 했다. 행정실을 통해 정상적으로 수당을 지급하라고 문제제기를 한 것이다. 0교시 수업 자체가 불법인데다 공식문서로 문제제기를 한 것이라서 학교에서는 갑자기 0교시 수업 폐지를 선언할 수밖에 없었다. 그러자 학부모들이 들고일어났다.

　학부모들이 학교에 막 항의 전화를 한 거죠. 그런데 교장이 제

탓이라고 한 거예요. 학부모들이 학교를 찾아왔어요. "○○○ 누구야?" 하고 소리치면서 교무실로 밀고 들어오고……. 제가 학부모 열 댓 명한테 둘러싸이게 됐어요. 선생님들도 놀라구요. 그때 제가, 당할 때 당하더라도 교무실에서는 안 되겠다고 생각했어요. 그래서 특별실에서 얘기하자고 해서, 특별실에서 학부모들한테 둘러싸여서 이야기를 하는데, 서너 시간은 했을걸요. "당신이 왜 0교시를 반대하냐. 다 너 때문이다. 문서로 남기기로 한 것 다 폐기하라고 해라. 내 자식이 대학 못 가면 네가 책임질 거냐?" 이런 얘기를 계속 저한테 한 거죠. 제가 사정을 이야기했어요. "0교시를 내가 없앤 것이 아니다. 나는 없애야 한다고 생각하지만 내 생각 때문에 없어진 게 아니라 절차의 문제 때문이다. 문서는 폐기할 수 없다. 나는 정당한 주장을 한 것이고, 결정은 교장과 교육청의 몫이다. 그리고 나는 교사의 양심을 걸고 0교시 안 해서 대학 못 가는 일 없다고 말할 수 있다. 나는 설명 다 했으니 0교시를 부활시키든 폐지시키든 교장하고 이야기해라." 교장은 도망가고 없었죠. 학부모들 앞에서는 울지 않았는데, 운동장을 돌아서 학교를 나오는데 하늘이 무너지는 것 같았어요. 엄마들이 저한테 점잖게 말하지만은 않았을 거 아니에요. (박 교사)

학생의 진로와 관련된 갈등은 주로 성적이 좋은 학생의 학부모나 중산층 이상의 학부모와 교사 사이에서 벌어진다. 박 교사는 교사가 문제 풀이식 수업을 선택적으로 할 수 있는지 없는지도 학군에 따라 달라진다고 말한다. 수능과 관계없는 방식으로 수업을 하거나 문제집 이외의 교재를 채택해서 수업을 할 때 저소득층 학군의 학부모들은 크게 신경을 쓰지 않지만, 성적이 좋은 학군에서는 학부모들이 당장 들고일어나기 때문에 다른 방식으로 수업하는 것이 불가능하다고 한다.

한편 학부모는 두 가지 상황에서 교사로부터 큰 상처를 받는다. 첫 번째는 자기 자식의 역량이 부정당하는 것이다. 내 자식은 충분히 해낼 수 있다고 생각하는데 교사가 그건 무리라고 말할 때 학부모는 존재를 부정당하는 느낌을 갖게 된다. 박 교사는 성적이 뛰어난 학교, 자신이 근무하는 특목고 같은 곳에서 이런 경향이 특히 심하게 나타난다고 말한다.

저희 반 아이 하나가, 자기는 자사고 가고 싶었대요. 특목고는 자기가 생각해도 안 된다고 봤대요. 그런데 특목고가 덜렁 된 거예요. 선생님들 말씀으로는 애가 수리가 약하대요. 그런데 아이 엄마는 그걸 인정하지 않아요. 자기 아이는 역량이 있다고 생각하시는 거죠. 그런데 중간고사를 치고 나니까 이 친구 수학 성적이 바닥이었던 거예요. 애 엄마한테 전화가 왔는데 "너무 충격이다. 나는 우리 애가 서울대 갈 수 있다고 생각했다. 하늘이 무너지는 느낌이다"라고 이야기하시더라구요. 그래서 제가 이렇게 말했어요. "서울대 안 간다고 하늘이 무너지지 않습니다. 특목고에 입학했기 때문에 엄마 마음이 편하지 않으시겠지만, 아이들이 어지간하면 ○○대 가고 제일 못 가도 ××대 갑니다. 일반 학교에서 ○○대, ××대 가려면 전교에서 날아야 하는데, 그에 비하면 여기 학생들은 편안하게 가는 겁니다. ○○대 가도 대학 가서 지가 어떻게 하느냐에 따라 또 달라지니 너무 일희일비하지 마세요." 그런데 이 엄마가 전화를 뚝 끊어버렸어요. (박 교사)

박 교사가 서울대가 아니라 다른 대학도 좋은 대학이라고 말하는 것은 학생들의 짐을 좀 덜어주기 위해서다. 그는 자기가 이렇게 해야 학생도 학부모도 좀 편안해질 수 있다고 말한다. 학부모가 자식에 대한 짐을 덜어야 학생들이 편안해진다. 그래서 박 교사는 특목고에 온 다음에 사상 열심히 하는 일 중의 하나가 학부모 통신문을 매달 한 번씩 보내는 것이다. 학교에서 벌어지는 일상사와 학생의 성향에 대한 이야기를 통신문에서 써서 학부모에게 보낸다. 하지만 대부분의 학부모는 성적에만 관심이 있지, 이런 일에는 크게 신경을 쓰지 않는 것 같다고 한다. 진로와 성적 문제가 아니면 '우리 애 담임이 신경을 많이 쓰는군' 하는 정도로 생각하는 데 그친다. 자녀의 학교 생활 전반의 모습이나 담임의 교육철학에는 관심이 없는 것이다. 이 점에 대해서는 대다수 교사들이 비슷한 견해를 가지고 있었다.

학부모와 교사가 갈등을 빚게 되는 또 하나의 상황은 교사의 말이 학부모의 양육이나 교육 방식에 문제를 제기했을 때이다. 교육열이 매우 높은 지역의 초등학교로 최근에 전근을 온 장 교사는 학부모와의 갈등으로 힘든 시간을 보내고 있다. 요즘 붐이 일고 있는 영재교육을 받고 자란 학생이 교실에서 끊임없이 삐뚤어진 모습을 보이고 있기 때문이다. 교사를 골려 먹으며 수업 분위기를 흐트러뜨리고 다른 학생들에게 권력을 휘두르는 일이 빈번해졌다. 그래서 장 교사는 학부모를 불러 면담을 했다.

제가 너무 인성교육만 강조하고 당신 아이한테 칭찬을 안 해줘서 그런 거래요. 제가 늘 학기 초에 이야기하는 게 아이들은 많이 뛰어놀아야 한다는 거거든요. 엄마 생각에는 담임이 인성교육만 너무 강조하니까 자기 아이가 잘하는 것을 드러낼 기회가 없었다는 거죠. 제가 "그렇지 않다. 어머니 말씀대로 ○○가 잘하는 수학이나 과학 시간에 친구들 생각을 이끌어주거나 발표를 해주면 충분히 칭찬할 수 있다. 그런데 ○○는 학교에서는 그런 행동을 하는 것을 거부한다"라고 말했지요. 걔가 수업에 진지하게 참여하지 않거든요. 그런 이야기를 했더니, 그건 또 애가 너무 부끄러움이 많고 내성적이라서 그렇대요. 그애 엄마가 어제도 오셨는데, 또 당신 이야기만 하다 갔어요. 제 얘기는 안 들어요. (장 교사)

장 교사는 이 면담을 한 다음 날 나와 만났는데 많이 지쳐 있었다. 학부모에게 무슨 이야기를 하려고 하면 "그건 이래서 이런 것이다"라며 말을 끊고 자녀와 자기 자신에 대해서 변명을 하는 바람에 토론이 전혀 되지 않았다고 한다. 교사가 "책을 읽으라고 하는데 단 한 권도 집중해서 읽지 않는다"라고 말하면 "우리 아이는 책을 안 좋아한다"라고 대답하고, 다른 학생을 괴롭혔다고 말을 하면 "선생님이 우리 아이하고 안 맞는 것 같다. 우리 아이가 선생님 때문에 힘든 것 같다"고 대답했다고 했다. 교사의 말을 믿을 수 없다는 것이다.

장 교사가 그동안 이 학생이 친구들이나 교사들에게 한 행동을 전하며, 학부모에게 "아이가 여러 가지로 힘들고 아픈데 상담을 받아보는 것이 어떻겠냐"고 진지하게 권유했지만 학부모는 "우리 애는 괜찮다"라는 말만 반복했다. 그 말의 의미는 학부모인 '자신이 알아서 해야 할 일'이지 교사가 나설 일이 아니라고 선을 긋는 것이다. 장 교사는 "이 상태로 선생님과 우리 아이가 1년을 함께 할 수 있을지 모르겠다"라는 말까지 들었다고 한다.

교사와 학부모 사이에는 불신의 벽이 높다. 학생의 성장을 위해 협력해야 한다고 말하지만, 두 주체 간에 협력이 이루어지기 위해서는 넘어야 할 장애물이 많다. 한 교실에 성적이 좋은 학생부터 노는 것을 좋아하는 학생까지 다양한 학생들이 모여 있다. 이 학생들 중에서 어떤 학생이 한 학년을 즐겁게 보내는가는 교사의 교육신념과 깊은 연관을 가지고 있다. 만일 교사가 공부를 열심히 하는 것이 중요하다고 생각하고 성적이 좋은 학생들을 계속해서 칭찬한다면 그런 학생은 1년 동안 즐겁게 지낼 가능성이 높다. 장 교사와 부딪친 학부모가 "선생님이 우리 아이와 맞지 않는 것 같다"고 한 말에는 이런 의미가 들어 있다. 그 전까지는 학교에서 공부를 잘하는 것이 중요하고 그게 칭찬받는 길이라고 생각하고 커온 학생에게, 장 교사 방식의 공부와 학생 대하기는 낯설고 낭패감을 줄 수 있었을 것이다. 무슨 일을 하든 성적이 좋다는 이유로 늘 칭찬을 받고 자란 학생이, 자기가 다른 학생들을 대하는 태도(한 번도 문제가 되지 않았던) 때문에 교사로부터 비판을 받았을 때 느끼는 당혹감은 클 것이다.

학부모의 입장에서는 교사가 자기 자식을 대하는 태도에서 불안함을 느낀다. 교사가 자기 자식에게 문제가 있다고 선언하는 순간 학부모는 불안해질 수밖에 없다. 그 첫 번째 이유는, 학부모 특히 엄마는 자녀에 대한 모든 책임을 자신이 져야 한다고 생각하기 때문이다. 학생의 교육은 근본적으로 가정이 책임져야 하고 그 책임이 엄마의 몫이라는 생각이 뿌리 깊은 한국사회에서, 학생에게 문제가 있다는 선언은 곧 엄마에게 문제가 있다는 선언으로 받아들여진다. 엄마 자신뿐 아니라 교사들도 실제 그렇게 생각하기도 한다. 장 교사 역시 나와 인터뷰를 하는 내내 이 학생의 문제는 곧 엄마의 문제에서 기인한 것이라고 단언했다.

두 번째 이유는 교사가 자기 자식에게 문제가 있다고 선언했을 때 그것이 자녀에게 미칠 여파에 대한 불안이다. 학부모들은 학교와의 관계에서 자신이 근본적으로 약자라고 생각한다. 자식을 볼모로 학교에 보냈기 때문에 학교와 교사의 눈치를 볼 수밖에 없다고 생각한다.* 특히 생활기록부 등 교사가 학생을 판단해서 기록하는 내용은 평생 그 학생의 뒤를 따라다닐 것이기 때문에 교사의 눈치를 볼 수밖에 없는 것이 학부모의 위치다. 또한 자신의 경험으로부터 교사가 한 학생을 바라보는 시선이 다른 학생들의 시선에 어떤 영향을 끼치며, 그 학생에 대한 평판에 어떤 반향을 일으키는지 잘 알고 있다. 따라서 자식에 대한 교사의 평가에 학부모는 민감하게 반응할 수밖에 없다.

누가 내 아이를 지켜주나

교사와 학부모의 관계를 불신에 빠뜨리고 더욱 긴장시키는 것이 학교 폭력 이후 강화되고 있는 학생 관리 대책이다. 학교 폭력의 심각성이 알려지면서 학부모들은 자기 자식이 가해자가 되든 피해자가 되든, 그런 폭력에 연루될까 봐 불안해한다. 또한 폭력이 벌어졌을 때 교사와 학교가 공정하고 분명하게 처리하기보다는 은폐하거나 제대로 처리하지 못할 것이라고 생각하며 학교와 교사를 불신한다. 때문에 고소득 중산층이 모여 있는 지역의

---

* 박 교사의 다음 사례는 학교에 대해 학부모들이 스스로가 약자라고 생각하는 경향이 얼마나 깊은지를 단적으로 보여준다. 박 교사는 학교운영위원회를 하면서 졸업앨범에 부정이 있다는 것을 알았다. 학교가 업자와 결탁한 것이다. 그는 학운위 교사위원이라 문제제기를 하며 공개입찰로 가자고 제안했지만 학부모위원이 반대하며 교장 편을 들었다. 나중에 그 학부모는 "선생님이 옳다는 것을 알지만, 아이를 맡겨놓은 입장에서 교장 편을 들 수밖에 없었다"라고 말해 박 교사는 더 화가 났다고 한다. 그는 "알면서 그렇게 하는 것은 비겁한 짓"이며 "아무도 아이를 해코지하지 않는다"며 분통을 터뜨렸지만 대부분의 학부모는 그렇게 생각하지 않는다.

학교에서는 학부모들이 직접 문제를 해결하려는 경우가 많다.

2012년에 권 교사 반에서는 늘 말썽을 피우던 한 학생이 학급 회장을 괴롭히는 일이 벌어졌다. 회장은 전교에서 1등을 하던 학생이었기 때문에 더욱 문제가 되었다. 회장의 어머니가 권 교사에게 전화를 해서 "그 개새끼, 내가 혼내주러 갈 테니 선생님이 좀 잡아놓고 있으라"고 말했다고 한다. 회장의 어머니 역시 교사였다. 권 교사가 "어머니도 교사이신데 이렇게 일을 처리하면 곤란하지 않느냐?"고 말했더니 그는 "내가 지금 교사로서 말을 하는 줄 아느냐, 엄마로서 말을 하는 것이다. 선생님이 아이들을 무르게 대하니까 이런 일이 벌어지는 것 아니냐?"며 언성을 높였다. 학부모인 한에서는 교사도 교사를 믿지 않고 전후 사정을 살피지 않는다. 그러니 학부모가 자식을 방어하기 위해 교실에 '침입'해서 교사 앞에서 다른 학생을 야단치고 폭력을 가하는 경우도 종종 발생한다.

또한 학부모는 학교 폭력과 연루되었다는 사실이 자기 자식에게 부정적인 영향을 미칠 것에 대한 불안도 가지고 있다. 가해자뿐만 아니라 피해자 역시 사실이 알려지는 것을 두려워한다. 황 교사가 근무하는 학교는 기숙사형 학교다. 얼마 전 황 교사 반 학생이 다른 반 학생에게 얻어맞는 사건이 벌어졌다. 이 사건을 처리하는 과정에서 그는 학부모들 때문에 난처한 일을 겪었다. 그 학교에서는 교칙에 따라 학생들끼리 한 대만 때려도 학교폭력자치위원회에서 대책위원회를 열게 되어 있다. 그런데 이 대책위를 공식적으로 여는 것이 교사, 특히 담임으로서는 큰 부담이라고 황 교사는 말한다. 생활기록부에 기록*되기 때문이다. 이 기록이 대학 입학 수시전형에서 문제가 될 수 있고 이것이 학생에게는 평생 꼬리표가 될 수 있어서 교사들 사이에서도 갈등이 있었다고 한다. 그래서 황 교사는 피해자의 담임으로서 가해자의 담임을 만나 될 수 있는 한 해당 학생, 학부모들과 합의해서 조정하자고 이야기했다. 그러나 교사들 사이에서 협의하고 있는 내용을 학부모에게 전달하면서 문제가 커졌다.

학부모들이 원하는 건 생기부에 남기지 말라는 거예요. 피해자 담임인 저나 가해자 담임 선생님이나 "다 애들을 중심에 두고 생각하고 있다. 그런데 때린 걸 부정할 순 없고, 그걸 지도해야 되지 않겠는가" 하고 아무리 이야기해도 안 되는 거예요. 생기부에 남기면 엄정하게 대처하겠대요. 그러니까 교사들이 학을 떼게 되는 거죠. 엄정하게 대처한다는 건 학교에서 매뉴얼을 밟아서 제대로 처리했는지 확인하겠다는 거예요. 교사들이 아무리 아이들 위주로 생각

----

* 지난 2012년, 학생들의 생활기록부에 학교 폭력을 기록하는 것이 첨예한 교육계의 현안으로 떠올랐다. 이미 1996년에도 교육부에서 똑같은 정책을 추진했다가 교육계의 반발로 철회한 적이 있었다. 그런데 2012년 들어 학교 폭력이 사회 문제로 떠오르자 교육과학부는 2월 6일, 〈학교 폭력 근절 종합대책〉을 발표하며 학교 폭력 가해 사실을 생활기록부의 행동특성 중 인성 영역에 구체적으로 입력할 것을 요구했다. 이에 대해 국가인권위원회에서 인권 침해 소지가 있다며 수정할 것을 권고했지만 교과부는 이를 무시했다. 이에 서울과 전북 등 소위 '진보 교육감' 쪽에서 반발하며 거부하자 교과부에서는 시도교육청 업무평가에서 학교 폭력 부문의 비중을 높이겠다고 발표했다.

해도 일단 폭력 사건이기 때문에 기숙사 퇴사 같은 조치는 취할 수밖에 없어요. 그건 교칙에 의한 행정 절차거든요. 하지만 학부모는 한편에서는 발끈하면서, 또 다른 한편에서는 안도하면서도 담임을 안 믿는 거죠. 이렇게 되니까 교사들이 학부모와 얘기를 하면서 상처를 받는 거예요. (황 교사)

가해학생의 부모에게는 자기 자식에게 나쁜 기록이 남는 것이 가장 큰 문제였다. 가해자의 가정이 고학력 중산층이었기 때문에 이들은 자기 자식에게 피해가 간다면 매뉴얼대로 했는지 "엄정하게 대처"하겠다고 학교에 말할 수 있었다. 솔직하게 담임, 즉 교사를 믿지 않는다는 것도 확실하게 말했다. 학교 폭력이 있고 난 다음에 서학력 지소득층의 학부모가 보이곤 하는 태도와는 아주 달랐다고 황 교사는 말한다. 저학력 저소득층 학부모는 교사에게 읍소하거나 자기 자식을 탓하는 경우가 많다는 것이다. 그런데 고학력 중산층 학부모는 자존심을 버리지 않으면서도 자식을 방어하는 방식이 무엇인지를 알고 있다. 학교도 행정적으로 골치 아픈 일에 휘말리기 싫어한다는 것을 잘 알기 때문이다.

피해학생의 부모와도 갈등이 생겼다. 황 교사는 이 사건을 통해 피해학생이 평소 가지고 있던 문제에 대해 학부모와 상담하며 같이 해결해가기를 원했다. 폭력 사건 자체에서는 피해자였지만 평소 생활태도에 있어서는 늘 다른 학생들과 문제를 일으키던 학생이었기 때문이었다. 그러나 학부모는 자기 자녀의 심리적 문제에 대해 인정하지 않았고 그것으로 교사와 상담하고 싶어하지도 않았다. 대신 이 사건이 다른 사람들에게 알려지지 않도록 해달라는 요구만 했다. 또한 폭력 사건만 문제 삼으며 자녀의 성향이나 행동에 대해서는 일체 거론하지 말 것을 요구했다. 황 교사는 "자기 아이에 대한 방어벽은 너무나 높고, 문제점을 알고 있어도 드러내려 하지 않고, 자기 아이 문제도 겉으로는 없다고 말한다"면서, 이 학부모만 그런 것이 아니라고 말했다. 학생들의 생활에 대해 이야기하면 '공격적으로' 나오는 경우가 점점 많아지고 있다. 이전에는 통신문도 자주 보내고 학부모와 면담도 열심히 하던 황 교사도 지금은 '굳이 그런 이야기를 꺼내서 갈등을 유발할 필요가 없다'라고 생각해서 에둘러 이야기하고 만다.

　학교 폭력의 문제에서, 황 교사의 경험과 달리 저소득층 학부모 역시 이제는 교사에게 읍소하지 않는다. 몇몇 사례를 보면 저소득층에서도 자기 자식이 학교 폭력의 가해자가 되었을 때 교사를 대하는 태도가 많이 달라진 것을 알 수 있다. 권 교사의 반에서 항상 말썽을 부리던 학생 때문에 면담을 요청했을 때, 그 학생의 아버지는 "내가 나이가 몇 살인데 나보고 오라가라 하냐?"면서 "나는 두려울 것이 없는 사람이다"라고 말했다고 한다. 모 지역 인문계 고등학교에서 송 교사가 겪은 일은 여기서 한 발 더 나아간다. 사사건건 학생들에게 폭력을 휘두르며 돈을 뜯어내고 교사들과도 충돌하는 학생이 있었다. 급식지도를 하고 있으면 노골적으로 교사를 무시하고 새치기를 했고 수업도 중간에 들어왔다가 아무 때나 나가는 학생이었다. 교사들에게도 "당신", "아줌마"와 같은 말을 함부로 해서 교사들과 막말을 주고받으며 싸우기도 하고 몸싸움을 벌이기도 했다. 이 때문에 그 학생은 학생들 사이에서뿐만 아니라 학교 전체의 문제로 확대되었다.

부모님에게 전화를 해서 아이가 어떤 문제를 일으켰는지 얘기를 했죠. 그런데 이분이 오히려 큰소리를 치는 거죠. "왜 교사가 학생에게 욕을 했느냐. 네가 욕을 하지 않았다면 이런 일이 벌어지지 않았다. 아이가 건강하지 않다는 것(교사 이야기)을 알면서 왜 그렇게 했느냐, 그게 원인 제공이다." 이분은 사건이 벌어졌을 때 교사가 욕을 한 것과 자기에게 알리지 않은 걸 두고 학교가 해야 할 일을 하지 않았다고 집요하게 주장했어요. 아이가 일으킨 사건이 무수히 많았는데, 사건이 날 때마다 그렇게 대응한 거죠. 다른 학교 사례도 공부하고 스크랩까지 하는 정도였어요. 다른 학교에서는 교사가 이렇게 해서 아이가 이렇게 바뀌었다던데 너희는 왜 그렇게 하지 않느냐면서 교육청에 알리고, 심지어 청와대나 언론사에도 지속적으로 민원을 제기해서 학교에 기자들이 취재를 온 적도 있었어요. (송 교사)

송 교사의 이야기는 황 교사가 과거를 회상하며 이야기한 것과는 달리, 저소득층 학부모들도 자기 자식에게 불이익이 생겼을 때 자신이 어떻게 움직이면 학교와 교사들을 난처하게 할 수 있는지 이제 알고 있다는 것을 의미한다. 이처럼 교사와 학부모 사이의 불신은 계층을 가리지 않고 둘 사이를 단절시키고 있다. 학생의 성장과 성적이라는 '이해'가 복잡하게 얽혀 있지만 서로 다른 해법과 접근을 시도한다. 형식적으로는 한 공간에 있지만 실질적으로는 다 따로 움직이면서 될 수 있는 한 서로 만나지 않고 부딪치지 않는 것을 목표로 하고 있다. 교사와 학생이 '무관할수록' 좋은 것처럼 교사와 학부모 사이도 마찬가지다. 다만 생활기록부나 진로 문제같이 서로의 입장과 이해관계가 '충돌'할 때만 격렬하게 부딪치면서 만날 뿐이다. 나머지의 만남은 가급적 회피되는 것이 좋다고 교사와 학부모 모두 생각하고 있다.

내가 만난 교사들 중에서 유일하게 안 교사만 교육에 있어서 학부모의 역할을 긍정적으로 이야기했다. 안 교사 역시 대부분의 학부모가 자기 자녀에게만 포커스를 맞춘다는 점에는 동의한다. 수업공개를 하더라도 전체 수업을 보면서 수업에 대해 피드백을 주는 것이 아니라 자기 아이만 쳐다보는 경우가 많다. 수업을 잘 보지 못한다. 그래서 수업에 대한 학부모들의 피드백은 제한적이다. 그러나 안 교사는 요즘에는 교육에 대해 일가견을 가지고 있는 학부모가 꽤 많아졌고 이들의 피드백은 종전과는 다르다는 것을 경험하고 있다. 지금 학부모들은 자녀의 수업을 참관하며 수업의 도입은 무엇이 문제이고, 발문은 어떻다고 분석한다. 이런저런 교육 이론에서 여러 가지 수업 모형에 이르기까지 교육학적 지식을 갖춘 학부모도 많다.

교원 평가가 생기고, 학부모 공개수업이 활성화되면서 형식적으로나마 수업에 대해 학부모의 의견을 받는 제도들이 생겼어요. 어떻게 보면 교육학이 대중화된 거죠. 그러면 그 피드백이 교사한테 유의미하게 전달될 수 있는 통로가 있어야 하잖아요. 그런데 그런 통로가 지금의 학교에는 없어요. 교사들한테 그 피드백이 도달하지 않아요. 오더라도 무시하죠. 물론 학부모들의 분석이 굉장히 공격적이라서 그런 부분도 있기는 해요. 하지만 학부모들이 수업에 대해서 이야기할 수 있어야 하고, 그건 학부모뿐 아니라 학생들에게도 주어져야 할 권리죠. 그런 학부모들과 수업 컨설팅 팀을 만들어도 되는 거고. (안 교사)

나는 안 교사의 이야기와 다른 교사들의 경험을 비교하면서 문제의 근원이 어디에 있는지 알 수 있었다. 교사와 부모가 만나는 공간이자 토론하는 주제는 '아이'다. 교사는 학부모와 이야기를 할 때는 교육에 대해 이야기를 하는 것이 아니라 그 학부모의 아이에 대해 '상담' 혹은 '면담'을 한다고 생각한다. 학부모 역시 교사가 면담을 요청하면 자신의 아이에 대한 상담이라고 생각한다. 학부모와 교사를 묶어주는 것은 '아이'지 '교육'이 아니다. 교사와 학부모가 다 교육의 주체라고 말을 하지만 실제로 교사와 학부모 사이의 대화는 모두 교육이 아닌 '아이'가 중심이다.

이처럼 고민의 주제가 '아이'인 한 학부모는 끊임없이 자기 아이를 볼모로 잡힌 약자가 되고 자기 아이에게 집착할 수밖에 없다.

반면, 교사들은 바로 이 점 때문에 학부모가 교육의 주체가 될 수 없다고 생각한다. 교육이 가진 보편성을 생각하는 것이 아니라 자기 아이만 바라보는 이기주의에서 학부모가 벗어날 수 없다고 비관적으로 바라본다. 따라서 학부모와 교사는 가급적 서로 안 만나기를 바랄 수밖에 없다. 학부모의 입장에서는 자기 아이가 교사의 입에 오르내릴수록 부담스럽기만 하다. 또한 교사는 한 학생에게만 초점을 맞출 수가 없다. '아이'가 중심이 되는 한 학부모와 교사는 이해관계에서 결속되지만 역설적으로 될 수 있는 한 무관한 관계를 지향하면서 단절될 수밖에 없는 것이다.

교무실, 침묵의 공간

앞에서 살펴본 것처럼 교사와 학생 사이는 무관하거나, 적당히 공모하거나, 혹은 적대적인 관계가 되었다. 그것이 표출된 양상이 수업 붕괴와 학교 폭력이다. 지금까지 학교에 대한 이야기는 그 원인을 주로 가혹한 입시 제도나 교육 정책에서 찾았다. 틀린 말은 아니다. 박정희 군사정권 때만 하더라도 다수의 학생은 입시경쟁과는 무관하였다. 하지만 전두환 정권이 대학졸업정원제를 도입한 이후 대학 진학은 대다수 인문계 학생의 당위가 되었다. 대학 진학률은 1990년대 30퍼센트에서 1990년 중반 50퍼센트를 넘어 2000년 중반부터는 80퍼센트에 달하게 되었다. 재수생까지 포함하는 진학률에서는 실질적으로 100퍼센트를 넘기게 되었다. 온 국민이 대학에 가는 시대가 도래한 것이다.

이에 따라 대학 진학은 학생의 의사와는 상관없이 모두가 수행해야 하는 과업이 되었다. 여기에 1997년의 경제위기는 교육을 마친다고 해서 취업이 보장되던 시대가 종언을 고했음을 만천하에 알렸다. 한편에서 대학은 당위가 되었지만 다른 한편에서 대학은 점점 쓸모없어지게 되었다. 대학 간의 위계도 점점 심화되었다. 서울과 지방의 차이가 커지며 지방대는 몰락하였다. 그나마 서울 안에 있는 대학을 나와야(소위 인서울in-Seoul) 취업이 보장되었다. 이런 상황에서 대학에 갈 의지도 없고, 성적도 되지 않는 학생들이 자신이 왜 교실에 앉아 있어야 하는지를 알지 못한 상태에서 옆에 있는 약자를 향해 폭발하는 것은 어찌 보면 당연한 일인지도 모른다.

그러나 나는 지금부터 교실이 그렇게 아수라장이 되는 동안 교무실에는 어떤 변화가 있었는지를 살펴보려고 한다. 이것은 교무실을 교실 붕괴나 학교 폭력의 원인으로 지목하려는 게 아니다. 오히려 이 글에서 나는, 교실이 아수라장이 되는 동안 그 문제에 관해 가장 열심히 토론하고 대책을 숙의하는 공간이 되었어야 할 교무실이 왜 침묵에 빠져들게 되었는지를 살펴보려고 한다. 교실이 붕괴되는 것에 가슴 아파하고 학생들과 다시 교육적 관계를 맺어보고자 사방팔방으로 다니며 이런저런 시도를 하던 교사들이 교무실에서 어떤 처지에 놓여 있는가를 살펴봄으로써, 한국의 교육현장이 어떻게 폐허가 되어버렸는지를 보려고 하는 것이다.

교실과 함께 교무실 또한 붕괴하였다. 교실만 침묵의 공간이 된 것이 아니라 교무실 역시 침묵의 공간이 되었다. 반교육적인 교육 행정이나 지침에 대해 집단적으로 항의하는 풍경도 사라졌다. 전교조가 결성되면서 잠시 나타났던 '벌떡 교사'들로 상징되는 공론화의 움직임은 급속하게 줄어들었다. 또한 교사들은 더 이상 무엇이 제대로 된 교육인지에 대해 동료 교사들과 서로 토론하려 하지 않는다. 동료 교사의 교육 방식에 대해 조언하고 충고하는 일은 공연한 간섭이나 공격, 주제넘은 짓으로 여겨진다. 대신 서로 깍듯하게 예의를 지키는 것이 중요하다. '존중'이라는 이름으로 자신의 말을 검열하면서, 교사들이 둥그렇게 모여 앉아 교육에 대해 토론하는 모습을 찾기는 힘들게 되었고 교사들은 각자 자신의 책상 앞으로 고립되어갔다. 교무실에는 천 개의 섬이 떠 있다.

무한책임을 지고 사방팔방으로 뛰어다니는 교사들이
사건사고가 벌어지면 책임마저 '독박'을 쓰는 사태가 벌어진다.
누가 그런 일까지 하라고 했냐는 비난을 받는다.

205
혼자 바쁜 교사들

두 교사의 하루

흔히 말하는 것처럼 교실은 교사의 왕국이다. 다른 말로 하면 교사들은 자기 학급의 일에 다른 교사나 학부모가 개입하는 것을 싫어한다. 자신이 담임을 맡은 반의 학생들을 가장 잘 안다고 생각하기 때문에 다른 교사들과 협력하기보다는 자신의 독자적인 판단을 더 신뢰하는 경향을 가지고 있다. '좋은' 교사들도 다른 교사들과 협력하여 일을 처리하기보다는 학생들과 시간을 보내는 것을 더 선호한다. "학교에 가면 아이들만 만나고 싶다"고 말한 교사는 손 교사뿐이 아니다. 교육의 기본 틀은 교사 개인과 학생

다중의 관계이고, 교사와 동료 교사의 관계는 부수적인 것이라고 생각하고 있음이 잘 드러난다. 이런 점에서 교사는 개인적으로도, 구조적으로도 '혼자' 바쁠 수밖에 없는 것이다.

게다가 학교는 사건사고가 끊이지 않는 곳이다. 교육청이다, 교육부다 하여 층층이 상전을 모시고 있는 말단 행정기관이기도 하다. 그러다 보니 교사들은 지금 당장 벌어진 사건사고를 처리하고 위로부터 쉴 새 없이 떨어지는 공문과 잡무를 처리하느라 정신이 없다. 교사들은 장기적인 목표를 가지고 계획을 세우고, 그에 따라 수업과 학생들과의 만남을 설계하기보다는 눈앞에 떨어지는 현재의 일들을 처리하는 데 급급하고 분주하다. 또한 이런 현재의 업무들은 여기저기 산만하게 흩어져 있기 때문에 긴 호흡으로 이어가지 못하고 토막토막 처리할 수밖에 없다. 지금 처리하고 있는 일이 다음에 처리하는 일과 거의 상관이 없다. 그러다 보니 교사 업무의 기본이라 할 수 있는 수업이나 학생들과의 만남도 산만하기 짝이 없다. 학생과의 만남에는 시간과 공을 들여 정신을 집중해야 하는데, 쏟아지는 업무에 밀려 학생과 눈을 마주치고 고민을 들을 시간조차 없다.

사실 아무리 이렇게 말해도 교사들이 바쁘다고 하면 사람들은 콧방귀를 뀐다. 교사가 바빠봤자 얼마나 바쁘냐면서, 정말 바빠본 적이 없어서 "호강에 겨운 소리를 한다"고 비아냥거린다. 사실 밖에서 보면 교사만큼 널널한 직업이 없는 것 같다. 고등학교야 보충수업에 야간자율학습이니 뭐니 하면서 좀 바쁜 것 같지만, 초등학교나 중학교에서는 오후 4시나 5시에 수업만 마치면 바로 '칼'퇴근할 수 있는 것 같다. 게다가 모든 직장인이 부러워하는 방학이 있다. 1년에 두세 달을 월급 꼬박꼬박 받으며 놀고 장기여행까지 다녀올 수 있으면서 바쁘다고 푸념하는 것이 이해가 되지 않는 것이다.

그렇다면 교사들은 실제로 얼마나, 왜 그리고 어떻게 바쁜가? 그 바쁨을 이해하기 위해 두 교사의 하루를 먼저 살펴보자.*

오전

고등학교에서 담임을 맡고 있는 유 교사가 들려준 하루는 학업성취도평가가 있던 시험일이었다. 학교에서는 학교 평가와 관련되어 있기 때문에 민감하게 생각하는 날이다. 학교가 S등급에서부터 2등급까지 나뉘어 있고 등급에 따라 교사들의 성과급도 차등하여 배분되기 때문이다. 이런 날은 일찍 학교에 도착해야 하는데 하필 아이를 봐주는 분이 늦게 오는 바람에 약간 늦게 학교에 도착하게 되었다. 8시 3분이지만 유 교사는 자신이 '늦었다'고 생각했다.

학교에 오자마자 교실로 가 반 학생들이 다 왔는지를 확인했

---

* 이 절의 내용은 두 교사의 진술과 업무일지 및 수업일기를 받아서 저자가 재구성한 것이다.

다. 상습적으로 지각하는 학생 세 명의 자리가 비었다. 잠시 후 지각한 학생들이 약간은 미안한 표정으로 교실로 들어왔고, 유 교사는 학생들에게 간단한 잔소리를 한 뒤 시험에 대해 안내했다. 시험 시간표를 교실 칠판에 적고 시험의 중요성에 대해 학생들에게 알렸다. 유 교사는 이럴 때 "영혼이 없는 앵무새"가 된다. 유 교사 스스로도 가치를 부여하지 않는 전달사항을 "건조한 목소리"로 전달했다. 또 시험 결과가 좋지 않을 경우 학생들에게 닥칠 수 있는 힘든 학교 생활을 "과장하여" 전달했다. 이번에 보는 시험은 국·영·수 세 과목이다. 학교 입장에서는 학교 등급이 걸린 중요한 시험이지만 학생들의 입장에서는 내신에 반영되지 않기 때문에 별 의미가 없는 시험이다. 이 때문에 학생들이 성의 없이 졸면서 시험을 치거나 백지 답안지를 내는 일이 벌어질 수도 있다. 이걸 방지하기 위한 학교 측의 조치로, 유 교사는 오전 내내 교실에 들어가 시험 감독을 해야 했다. 시험 중간중간 "조는 학생들을 깨우고 주관식 답란에는 뭐든 쓰라고 잔소리를 해대는 것"이 담임이 시험 감독을 하면서 해야 하는 일이다.

  같은 시각, 역시 고등학교에서 창의연구부장을 맡고 있는 홍 교사의 오전 업무도 시작되었다. 그가 맡은 업무는 '사교육 절감형 창의경영학교' 담당부장이다. 말 그대로 학교를 '창의적'으로 경영해서 '사교육비를 절감해야' 하는 3년 프로젝트를 맡았다. 엄청난 업무 폭주가 예상되어 교사들이 모두 기피하는 업무인데 "새로 와서 뭘 모르는" 홍 교사가 맡게 된 것이다. 그의 말로는 "사고를

친 사람은 다 도망가고 난 다음"이라 아무도 맡지 않으려고 했던 일이다. 실제로 추진하는 일은 "다양한 교내 대회", "진로 설계 경진대회", "학습 플래너 작성" 등 전시 업무와 공문으로 처리해야 하는 일이 대부분이다.

홍 교사의 아침을 이해하기 위해서는 어제 있었던 일이 무엇인지를 봐야 한다. 그는 어제 자신의 학교와 마찬가지로 창의경영학교를 시행하고 있는 ○○고등학교 컨설팅 회의에 다녀왔다. '계획' 영역의 '선행 학교 우수 사례 연구' 부문이다. 올해 창의경영학교를 시행하는 일곱 개 고등학교 업무 담당자와 교육청 장학사가 모여 학교별로 사업을 컨설팅해주는 월례모임이다. 어제 컨설팅을 받은 ○○고등학교는 단기간에 엄청나게 많은 사업을 집행해서 교육청 장학사의 아낌없는 칭찬을 들었다. 다음 달 컨설팅 대상이 홍 교사의 학교이기 때문에 긴장하지 않을 수 없다.

아침 7시 50분에 출근했다. 오늘 수업을 점검해본다. 다행히 1교시는 수업이 없다. 오늘은 각 반에서 시 낭송 수행평가를 하기로 했다. 모둠별로 만들어서 메일로 제출한 시 낭송 UCC 자료를 검토했다. 동영상 자료가 잘 작동되는지, 시의 원문은 제대로 읽을 수 있도록 파일을 보냈는지 검토했다. 2교시에는 어제 출장으로 빠진 수업을 시간표를 바꿔서 들어갔다. 두 시간 블록 수업인데 한 시간씩 잘라서 교체를 하는 바람에 수업의 흐름이 반 토막 났다. 시 낭송 수행평가를 모둠별로 실시하다가 찜찜하게 마무리를 하고 나왔다.

3~4교시 수업에서는 계획대로 시 낭송 수행평가를 실시했다. 두 시간을 다 활용할 수 있어 8개 모둠별 수행평가를 모두 끝낼 수 있었다. 여학생 반이라 작품의 수준도 상당히 마음에 들었다. 학급별로 우수한 작품을 뽑아 1학기 말에 교내 시 낭송 축제에 출품할 거라고 했더니 아이들이 다시 만들 기회를 달라고 아우성이다. 평가와 무관하게 축제에 출품할 작품은 얼마든지 수정이 가능하다고 말해주었다. (홍 교사의 수업일기)

교사에게 수업이 모든 업무의 중심이라고 하지만, 홍 교사는 연구부장을 맡고 나서부터 수업에 제대로 몰두하기가 쉽지 않다. 업무를 핑계로 해서 수업을 다른 사람에게 맡기거나 건너뛰는 것은 이제 있을 수 없는 일이기 때문에, 어떻게 해서든 주어진 만큼의 수업은 채워야 한다. 두 시간을 하나의 흐름으로 짠 수업을 반으로 쪼개서 진행했을 때와 계획대로 연속적으로 진행했을 때 홍 교사 스스로의 만족도가 다르다. 반으로 잘라서 한 수업에서 그는 '찜찜함'을 느낀다. 우선, 학생들이 수업의 내용을 충분히 이해하지 못했을 가능성이 높다. 모둠별 수행평가도 연속적으로 발표를 해야 수업의 분위기가 기-승-전-결로 이어지며 상승되는데 그 흐름이 끊겨버린다. 반면 두 시간 블록을 통해 연속으로 한 수업에 대한 만족도는 높다. 학생들 역시 다른 모둠과 자기 모둠의 작품을 연속적으로 비교하면서 판단할 수 있기 때문에 열의나 호응이 높은 편이다.

점심 시간

유 교사의 점심 시간이다. 급식소로 내려가 시험 때문인지 여느 날보다 훨씬 소란스러운 웅성거림 속에서 식사를 하고 자리에 돌아와 오전에 미처 챙기지 못한 메시지를 확인했다. 담임에게 하루 동안 배달되는 메시지는 평균적으로 10여 통 이상이다. 메시지의 내용을 챙겨 필요한 행정적 업무를 처리하고, 학생들에게 전달사항을 알리고, 각종 공과금 미납에 대한 안내전화를 학부모들에게 해야 한다. 점심 시간이라고 해서 쉴 수 있는 시간이 아니다. 오히려 점심 시간은 교사에게 행정적인 잡무를 처리하는 시간이다. 사정은 홍 교사도 마찬가지다.

학교 급식을 먹었다. 날씨가 더워져서 삼계탕이 나왔다. 학교 급식은 무엇이 나오든 맛이 없다. 음식의 맛이 없다기보다 사실은 맛을 느낄 여유가 없다. 수백 명이 내는 소음 속에서 음식을 '퍼넣고' 나온다. 동료 선생님이 학교 화단을 한 바퀴 돌자고 하는데 그냥 교무실로 올라왔다. 오후에 어제 다녀온 창의경영학교 컨설팅 보고를 해야 한다. 해당 학교의 우수한 점 중에서 우리 학교에 적용할 만한 사업을 중심으로 보고서를 작성해야 한다. 옆자리에 앉은 기획 선생님에게 컨설팅 내용을 설명해주면서 함께 보고서를 만들었다. (홍 교사의 수업일기)

유 교사는 5교시에는 자기 반 교실에 들어가 방금 본 성취도평가에 대한 설문조사를 했다. 학생들에게서 시험에 대한 볼멘소리가 터져나왔다. 만만하게 생각하고 준비했더니 시험이 어려워 머리가 터질 것 같다는 둥, 오늘은 시험 때문에 피곤해서 집에 일찍 가야겠다는 둥 은근한 협박도 여기저기서 쏟아져나왔다. 시험에 큰 뜻을 가지고 있지 않은 학생들에게 시험 보는 날은 오히려 집에 일찍 가거나 자율학습을 빠질 핑계가 생긴 날이다. "이런 날은 빠져줘야 미치지 않을" 수 있다고 한다. 하지만 유 교사에게 시험 본 오늘은 6교시부터 정상 일과다. 6교시 수업을 해야 하고 8교시에는 보충수업도 있다. 설문조사지를 걷어서 학년부에 건네주고 자리로 왔다. OMR 카드로 설문조사를 하니 설문조사 결과를 취합해야 하는 번거로움이 없음에 감사하며, 6교시에 수업할 반의 진도를 확인하고, 수행평가와 기말고사에 대해 안내할 내용들을 확인한 후 교실로 향했다.

오후

수업을 마치고 (담임을 맡고 있는) 교실로 돌아와보니 어제 야간 자율학습에 빠지고 도망갔던 세 녀석의 반성문이 책상 위에 올라와 있다. 내가 자리에 없어 이때다 하고 책상 위에 올려두고 사라진 모양이다. 반성문을 대충 훑어보는데, K의 반성문은 연습장 두 장을 빽빽하게 채운 것이 심상찮다. 자세히 살피니 처음에 샤프로 썼다가 지운 흔적도 보인다. 차근차근 내용을 읽어보니 야간자율학습의 강제성이 갖는 부당함에 대한 호소가 한 장이다. 학기 초에 자습에 빠지고 싶다고 얘기했던 것이 기억나고 자습에 대한 이런저런 얘기 끝에 "그럼 어쩔 수 없이 해야죠"라며 돌아서던 K의 축 처진 어깨도 떠오른다. K는 조용하고 말이 없는 학생이다. 이런 학생들은 대체로 모범생 취급을 받는 편이다. 학교에서는 순종이 제1의 미덕이니까. 그런데 반성문을 읽어보니 자습으로 인한 스트레스 때문에 자습 시간만 되면 화가 치밀어올라 이제는 주체할 수가 없단다. 이건 심상찮다. 어쩐 최근 표정이 항상 일그러져 있더라니. 자습이 시작되는 9교시에 K를 불러 얘기하리라 생각한다. (유 교사의 수업일기)

유 교사는 8교시 보충수업을 마치고 9교시에 자기 반 교실로 갔다. 간단하게 자습할 수 있는 분위기를 만들어놓고 체육대회 때 찍은 사진을 학생들에게 주고 게시판에 붙이게 한 뒤에 K를 불러 이야기를 시작했다. 그가 보기에 K는 주관이 뚜렷한 학생이다. 작년에 토론 수행평가를 하면서 K의 단호하고 명확한 말하기에 후한 점수를 준 적도 있었다. 그러나 K는 유 교사가 이름을 부르는 순간부터 얼굴이 일그러졌다. 학생들은 좋은 일로 교무실에 불려간 기억이 없기 때문에 상담을 하자는 말을 가장 싫어한다. 오랜 친밀감이 없으면 학생들로부터 내밀한 이야기를 듣기가 쉽지 않다고 유 교사는 토로했다.

K는 얘기하는 내내 표정이 쉽게 환해지지 않는다. 묵묵히 내 얘기를 듣고 있던 K가 더 이상 참을 수 없다는 듯 말한다. 8교시까지 수업하는 것만은 할 수 있지만 밤 10시까지 남아서 하는 강제적인 자습은 더 이상 못하겠다고 한다. 매일 밤 아버지는 야근 가고 어머니와 동생은 잠든 집에 혼자 들어가 간식을 챙겨 먹고 혼자서 책을 보거나 TV를 보는 걸 더 이상은 못하겠단다. 가족과 식사하고 싶고 가족과 말하고 싶단다. (유 교사의 수업일기)

이런 K에게 유 교사는 대학과 인내의 가치와 남들처럼 사는 것의 힘겨움에 대해 "닳고 닳은 얘기"를 하는 것 말고는 할 말이 없다. 아무리 내밀한 이야기를 듣더라도 교사가 학생에게 할 수 있는 말은 뻔하다. 그래서 유 교사 역시 자신의 말에 무력감을 느끼지 않을 수 없다.

사실 K는 이런 이야기들이 통할 학생이 아니다. 성적은 중간쯤이지만 K의 꿈은 적당히 돈을 벌어서 좋아하는 책을 읽으며 사는 것이다. 실제로 K는 지난 달 자습을 빠지고 도망가서 10시까지 도서관에서 있다가 집에 들어간 적이 있다. 더 행복하지 않아도 되고 더 성공하지 않아도 된다는 K의 말이 아프지 않고 당당하게 들린다. 이런저런 얘기 끝에 부모님과 상의해서 자습을 빠지되 학교 공부를 소홀히 해서는 안 된다는 잔소리를 덧붙이고 나니 한 시간이 지났다. 아마도 K가 자습에 빠지게 되었다는 얘기를 들으면 몇 명의 학생이 자기도 자습에 빠지고 싶다고 얘기할 것이다. 자습을 원하는 학생들은 거의 없지만 자습을 하지 않는 학교는 없고 자율적으로 시행되는 분위기도 아니니 담임은 기꺼이 최전방에 선 총알받이가 되어야 한다. 신념과는 다른 말과 행동을 학생들 앞에서 해야 할 때, 그리고 학생들도 그것을 알고 연민에 찬 눈으로 바라볼 때는 정말이지 자괴감이 느껴진다. (유 교사의 수업일기)

저녁

그나마 이런 상담을 제대로 할 수 있는 시간도 근무 시간 중이 아니다. 그 시간들은 조각난 시간이라 학생에게 집중할 수가 없다. 그래서 일과가 끝난 후에나 제대로 만날 수 있다. 유 교사는 "담임을 하면서 학급의 학생들과 이야기할 수 있는 시간은 수업이 다 끝난 5시 30분부터"라고 말한다. K와 이야기가 길어지는 바람에 오늘 마무리 지어야 할 다른 업무들을 다 챙기지 못했다. "출결 및 상담 실적 입력도 마감"해야 하고 "행정실에서 학생에게 전해주라는 미납에 대한 안내문도 전달"했어야 한다.

두 교사의 일상에서 알 수 있는 것이 바로 바쁨이라는 압축적 시간 경험(조주은, 2013)이다. 다른 직업을 가진 사람들이 보기에 교사라는 직업은 여유가 있는 것 같지만 그 여유 안에서 교사들은 시간에 "쫓기는" 삶을 살아가고 있다. 학교에서 처리해야 하는 행정 업무와 학생 상담, 수업 그리고 학부모 상담이나 K와의 면담

같이 갑자기 돌출적으로 벌어지는 일처럼 서로 연관이 없는 여러 가지 일을 동시에 처리해야 한다. 이런 점에서 교사들은 방과 후에야 비로소 긴 시간을 들여야 해결할 수 있는 본격적인 업무가 시작된다고 말한다.

오후 5시 30분. 퇴근 시간이 지났다. 하지만 업무는 지금부터 시작이다. 어제 창의경영학교 컨설팅 회의에 다녀온 보고를 해야 한다. 교장, 교감, 행정실장, 교무부장 선생님과 함께 회의를 했다. 어제 회의에서 나온 사례 중 창의경영 사업을 알리는 홍보물 제작이 우리 학교에도 필요하다는 의견이 많았다. 우리 학교는 신설 학교라서 학교 존재 자체를 알리는 것이 중요하기 때문이다. 학생용으로는 교복이나 가방에 부착하는 패션 배지를, 학부모용으로는 볼펜을 제작하기로 했다. 학교에서 발행되는 각종 자료집에 부착할 스티커도 제작하기로 했다. 이 회의가 끝난 시간이 저녁 7시다.

집으로 갈까 생각하다가 회의에서 결정한 홍보물 제작이 시급한 것 같아 학교에 남기로 했다. 급식실로 내려가 저녁을 먹었다. 교장, 교감 선생님도 학교에서 저녁을 먹었다. 밥을 먹고 교무실로 올라오니 기획을 맡은 교사도 퇴근하지 않고 기다리고 있다. 회의에서 결정된 홍보물 제작을 함께 하기로 했다. 학생용 배지를 어떤 걸로 하면 좋을지 각자 인터넷 검색을 하여 샘플을 찾아 의견을 나누고 후보로 2종을 선정했다. 홍보 판촉물 제작회사에서 학부모용 볼펜을 찾아보니 종류도 너무 많고 가격대도 다양하다. 싸고 실용적인 두

가지 색상의 기능성 볼펜에 '사교육 없는 행복한 학교 - ××고등학교'라는 홍보 문구를 새겨넣기로 했다. 학교에서 제작하는 각종 자료에 붙일 스티커는 지난번에 학교 건물에 부착한 대형 걸개그림을 응용해 만들기로 하고 오늘 일을 마친다. 이때가 9시 40분. (홍 교사의 수업일기)

집으로 돌아왔다고 해서 일이 다 끝나는 것도 아니다. 자율학습을 하고 있던 학생으로부터 "배가 아파서 조퇴해야겠다"는 문자가 오면 그것도 처리해야 한다. 학생들을 돌보는 일은 학교에서 끝나지 않는다. 오히려 학생들과 친해질 수 있게 하는 일과 대화는 지금부터이다.

얼마 후 휴대전화가 울려대면서 카카오스토리에 아이들의 이야기가 하나둘 올라온다. Y는 오늘 먹고 싶은 것들을 잔뜩 나열하고 있다. 답글을 달아줄까 하다가 아이가 부담스러워 할까 봐 그냥 웃고 만다. 시험문제를 만들다 보니 어느덧 1시. 오전에 시험 감독을 한 때문인지 잠이 쏟아진다. 알람을 확인하고 잠이 든다. (유 교사의 수업일기)

유 교사의 하루를 보면 한국의 교사는 '가르치는 직업'이기만 한 것이 아니라 '돌보는 직업'이라는 것을 확실히 알 수 있다. 사실 학부모들이 교사에게 더 많이 바라는 역할이 바로 이 '돌봄'이다. 자기 자식이 사고 치지 않게, 말썽부리지 않게 잘 감시하고, 사고를 당하거나 문제가 생기지 않도록 잘 돌봐주기를 바란다. 그래서 초등학교든 고등학교든 교사의 주된 임무 중의 하나는 '돌보는 일'이며 보모에 가깝다. 서울의 중산층 부모들은 아예 대놓고 공부는 자기가 시키겠으니 교사들은 학교에서 아이들을 잘 돌봐주기만 하면 좋겠다고 말하기도 한다. 그러다 보니 보모의 역할에 충실하려는 교사에게는 저녁도 없고 일요일도 없다. 학생과 관련해서 호출이 들어오면 언제든 출동해야 한다. 이것이 교사의 바쁨의 한 실체이다.

교사의 '진짜' 일은 퇴근 시간 후에 시작된다

지금까지 대략 살펴본 것처럼 교사들의 노동구조의 문제는 절대적 시간의 많고 적음이 아니라 노동하는 방식이 조각조각 파편화되어 있다는 데 기인한다. 그래서 교사들의 바쁨은 분주함에 더 가깝다. 이 일 저 일을 좌충우돌로 처리하다 보면 근무 시간이 다 가게 된다. 정작 교사의 정체성이 실리는 일들은 오히려 소외되어 있는 것이다. 수업을 준비하거나, 수업을 위해 교재를 연구하거나, 또는 학생들의 이야기를 듣고 상담하면서 대책을 숙의하는 등의 일은 근무 시간에서 밀려나 있다. 수업이나 학생들과의 만남에 충실하려는 교사들은 당연히 바쁠 수밖에 없다. 그런 노동은 근무 시간 바깥에서만 준비할 수 있기 때문이다. 따라서 교사는 교사이고자 할수록 더욱 바빠진다.

　내가 유 교사와 홍 교사의 이야기에서 주목한 것도 학생들의 이야기를 들어주는 시간이 수업이 다 끝난 퇴근 시간 이후라는 점이다. 밖에서 생각하기에는 학생들과의 대화가 교사의 업무 중에서 가장 중요한 일로 보이지만 이 일은 교사가 근무 시간이 끝나고 나서 가외로 힘과 시간을 내야만 제대로 할 수 있는 일이다. 유 교사가 주의집중하면서 K의 이야기를 성의 있게 듣고 조언을 해주기 위해서는 한 시간이 훌쩍 넘어간 것이 그 예다. 이 정도의 시간을 들이지 않고 이루어지는 상담은 상투적인 말의 단순 반복이거나 학생들의 입장에서는 잔소리에 그치는 경우가 많다. 근무 시간 중에 하는 학생들과의 상담은 수업 종소리, 혹은 계속해서 울려대는 쿨메신저(교사들에게 처리해야 할 업무를 알리는 메신저) 때문에 주의집중을 할 수가 없고 이야기의 흐름도 뚝뚝 끊길 수밖에 없기 때문이다. 학생들을 만나 이야기하는 것이 근무 시간 중에는 단절적이 될 수밖에 없다.

　3장에서 살펴본 것처럼, 학생들만 교사를 만나기를 꺼리는 것이 아니다. 교사의 입장에서도 학생들과의 만남은 이처럼 단절되어 있거나 혹은 비연속적으로 전개된다. 한 학생의 미래가 걸린 일에도 긴 시간을 집중해서 만나는 것이 아니라 토막토막 만날 수밖에 없다. 그러니 제대로 된 상담이나 만남이 있을 수 없다. 밀양의 고등학교에서 국어 교사를 하던 이계삼은 자신의 책에서 이것을 이렇게 표현하고 있다(이계삼a, 2009: 50).

내가 교사가 된 첫 해에 깨달은 게 있다. 교사가 되기 전에 '이것이 교사의 진짜 업무'라고 생각했던 일들은 항상 하루 일과가 끝난 뒤, 주말 그리고 방학 때가 되어야 할 수 있다는 사실이었다. 물론 내가 서투르고 요령이 없었던 탓도 컸겠지만, 이를테면 아이들에게 보낼 쪽지를 쓰고, 모둠일기를 정리하고, 내일 수업 때 쓸 학습지를 만드는 일들은 남들 퇴근할 무렵 저녁을 시켜 먹고 난 뒤에야 시작할 수 있었다. 일주일치의 수업자료 준비나 아이들의 과제물을 읽고 답글을 달아주는 일은 주말에 집에 일감을 들고 가서 해야 했고, 학급문집과 같이 1년을 정리하는 작업은 겨울방학 때나 할 수 있었다. 무슨 일들이 그렇게 많은지, 도무지 시간이 나지 않았다.

이계삼은 이 글에서 자기가 하루 종일 한 일들 중에서 가장 중요한 일이 무엇이었는지를 돌아본다. 그것은 한 학생의 진로상담이었다. "의료업과 토목직이라는 180도 다른 직업 선택의 기로"(위의 책: 50)에 서 있는 학생에게 교사가 무슨 말을 하는가는 결정적인 영향을 끼친다. 하지만 이계삼은 그 상담을 하는 동안 자신은 "모니터에서 눈을 떼지 못하고, 명선이는 결국 담임의 옆모습을 바라보며 이야기"(위의 책: 49)했다면서, 학생에게 주의집중하지 못한 자신의 "태도, 마음가짐, 이것이 참담"(위의 책: 49)했다고 고백한다.

그는 "학교 교육의 총체는 교사와 학생, 학생과 학생이 수업과 그 안팎에서 이루어내는 모든 '만남'과 '부딪침'의 총량"(위의 책: 49)이라고 말한다. 따라서 이계삼이 경험한 것처럼 학생 한 명에게 주의집중하여 만나지 못한다는 것은 만남 자체가 분절되었다는 뜻이다. 하나의 고민을 주의 깊고 연속적으로 들어주는 것이 아니라 교사의 분절된 시간에 따라 토막토막 만나 이야기를 나누게 된다. 만남이 단절되는 것이다. "아이들의 얼굴을 바라보지 않고 온종일 모니터를 바라보는 교육현장"(위의 책: 51)에서는 만남이 교사의 업무가 되는 것이 아니라 교사의 업무가 만남을 단절시키고 있다. 그는 이런 상황에서는 "교육은 절대 이루어질 수 없다"(위의 책: 51)고 단언한다. 앞에서 사례로 든 유 교사가 K를 상담한 것이나, 홍 교사가 전날의 업무 때문에 수업을 반으로 잘라서 단절적으로 진행했던 것도 마찬가지 경우일 것이다.

여기서 우리가 주목해야 하는 것이 바로 "교사의 진짜 업무"다. 얼핏 생각하면 교사의 진짜 임무는 간단해 보인다. 가르치는 것이다. 그러나 앞에서 살펴본 것처럼 교사에게 정작 중요한 임무의 하나는 학생들을 감시하고 돌보는 일이다. 사람들은 학생을 학교에 보내고 나면 나머지는 다 학교가 책임져야 한다고 생각한다. 그러다 보니, 생각하기에 따라서 교사의 업무 범위는 대단히 좁을 수도 있고 무한대로 늘어날 수도 있다. 극단적으로 말해 학생의 성적을 올리는 것만 교사의 업무라고 할 수도 있고 반대로 학생이 배탈이 나서 병원에 가는 것도 교사의 책임이 될 수 있다. 이처럼 교사들의 바쁨은 교사의 진짜 업무가 무엇인지가 모호하다는 사실에서 기인한다.

이런 요구와 저런 요구를 다 합치다 보면 교사들은 학생들의 삶 전체에 대해 무한책임을 져야 한다. 기숙사형 학교에서 근무하는 황 교사의 경우에는 한밤중이나 주말에 학부모로부터 걸려오는 전화를 종종 받는다. 학생이 학교에 24시간을 있다 보니 마치 교사도 24시간 학교에 대기하고 있어야 하는 것처럼 기대한다. 이 기대가 어긋났을 경우, 교사에게는 엄청난 비난이 쏟아진다. 교직의 전문성과 교사 역할의 모호함은 반비례한다는 사실을 알 수 있다.

다른 한편, 교사 역할의 모호함은 교육현장에서 교사와 학생들의 관계 맺음 방식에서도 찾아볼 수 있다. 교사들은 학생과 자신의 관계를 교사 개인 대 학생 다중으로 이해하는 경향이 있다. "학교에 가면 학생들만 만나고 싶다"고 말하는 것이 이에 대한 방증이다. 교사들은 자신이 학생들을 만나는 것을 다른 동료 교사들과의 연관 속에서 이해하는 것이 아니라 교사 자신이 독립적이고 개인적으로 해야 할 일이라고 이해한다. 이 때문에 교사 스스로가 학생들에게서 발생하는 문제에 대해 자신이 책임져야 한다는 생각을 받아들인다. 교사들은 "우리가 부모도 아니고, 보모도 아닌데……"라고 말하지만 정작 그들 스스로도 학생들 모두에 대해 무한책임을 져야 한다고 생각하고, 실제로 그런 방식의 만남을 선호하고 있다.

또한 홍 교사의 사례에서 보이듯이, 교사들 간의 협의가 필요한 일은 거의 다 근무 시간 이후에 진행된다. 홍 교사의 저녁 시간은 학생들과의 만남이 아니라 교사들과 협의가 필요한 일로 채워진다. 근무 시간 중에는 각자의 수업과 잡무를 처리하느라 바쁘기 때문이다. 홍 교사는 오후 시간을 수업과 청소 지도 그리고 동아리 활동 지도로 보냈다. 지금 홍 교사가 학교에서 맡고 있는 창의경영학교와 관련된 업무는 근무 시간 중에는 다른 교사들과 충분히 토론하고 협의할 시간을 내기가 힘들다. 경기도교육청 업무경감기획단이 발표한 자료에 따르면, 2008년에 경기도 내 각급 학교에 접수된 공문은 총 26,309건이며 초·중·고 각 학교에 접수된 공문도 연 5,000~7,000건에 달했다. 그중 60.35퍼센트는 공문이 내려온 당일에 처리해야 하는 것이었다(설원민, 2009: 29). 교사들은 쿨메신저가 울리는 순간 그 업무를 처리해야 하기 때문에 협력과 토론이 필요한 일을 근무 시간 중에 처리하는 것은 불가능하다. 따라서 중요한 업무나 긴 시간이 필요한 교과 협의 같은 일은 교사들의 업무가 종결된 다음 특별히 시간을 내어야만 제대로 처리할 수 있다.

한 교사는 이것이 다른 직업을 가진 사람들이 교직을 이해하는 데 가장 중요한 포인트라고 말했다. 교사들이 보기엔 다른 직업에서는 업무가 회의로 시작해서 회의로 끝나는 경우가 많다. 그래서 회의는 정규적인 노동 시간의 앞과 뒤에 공식적으로 배치된다. 그런데 교사들의 업무는 수업을 중심으로 진행되기 때문에 함께 모여 회의하는 것은 거의 퇴근 시간에 임박해서나 퇴근 시간을 넘겨 진행된다. 특히 선도위원회나 학교폭력대책자치위원회같이 학교나 학생에게 중요한 회의는 대부분 근무 시간이 아니라 근무 시간 밖에서 일어난다.

오늘날 한국 교육의 부실과 황폐화의 중심 원인도 여기에 있다. 학교의 주체들에게 회의 시간을 배치하지 않은 노동 설계의 미스터리인 것이다. 교육은 고도의 협력 활동이어야 하는데, 그것을 불가능하게 하는 노동과정이 결국 자발적으로 관료주의에 종속하게 되고, 노예교육에 의탁하게 되는 것이다. 너무 익숙한 현실, 그럼에도 교직경력 24년째에도 익숙해지지 않는 노동의 구조다. 교사들은 모두 알지만, 학교 밖에서 교육에 관심을 갖는 이들은 대부분 모르고, 누구도 말해주지 않는 것들을 나는 할 일을 하지 않으면서 가까스로 이야기하고 있는 것이다. (전 교사, '교육공동체 벗' 자유게시판)

이계삼의 표현대로 하면, 이런 노동과정이 "교사의 진짜 업무"를 근무 시간 바깥으로 밀어내고, 그 업무는 교육과 학생들에 대해 열의를 가진 교사의 개인적인 열정이나 교직사회의 말단에 위치하는 기간제 교사나 초임 교사에 대한 착취에 의존하여 처리하는 구조를 만들어낸다. 교사 상호간의 협력을 통해 일을 처리하지 않는다. 교무실의 한쪽에는 "5시에 칼퇴근하고, 주말에는 푹

쉬고, 방학을 한껏 누리는"(이계삼a, 2009: 50-51) 교사들이 있는가 하면, 다른 한쪽에는 새벽에 나와 오밤중까지 학생들을 찾고 만나러 뛰어다니는 교사들이 있다. 교무실은 밥 먹을 틈도 없이 무한정 바쁜 교사들과 한가하기 짝이 없는 교사들로 나뉘어 있다. 한쪽에는 무한책임이 있고, 다른 한쪽에는 무책임이 있다.

그래서 학생들에 대해 무한책임을 느끼는 교사들은 가랑이가 찢어질 수밖에 없다. 전 교사와 같은 교사들이다. 학생부장을 맡고 있는 전 교사는 같은 교무실을 사용하는 "나머지 아홉 분의 동료들도 민망해할 정도로 나는 학생들, 끊임없이 달려드는 전화, 학부모와 경찰 등으로 둘러싸여 있다"고 말한다.

학교 폭력 재심으로 나와 자주 통화하게 된 시청 공무원은 이런저런 서류를 요구하고 상황을 확인하면서, 응답이 늦고, 일처리가 늦은 학교를 이해하는 데 한참 시간이 걸렸고, 지금도 힘겨워하는 눈치다. 학생들은 수업 후 10분의 쉬는 시간이 있지만, 교사들은 종종 쉬는 시간이 없어진다. 나로 말하자면 90퍼센트 이상 그렇다. 교실에서 교무실로 오고가면서 학생들과 소통하고 수업 중 개기는 정도가 심한 학생들을 교무실에 데려와서 이야기하노라면 화장실 가는 것이 쉽지가 않다. (전 교사, '교육공동체 벗' 자유게시판)

다음은 전 교사의 글에 대해 고 교사가 남긴 댓글이다.

학교 폭력으로 난리굿을 치며 학교를 들들 볶던 때, 아무도 지원하지 않아 공백 상태가 된 '학교 폭력 전담'에 자원해서 4년을 했더랬지요. 그때 8시 이전에 귀가해본 적이 별로 없었고, 경찰서로, 응급실로, 가출학생 찾아 심야공원에 피시방으로, 타 지역 청소년쉼터로, 단 한 명이라도 건지자는 심정으로 동분서주하며 보내서 잘 알지요. 가해학생, 피해학생, 학부모까지 챙겨야 하고, 학폭 회의에 보고에……. 하여간 쉴 틈 없는 격무의 시간들이었죠. 그래서 지금 샘이 보내는 나날이 너무도 생생하게 다가와요. 달리 해결책이 생기기 어려운 답답한 학교 시스템을 알기에 그저 힘내라는 말밖에 달리 위로할 말도 없네요. (고 교사, '교육공동체 벗' 자유게시판)

전 교사는 일주일에 21시간의 수업을 하면서, 학교 폭력 문제로 상담과 민원이 끝도 없이 달려드는 학생부장을 하면서, 아침 출근에서부터 퇴근까지 자신이 계획하거나 계획대로 진행되는 일은 하나도 없다고 말한다. 자신의 일정과 시간을 스스로 통제하는 것이 아니라 상황이 끌고 가고 있다. 교직에서도 노동으로부터의 소외가 일어나고 있는 것이다. 학교 폭력이라도 발생하면 가해자와 피해자 양쪽의 학부모와 상담하고 일을 처리하는 데 저녁 시간은 금방 가버린다. 경찰서나 시청에서는 학교의 일처리는 왜 이렇게 더디냐고 성화를 내고, 교사와 학부모, 교장과 교감의 민원에 답하다 보면 넋이 나간다고 한다. 전 교사는 교사의 시간이 "산만하고, 잡다하며, 분열적이고, 분해"되어 있다고 한다.

바로 이런 점에서 교사의 바쁨은 공동의 바쁨, 공통의 바쁨이 아니라 누군가의 바쁨이다. 이것이 교사의 바쁨을 교사집단 전체의 바쁨으로 이해할 수 없는 이유다. 오히려 우리가 여기서 주목해야 하는 것은 교사들의 바쁨이 교사의 노동이 전혀 공유되지 않고 있다는 데서 기인한다는 사실이다. 앞에서 말한 것처럼 가랑이 찢어지게 바쁜 교사들은 무한정 바쁘고, 그렇지 않은 교사들은 하루 종일 "심심해서" 풀이나 뽑으며 시간을 보낸다. 게다가 사정이 이렇기 때문에 책임마저도 공유되지 않는다. 무한책임을 지고 사방팔방으로 뛰어다니는 교사들이 사건사고가 벌어지면 책임마저 '독박'을 쓰는 사태가 벌어진다. 누가 그런 일까지 하라고 했냐는 비난을 받는다. 그러다 보니 점차 교무실은 바쁜 사람만 바쁘게 하고, 그 바쁜 사람마저 점점 더 전체의 일에 나서지 않고 소극적이 되게 만든다.

이렇게 하는 건 죄인 거예요. 이렇게 무력하고,
교사가 학생을 보는데 자극이 없다는 것은 사실 일어나면 안 되는
일인 거죠.

206
토론이 사라진 교무실

벌떡 교사의 멸종

교실이 붕괴되고 학교 폭력이 사회 문제가 되었을 때, 이 문제에 대해 가장 활발하게 토론할 것으로 기대되는 공간이 바로 교무실이다. 상식적으로 생각하기에 교무실은 교사들이 학생들과 수업 그리고 교육에 대해 토론하고 지혜를 나누며 수업을 준비하는 곳이기 때문이다. 바로 이런 점에서 교무실은 공적인 업무만 보는 곳이 아니라 교사로서 서로의 공통된 관심과 걱정을 나누면서 서로의 동료성을 구축하는 공간이기도 하다. 일본의 교육학자 사토 마나부는 이것을 "수업실천에 창의적으로 도전하여 교사끼리 서로 비평하는 동료성collegiality"(사토 마나부, 2011)의 구축이라고 말한다.

따라서 이상적인 교무실은 한 교사가 교실에서 경험한 사적인 고민과 생각을 공통의 고민으로 전환하면서 우리 시대의 교육에 대해 사유하고 토론하는 공간이다. 즉 "사적인 문제들이 공적인 이슈들을 다루는 언어로 새롭게 해석되고 사적인 곤란들에 대해서 공공의 해결책을 모색하고 조정하며 합의"(바우만, 2009a: 64)하는 공간이 바로 공적인 공간으로서의 교무실이다. 사적인 경험과 공적인 현안이 만나 교육에 대한 성찰과 담론을 보다 풍성하게 하고 그것을 공통의 지식으로 축적하는 공간이 이상적인 교무실인 셈이다.

따라서 교무실이 공적인 공간이 된다는 말은, 사적인 토론이나 의견 나눔을 넘어서는 공적인 발언과 그 발언에 대한 공적인 경청이 있어야 한다는 말이다. 이러기 위해서는 무엇보다 교사들이 교무실에서 자기를 공개적으로 드러낼 수 있어야 한다. 자기 자신을 드러내는 중요한 방법이 바로 의견을 제시하는 것이다. 그런데 의견이 의견이기 위해서는 다른 사람과는 다른, 자신만의 고유함이 있어야 한다. 따라서 모든 의견은 이견異見이 될 수밖에 없다. 따라서 교무실이 교육에 대한 공론의 장이 되려면 이견들끼리 부딪치고, 더불어 이견을 조정하는 논쟁과 토론의 공간이 되어야 한다.

그러나 한국 교무실의 역사는 침묵의 역사였다. 군사독재 시절의 당시 교육법 75조는 "교사는 교장의 명에 따라 교육한다"고 명시했다. 학교가 때론 '교장의 왕국'으로 불리던 그 시대에, 교사들은 소신을 가지고 자신의 수업을 설계하는 것은 고사하고 교육에 대해 공개적으로 말하고 토론하는 것조차 거의 불가능했다.

이런 침묵의 교단에 잠시 반전이 있었던 것이 87년 민주화 이후의 일이다. 전국교직원노동조합(이하 전교조)이 결성되고 난 후 얼마 동안은 교무회의에서 문제제기를 하고 격렬하게 토론하는 분위기가 형성되었다. 관리자가 일방적으로 지시사항을 전달하고 토론 주제를 결정하면 '벌떡' 일어나서 마이크를 잡고 문제제기를 하는 교사가 있었다. 이른바 '벌떡 교사'다. '벌떡 교사'로 찍히면 관리자와의 관계는 고달파졌지만 다른 교사들로부터는 암묵적인 지지를 받았다고 한다. 신 교사는 그때는 선악의 대립이 뚜렷했다고 말한다.

○○고에서 근무할 때는 제가 30대 후반이고 열혈교사였어요. 그때는 실제로 선악의 대립이 정말 뚜렷했어요. 저는 스물네 살 때부터 전교조 활동을 했으니까 오래 한 거죠. 당시에 제가 교무회의 때 어떤 사안에 대해서 발언을 하려고 하면 미리 전교조 분회에 알립니다. 다음 주 교무회의 때 내가 이런 발언을 할 거다, 그러면 일단 박수를 치고 내 뒤에 두 번째, 세 번째, 네 번째 보조 발언을 누가 해라, 이런 식으로요. 그때는 누가 교무회의에서 발언을 하면 기본적으로 박수가 쫙 터지고 이런 분위기였어요. (신 교사)

문 교사 역시 이런 벌떡 교사였다. 자신이 벌떡 일어나서 무언가 문제제기할 때면 말 없이 지지받는 느낌이 들었다고 한다. 문 교사도 미리 발언할 순번을 짜서 조직적이고 일사분란하게 교무회의에 들어가곤 했다고 한다. 한 명이 일어나면 최소 세 명까지 재청하면서 발언을 이어갔다. 박 교사 역시 이런 벌떡 교사가 예전에는 많았다고 회상했다.

그런데 최근 들어 이런 '벌떡 교사'는 거의 사라졌다. 박 교사는 "지금은 한 사람만 벌떡거린다"고 말했다. 전교조 분회모임을 열어서 미리 조정을 하고 싶지만, 그 회의에서 혹시 '탈퇴하겠다'고 말하는 조합원이 나올까 봐 겁나서 분회모임도 갖지 못하는 형편이다. 벌떡 교사가 사라지게 된 데에는 관리자들이 교사들을 통제하기 위해 사용하는 '저강도 전략'이 한몫 제대로 했다. 요즘 관리자들은 강성 교사들과 정면으로 맞붙는 일을 좀처럼 하지 않는다. 비교적 강성인 문 교사도 요즘은 문제제기를 하는 데 애를 먹고 있다. 교사가 문제제기를 하면 관리자가 그 의견은 수용하면서 겉으로는 평화를 잘 유지하는 식이다. 문제를 키우는 것이 자기에게도 좋지 않기 때문이다.

최근에 문 교사의 학교에서 초과근무 및 근무평가와 관련해 지문인식기를 도입하는 문제로 일이 불거졌다. 이전에 있던 학교에서도 교사들의 동의를 얻는 아무런 절차도 밟지 않고 갑자기 '좋은 시스템'이라 도입하니 그렇게 알라며 슬쩍 넘어가려고 했다. 문 교사가 "근무태도에 관해서 아무런 상의도 없이 왜 지문인식기를 도입하느냐?"고 문제제기를 했다. 그러자 교장이 "**눈치 빠르게 '하기 싫은 사람은 하지 않아도 돼'**라고 말하고 바로 **대화는 끝났다**"고 한다.

그런데 이번에 옮긴 학교에서는 지문 날인하라는 통보만 받았다. 전교조 조합원이 20명도 넘는 학교임에도 문제제기를 하는 사람이 없었다. 다들 "명랑하게" 지문을 찍으러 내려갔다. 문 교사는 '여긴 뭐지?' 싶었다고 한다. 적극적으로 나서볼까 하다가 전근 온 지 얼마 되지 않은 터라 부담스러워 눈치를 보고 있었다. 이때 부장이 잠깐만 이야기를 하자며 교무실 밖으로 불러냈다.

부장이 줄담배를 피면서 "이 지역이 좀 힘들죠? 그래도 초과근무 할 때 지문 찍으면 편하지 않겠습니까?" 하는 거예요. 제가 "동의서도 안 받고, 절차가 좀 그렇네요"라고 대답했는데, 부장이 되게 부드럽게 얘기하더라구요. "우리 한 해 같이 지내야 하니까 지문인식기나 야간자습 같은 것도 잘 풀어봅시다." 거기다 대고 계속 항의를 할 수가 없어서 "예, 생각해볼게요"라고 말을 했어요. 그런데요, 이 '생각해볼게요'가 약속이 되더라고요. 마음에 부담이 되고. 그런데 그다음엔 또 교감이 찾아요. 남교사 휴게실로 잠깐 오라고. 교감은 저를 보자마자 "아, 솔직히 과정에 문제가 많았죠?" 하면서 자기 잘못을 인정하고 들어오는 거예요. 그러면서 "근데 이거 좀 해주면 안 될까요. 우리 청렴도평가도 있고……" 이렇게 호소를 해요. 마음이 흔들리죠. 이걸 문제 삼는 건 나뿐인 것 같기도 하고. 거의 해주려고 마음을 먹었는데, 이번엔 또 교장이 부르는 거예요. 교장이 어떤 표현을 썼냐면, 미안하대요. "아, 미안합니다. 다음부터는 이런 일이 없도록 하겠습니다." 마음이 안 좋아서 행정실 가서 지문을 찍어주고 왔어요. 담당자랑 초과근무한 사람한테 제가 그동안 반대했던 이유를 일곱 가지 적어 보내면서. 근데 그 사람들도 이중으로 고생할 것 같고. 지문을 찍고 올라오는데 억장이 무너진달까. 좀 외롭기도 하고. (문 교사)

문 교사는 자신이 화가 났지만 분노를 표출할 방법을 찾지 못하겠더라고 토로했다. "으샤으샤" 해주는 두세 명만 함께 있으면 어떻게 해볼 수 있을 텐데, 그 두세 명 찾기가 힘들다고 했다. 다들 "예의"가 강조되는 분위기인지라 아무리 "파이터"라 하더라노 분위기에 개의치 않고 문제제기하기는 어렵다는 것이다. 권 교사도 이런 경험을 했다. 최근 권 교사의 학교에 온 교장은 교감 연수를 월등한 점수로 통과하고 실적도 좋아 원하는 학교 어디든 올 수 있는 특권으로 부임했다. "철저하고 완벽한" 교장이라고 권 교사는 묘사했다. 뭐든 하면 된다고 생각하며 이 모든 것이 학생들을 위한 것이라며 밀어붙이는 사람이라고 한다. 워낙 자기 철학이 확고한 사람이라서 그 지역에서 소문이 자자하다고 한다.

중학교 3학년은 6월 말에 학업성취도평가를 쳐요. 그런데 교장 선생님이 그 시험에 대비하기 위해 월요일에서 금요일 아침 시간에

국·영·수·사·과 기출문제를 나눠주라고 하는 거예요. 문제를 풀게 하라는 말까지는 할 수 없었는지 문제지만 나눠주라고 하더라고요. 그러면서 학업성취도평가에서 가장 성적이 잘 나온 반을 뽑아서 학교에서 간식을 사주겠대요. 말도 안 되고 웃기는 얘기지만, 교장 선생님이 직접 얘기한 것이 아니고 연구부장과 교감 선생님이 3학년 교무실에 와서 한 얘기라 그분들에게 항의를 하기도 그랬죠. "그런 게 별 효과가 없을 거다, 안 그래도 올해 수업 시간이 늘어 힘들어하는 아이들을 더 힘들게 해서 공부하고 싶은 마음만 없앨 뿐이다"라고 얘기를 해도 들은 척하지 않아요. 나서서 제 말을 거들어주는 선생님이 아무도 없었어요. 시키면 하는 시늉이라도 해야 성적이 안 나왔을 때 할 말이 있지 않느냐고 하는 분도 있었죠. (권 교사)

이런 상황에서는 공개적으로 문제제기를 하기가 쉽지 않다. 권 교사는 교감은 평소 어떻게든 교사들의 고충을 들어주려고 애쓰는 사람이라면서, "그분도 교장 선생님 때문에 힘들어한다는 걸 알고 있으니 거기다 대고 얘기하기가 쉽지 않았다"고 했다. 자기가 발언할수록 조정을 하기 위해 나름대로 노력하는 사람에게 민폐를 끼치는 상황인 것이다. 개인적으로만 '저항'할 수 있을 뿐이다. 그래서 권 교사는 이 정책이 시행된 첫날에 국어 시험지를 만들지도 않고 돌리지도 않았다고 한다. 다른 교사들에게 공연히 마음의 짐을 지워주고 싶지 않아서다. 당시 그는 이 상태로 시험이 있는 6월 말까지 어떻게 버틸지 걱정스럽다고 했다.

부당하거나 반교육적인 요구를 거부했을 때, 그것이 다른 교사에게 민폐가 될까 봐 부담감을 느끼는 것은 대다수의 교사들이 마찬가지였다. 강 교사는 자기가 어떤 일을 거부했을 경우 비정규직이나 초임 교사에게 그 업무가 돌아가기 때문에 문제제기를 하기가 여간 부담스럽지 않다고 했다. 이처럼, 학교의 문제를 개인적으로 처리하지 않고 교무실에서 공적으로 문제제기하는 교사는 고립되거나 부담스러운 존재로 낙인찍힌다.

그러나 '벌떡 교사'들이 다른 교사들에게 부담스러운 존재가 되어 외면당하게 된 것에는 문제제기 방식 탓도 있다.

"모든 아이가 100점을 맞을 수도 있다고 생각한다. 내신 등급을 나누기 위해서 무조건 점수를 50점 이상 못 넘어가게 하면 평가의 신빙성과 객관성이 떨어진다. 교사가 점수 편하게 내려고 하는 것 아니냐. 왜 학생들을 줄 세워야 되냐, 그럴 필요가 없다." 제가 이렇게 문제제기를 했어요. 그런데 한 선생님이 자기는 학생들 줄 세우고 경쟁시키는 게 맞다고 생각한다는 거예요. 저는 굉장히 충격을 받았어요. **같은 전교조 교사**면 최소한 기본 전제는 같을 것이라고 생각했는데, 의식 있다는 사람조차도 애들 경쟁시키고 줄 세우는 것을 당연시한다는 사실이 너무 충격적인 거예요. 너무 아프고 배신감이 느껴졌어요. 그 자리에서 펑펑 울었어요. 어떻게 전교조 교사가 애들 경쟁시키고 줄 세울 수 있다고 생각할 수 있는지 이해할 수

가 없어요. (류 교사)

　류 교사가 이렇게 말한 것은 3년 전에 서술형 평가를 출제하는 문제에서 한 동료 교사에게 "**배신**"당했던 일을 떠올리면서였다. 그 동료도 전교조 조합원이었고 교사모임에서 같이 공부도 하는 친한 사이였다. 그런 동료가 한 일에 대해 류 교사는 "**뒤통수를 쳤**"다고 표현했다. 당시 교육청에서 서술형 평가를 도입했는데, 지필고사 형태로 서술형 문제를 내면 수행평가를 대체할 수 있도록 하는 편법적인 제도였다. 상당수 교사들이 수행평가가 "**귀찮으니**" 다들 서술형 평가로 대체했지만 사실상 단답형 평가였다. 하루 날 잡아서 서술형 평가를 하고 수행평가를 한 것처럼 형식적으로 처리하는 수준이었다고 한다.

　류 교사는 이 사건을 묘사하면서 "충격적"이라는 말과 "같은" "전교조"라는 말을 반복했다. 그는 이 제도가 다양한 수행평가를 하려는 사람을 죽이는 짓이라고 생각했다. 획일적인 평가라고 생각하고 "**싸움**"을 준비했다. 그때 동료 교사들과 갈등이 생겼다. 지필고사 비중이 너무 줄어들면 조용하고 내성적인 학생들이 피해를 입을 수 있다는 것이 동료 교사들의 논리였다. 이때 당연히 자신의 편을 들어줄 것이라고 생각했던 교사마저 다른 교사들의 편을 든 것이다. 다른 사람도 아니고 같은 전교조 조합원의 이런 행동에 대해 류 교사는 "뒤통수를 쳤다"고 표현한 것이다. 류 교사뿐만 아니라 전교조 활동을 열심히 하던 교사들이 자주 반복하던 말이 "어떻게 전교조 교사가"이다. 동료 전교조 교사가 자신이 동의할 수 없는 가치나 정책에 대해 찬성하거나 몸을 사리는 것을 보고 실망하는 경우가 많다. 류 교사는 이 사건 이전에는 친목회며 동호회며 많은 교사모임에 참가했고, 전교조 분회장을 맡아서 활동한 적도 있지만 이후로는 **"모든 것이 무의미해졌다"**며 일을 많이 맡지 않는다고 말했다.

류 교사의 이야기를 통해 벌떡 교사들의 문제제기 방식이 왜 지금에 와서 다른 교사들에게 부담스러워졌는지 알 수 있었다. 그의 언어와 표현에서 드러나다시피, '벌떡 교사'들은 여전히 선과 악의 분명한 대립구도 속에서 사태를 파악한다. 그러다 보니 자신의 본의와는 달리 다른 교사들에게는 '너는 이쪽이냐 저쪽이냐'라는 선택을 강요하는 강압적인 목소리로 들린다. 다를 수 있다는 것이 인정되지 않는다. 이들에게 전교조에 가입한다는 것은 곧 전교조로 대표되는 어떤 교육적 가치에 동의한다는 것이고, 그것은 동료로서의 기본적인 전제조건이 된다. 류 교사는 자신이 믿고 있는 가치가 '진리'라는 것을 의심하지 않는다. 따라서 그 가치가 토론의 대상이 된다는 것 자체를 받아들일 수 없다. 신 교사가 잘 지적한 것처럼 이 문제들은 선과 악이 분명한 주제이기 때문이다. 그래서 전교조 교사의 동일성을 강조하는 류 교사는 자신의 진리에 반하는 다른 의견들은 그저 "귀찮아서" 하는 말로 받아들인다. 따라서 이에 동조한 전교조 교사의 모습이 "충격"적이고, 거기서 "배신감"을 느끼지 않을 수 없었다. 전교조 활동에 열성인 교사들이 생각하는 이상적인 전교조의 모습이란, 이질적인 타자들과 만나는 공간이 아니라 동질성/유사성의 공간임을 알 수 있다. 이견은 이런 유사성/동질성 위에서 펼쳐지는 것이어야지, 본질적으로 다른 의견은 조직/공동체의 정체성을 위협하는 위험이라고 사고하는 것이다.

그러나 공론의 장은 진리가 아니라 의견이 존중될 때 살아 있을 수 있다. 절대적 진리는 공론을 죽이는 역할을 한다. 반면에 의견이란 다를 수 있음에 기초한다. 따라서 의견을 경청하는 것에서부터 공공의 공간이 열린다고 할 수 있다. 이런 점에서 수행평가가 "조용하고 내성적인 아이들"에게 피해를 줄 수 있다는 동료 교사들의 말은 경청되어야 하는 어떤 진실을 내포한 것이었다. 하지만 류 교사에게 그 말은 일고의 가치도 없는 것이었다. 들을 가치가 없는 말이었다. 바로 이 때문에 벌떡 교사들은 교무실을 토론과 협력의 공간으로 만들고 싶다고 말하지만, 그들 자신의 소신을 진리화함으로써 토론 자체를 봉쇄하는 역효과를 내기도 한 것이다.

혼자 맞서야 하는 교사들

교사들 간의 의사소통을 분절시키는 또 다른 장치는 학교 전산화이다. 김대중 정부가 들어서고 의욕적으로 추진한 것 중의 하나가 국가와 공공업무를 전자화하는 '전자정부'였다. 이에 따라 교육현장의 업무에도 교육행정정보화 사업이 도입되었고, 2000년 후반에 그 기반이 완성되었다. 학교에 있는 모든 교사에게 개별 컴퓨터가 보급되고 인터넷 웹 기반의 학내 전산망을 구축하고 이를 전국적으로 통합한 것이 교육행정정보시스템(NEIS)이다. 우여곡절을 겪었지만 교육행정정보시스템을 비롯한 학교의 전산화는 여러 단계를 거쳐 2006년 전면 개통했다. 또한 단위학교에서는 업무 지시와 교사들 간의 소통을 원활하게 하기 위해 쿨메신저를 도입했다. 쿨메신저는 현재 6,000여 학교에서 이용하고 있는 업무용 메시지 전달 프로그램이다. 이런 소통과 업무의 전자화가 '벌떡 교사'들이 교무실에서 고립되고 다른 교사들에게 부담스러운 존재가 되는 데 또 다른 영향을 끼친 것이다.

전체 메신저로 소통하다 보니까 너무 큰 한계가 있는 거예요. 내용을 뭘 보낼지 입장을 미리 정해놓고 결론을 내서 메신저를 보내야 되는 거죠. 사실 이게 분회장 혼자 싸우는 것이 아니라 집단적으로 이야기해야 하는 거잖아요. 여러 선생님이 함께 이야기하면 이거는 이렇다, 저거는 저렇다 이야기가 나오면서 보강이 되거든요. 벌떡 교사도 교사 혼자 벌떡 일어나지 않거든요. 한 명이 나서면 '서브 벌떡' 몇 명이 지원사격을 하면서 다시 논의하자고 마무리를 해요. "그게 중요한 거 같아, 다시 논의하자" 하면 어쨌든 일방적인 흐름은 막을 수 있었어요. 그런데 전체 메신저는 그게 안 되는 거야. 어쩔 수 없이 혼자 내용을 다 정해서 뿌리는 셈인 거죠. 나중엔 혼자 고립되어 있는 느낌, 혼자 메신저 전쟁을 하고 있는 느낌을 받아요. (강 교사)

강 교사는 원래 시공간이 떨어져 있는 사람들과의 소통을 위해서 만들어진 SNS나 메신저 등이 엉뚱하게 쓰이고 있다고 말한다. 쿨메신저가 학교에 들어온 다음부터 교사들은 바로 옆자리에 동료 교사가 앉아 있는데도 말로 하지 않고 메신저를 보낸다. 교무실에서 의자를 돌려서 머리를 맞대고 회의를 하면 되지만, 전체가 참여해 토론하는 것이 아니라 교사들 각자에게 전체 메신저를 보내야 한다. 그런데 그게 전교조 분회장으로서는 커다란 부담이 된다. 어떤 교사는 "업무 메신저만 해도 너무 골치 아프니 이런 메신저는 안 보냈으면 좋겠다"고 공공연하게 말하기 때문에 신경이 쓰이지 않을 수 없다. "이거 꼭 읽어야 되느냐?"고 묻는 교사도 있다. 그래서 가끔은 자신이 보내는 의견이 꼭 스팸메일 취급받는 느낌이 든다고 한다.

바로 이런 점에서 강 교사는 쿨메신저로 업무를 처리하기 시작하면서 "학교에서 광장이 없어졌다"고 말한다. 이전에는 '전체 교무실'이 아고라와 같은 역할을 했다.* 교장, 교감이 들으라고 일부

---

* 과거에는 학교에 교무실이 하나 있었지만, 요즘은 '큰' 교무실이 있고 학년별 교무실, 교과별 교무실, 부서별 교무실 등이 따로 있다.

러 그 앞에서 다른 교사와 대화를 나누는 것처럼 욕을 하기도 했다. 임 교사는 이전에 교무실에서 전달되는 것들은 '입말'이었다고 말한다. 지금 학교에서 어떤 일이 진행되고 있는지를 동료 교사들의 목소리를 통해 직접 들을 수 있었다. 따라서 담임을 맡든 그렇지 않든, 어떤 업무분장을 담당하든, 학교가 어떻게 돌아가는지를 자연스럽게 알 수 있었던 것이다.

그런데 쿨메신저를 통해 일대일로 업무가 전달되면서, 교사들은 학교에서 무슨 일이 어떻게 돌아가는지를 당사자가 아니면 알 수 없는 구조가 되었다. 서울에서는 '벌떡 교사'들 때문에 아예 교무회의를 하지 않는다고 한다. 한다 해도 두 달에 한 번 열까 말까 하며, 그나마 그 시간은 전부 교장과 교감이 반복해서 말하는 시간이 되었다. 대신 모든 업무와 이의제기를 쿨메신저를 통해서 한다. 옆에 사람이 있는데도 굳이 메신저를 보내야 한다. 하루에 들어오는 업무 메신저만 해도 20~30통이 넘는데 거기에 '벌떡 교사'들의 항의와 이의제기 메신저까지 들어오면 다들 짜증을 내는 것도 당연하다. 교사들 사이의 관계도 단절될뿐더러 교사 각자는 학교 전체의 이야기와 단절되어 자신의 개별적인 업무만 보게 되는 셈이다.

교무실이 토론의 장이 되지 못하는 또 하나의 이유가 있다. 학교에서 벌어지는 여러 가지 문제를 교사들 공통의 문제가 아니라 교사 개인의 실력과 준비가 부족한 탓으로 돌리는 것이다. 개별 교사에게 실력이 있고 준비가 되어 있으면, 수업 붕괴나 생활지도의 문제에서부터 자신의 교육철학이 관리자와 갈등을 빚을 때도 잘 대처하여 해결할 수 있다고 교사 스스로가 생각하는 것이다. 이런 전제에서는 학교 정책이나 관행에 대한 대처도 개인의 능력과 자질의 문제로 돌려지게 되며, 교사 개인들 역시 그런 방식에 수긍하고 있다. 의견과 토론을 통해 해결해야 하는 사안을 개별 교사가 자신의 실력을 탓하며 개인적으로 돌파하려고 하는 것이다. 제도와 체제의 문제는 개인이 어떻게 살 것인가의 문제로 바뀌었다.

조 교사의 사례가 대표적이다. 그가 맡고 있는 반은 성적이 그 학교에서 가장 하위권에 속한다. 학생들의 행동도 거칠고 다루기가 힘들다. 성격도 급하고 공부하는 몸이 형성되어 있지 않다. 학생들이 학기 초에는 담임을 믿고 한번 공부를 해봤지만 성적이 그렇게 쉽게 좋아질 수가 없었다. 그러자 학생들은 금방 실망하게 되었고 이전보다 더 공부를 포기하게 되었다. 생활지도도 당연히 잘될 리가 없었다. 이전보다 더 많은 학생이 야간자율학습이나 보충수업을 빠지는 일이 벌어졌다. 조 교사는 학생들에게 이렇게 강제로 고통을 주는 것은 비교육적이라고 생각했다. 그래서 담임 재량으로, 부모님이 동의하면 야간자율학습을 면제해주겠다고 학생에게 말하고 학부모들과 전화 상담을 했다.

이것을 교장이 알게 되었다. 평소에는 큰 소리 한 번 내지 않던 교장이 이 날은 조 교사에게 호통을 쳤다. 조 교사는 평교사나 교장이나 모두 어른이기 때문에 의견 충돌은 있을 수 있고, 그게 당연하다고 생각했다. 그런데 교장이 그에게 "얼른 애들 다 불러 모으세요", "당장 철회하세요"라고 호통을 치며 "학생들을 데리고 실험하지 말라"고 주의를 줬다. 야간자율학습을 안 하면 학생들이 나쁜 길로 빠지게 되는데, 그걸 누가 책임지느냐는 것이 교장의 요지였다.

교장의 의견을 하나의 의견으로 충분히 인정하고, 의견 충돌이 벌어지면 조율하면 된다고 생각하던 조 교사는 그날 자신이 일방적으로 "야단"을 맞았다고 말했다. 그가 속상해한 것은 바로 이 때문이었다. 자신의 의견이 의견으로 여겨지지 못했다는 점이다. 조 교사가 쓴 '야단'이라는 표현은 성인이 아이를 다룰 때 쓰는 말이지, 성인과 성인 사이의 의견 충돌을 묘사하는 말이 아니다. 그런데 조 교사는 자신이 "야단"을 맞았다고 표현했다.

더 깊이 공부하는 게 필요하다고 생각해요. 내가 좀 더 공부를 해서 기준을 제대로 세우고 나만의 철학이 있었다면 교장 선생님에게 당하지만은 않았겠죠. 저는, '아, 내가 왜 이렇게 게으르게 공부를 했던가' 하는 생각을 되게 많이 했어요. 야단맞는 그 와중에 '내가 왜 여기서 아무 말도 못하고 서 있는가'라는 자괴감이 들었어요. 거기서 제가 무슨 말을 하든, 저는 애들 데리고 실험을 하는 교사, 애들을 생각하지 않는 교사가 되는 거죠, 교장 선생님의 기준에 의하면. (조 교사)

조 교사의 사례에서 보듯이 교무실은 생활지도와 교육에 대해 이견이 제출되고 토론되는 공적인 공간이 아니다. 조 교사가 교장으로부터 일방적으로 "야단"을 맞을 때 다른 교사들도 곁에 있었지만 공개적으로 교장에게 문제제기를 하는 동료 교사는 없었다. 일이 끝난 다음에 조 교사에게 와서 위로의 말을 건네는 방식이었다. 교무실이라는 공적인 공간에서 공적인 주제로 부딪친 문제였지만 그걸 해결하는 과정은 전혀 공적이지 않았다. 조 교사 역시 이 문제를 학교의 의사결정 구조나 권력의 문제로 바라보기보다는 자기 개인의 역량 문제로 생각하면서 속상해했다. 자신이 좀 더 가치관과 기준을 명확히 세우고 있었다면 교장에게 제대로 항변할 수 있었을 것이라고 생각한다. 그래서 더 공부해야 한다고 생각한다.

"우리가 어떻게 살아가는가가 바로 체제 모순에 대한 전기적 해법"(바우만, 2009a: 57)이 되어버린 것이다. 여기서 기묘한 의견 일치가 이루어진다. 조 교사나 그를 사적으로 위로하던 교사 모두 "이러한 문제들은 반드시 개인적으로 맞서고 해결해야 한다"(위의 책: 112)고 생각하는 것이다. 바우만은 이것을 정치의 죽음이라고 말한다. 즉 개인적으로 벌어진 "사적 문제들을 공적 현안으로(혹은 그 역으로) 해석하는 소임을 짊어진 행위의 죽음"(위의 책: 113)이다. 학생들의 생활지도와 교육이라는 공적인 현안이 위로되는 방식도 사적인 위로였고, 그것을 '개인의 역량'으로 돌리는 것도 사적인 문제로 해석하는 방식이다.

자신의 타자 됨을 드러내기를 두려워하고 공적으로 해결하지 않고 개인적인 문제로 환원하여 사적으로 해결하려고 하는 것이 자기 검열이자 감시로서의 자기 단속이다. 자기 검열이란 아무도 명시적으로 위해를 가하지 않지만 스스로 위협을 피하거나 타인의 감정을 상하게 하지 않을 목적으로 자기 자신의 표현을 스스로 검열하는 행위*를 말한다. "튀면 죽는다"라는 생각 때문에 공개적으로 자신을 드러내지 않으려고 하는 것이 바로 자기 검열인 것이다.

교사들의 대화에 교육이 없다

교무실이 침묵의 공간이 되다 보니, 최근에는 자기 수업이나 교육 문제에 대해 동료 교사들과 이야기를 나눠본 적이 별로 없다고 말하는 교사들이 많다. 요즘은 심지어 전교조에서도 이런 주제를 화제에 올리는 일이 별로 없다고 한다. "거창하게 집회를 하고 이런 건 하지만 일상의 교육활동에서 느끼는 어려움 같은 것"은 전교조에서도 잘 나누지 않는다고 한다. 교무회의나 전교조 분회모임도 회의가 아니라 전달사항을 전하는 것으로 끝나는 경

----

* 출처: 위키디피아 http://ko.wikipedia.org/wiki/%EC%9E%90%EA%B8%B0%EA%2%80%EC%97%B4

우가 많다. 임 교사는 동료 교사들을 개인적으로 만나서 이야기 하면 다들 옛날 이야기만 하면서 "그때가 좋았죠, 요즘은 왜 안 될까요, 모이는 게 필요하죠"라는 이야기를 반복하다가 끝나는 경우가 많다고 전한다. 교무실에서의 일상적인 대화 역시 마찬가지다. "텔레비전 이야기" 아니면 "학생이나 관리자에 대한 뒷담화" 뿐이다. 그 사람들이 없는 자리에서 험담만 하지 건설적인 이야기는 하지 않는다는 것이다.

임 교사는 자신은 교사 동료들에게 많이 실망했고 이제 기대를 많이 줄였다고 한다. 그는 이전에는 신규 교사들이 학교에 들어오면 선배들이 하는 말에 귀를 기울이고 경탄했다고 회상했다. 임 교사 자신이 그랬다. 교실에 들어가서 수업하는 것이나 학생들 지도하는 데서 선배 교사들은 많은 조언을 해주었고 바람막이가 되어주었다. 류 교사가 "아니오!"라고 외치는 선배 교사들을 보면서 느낀 감정도 이런 경탄이었다. 강 교사 역시 처음 신규 교사로 학교에 들어왔을 때 만난 선배들이 "든든하고 존경스러웠다"고 말했다.

초임 발령받았을 때 아이들에 대해서 고민하거나 수업에서 문제가 생기면 선배들에게 고민을 토로했고, 선배들은 자신들 삶 속에서 해결해왔던 지혜를 전수해줬어요. 존경심이 많이 들었지요. 나도 나이가 들면 후배들 앞에 저런 교사의 모습으로 서고 싶다고 생각했죠. (강 교사)

선배들이 자신의 경험을 전수할 때 후배가 눈을 반짝이고 '경탄'하는 것은 배워야겠다는 의지가 있고 배우는 것이 가치가 있을 때이다. 벤야민이 말한 것처럼, 그 선배의 말이 유용하다고 생각할 때에만 이야기는 전승된다. '경탄'에는, 유용하다고 생각하기 때문에 배워야겠다는 의지가 포함되어 있다. 그런데 배우는 것 일체가 의미가 없다면, 즉 "오늘의 학습이 내일의 문제를 해결하리라 믿"(슬로더다이크, 2005: 22-23)지 않는다면 아무도 배우려고 하지 않을 것이다. 대신 무엇을 할 때마다 동료들에게서 들려오는 말은 "이런다고 되겠어요"라는 냉소적 대답이다. 이전에 "이거라도 해보자"라던 것과는 정반대의 마음이다. 냉소주의다. 슬로더다이크에 따르면, 우리는 몰라서 안 움직이는 것이 아니라 너무 잘 알아서 아무것도 하지 않는 시대가 되었다. "모든 것이 문제 있는 것으로 변하면, 어떤 점에서는 모든 것이 상관없어진다"(위의 책: 27)는 그의 주장처럼 "우리는 계몽되었고 무감각해져버렸다"(위의 책: 18).

설령 동료들과 함께 학교와 교육에 대한 이야기를 나눈다 하더라도 그 주제와 내용이 많이 바뀌어버렸다.

예전에는 교사들을 만나서 주로 아이들에 대한 고민을 이야기했다면, 요즘은 그 반은 수업 진도 어디까지 나갔나, 수업할 때 무슨 자료를 쓰나, 공개수업이 가까워지면 지도안을 어디서 구하나, 이런 이야기를 더 많이 하는 것 같아요. 사실 아이들은 수업에 대해서 거의 기대하는 게 없어요. 그래도 같이 가야 되잖아요. 교사로서 애들에 대해서, 수업이라는 거, 교육과정이라는 거, 고민해야죠. 옛날의 이런 고민들이 훨씬 더 좋았던 것 같아요. 아이들 이야기를 하다 보면, 어떤 아이는 수학 문제 진짜로 못 푼다고 흉도 보지만, 그렇게 못 푸는 아이들이 많은 건 이 문제에 문제가 있다는 것이 아닌가, 이렇게 이야기가 진전돼요. 지금 교육과정이 정말 아이들 삶에 필요한 것인가, 정말 아이들 삶의 과정에 맞는 것인가, 이런 걸 고민했죠. 반면 지금은 뭐, 따로 놀아요. (장 교사)

교사들이 시험이나 진도에 대해 이야기하는 것보다 학생들에 대해 더 많이 이야기를 나눠야 하는 이유는 단지 학생들이 중요하기 때문만은 아니다. 오히려 교사 자신을 위해서 교사들이 함께 학생들의 이야기를 나누는 것이 필요하다. 교사들은 학생들로부터 자신이 상상하지도 못한 내용의 이야기를 듣고 당황할 때가 많다. 집안 문제에서부터 성 문제에 이르기까지 자신이 경험해보지 못한 이야기를 학생으로부터 들었을 때, 교사들은 정서적으로 충격을 받는다. 그리고 자신이 할 수 있는 일이 거의 없다는 것 때문에 무기력 상태에 빠진다. 교직 경력이 20년 된 박 교사의 친구 이야기가 바로 이 점을 말해준다.

그 샘 반 회장한테 문제가 있는 거예요. 예를 들어서 뭘 걷어와라 하면 절대로 안 하고 있다가 선생이 화를 내며 "그래도 네가 회장인데 맡은 일은 해야 하지 않겠냐"고 하면 종이를 찍 찢어서 던지면서 "됐죠?" 하면서 가는 식이에요. 최근에도 야단을 치니까 "회장 그만두면 되죠, 때려치울래요" 이러더래요. 회장 임명장을 선생한테 확 던지면서요. 그런데 회장이 그만둔다고 금방 끝나는 게 아니에요. 유예 기간을 두고 학부모 상담하고 학생 상담을 하면서 한 달을 끌었대요. 결국 회장을 그만두게 됐어요. 그런데 학생과 이야기하는 과정에서 그 속사정을 다 들은 거예요. 부모는 사실상 이혼 상태에 있고, 엄마가 아이 공부시킨다고 무리하게 대치동까지 왔다갔다하게 해서 잠도 제대로 못 잔대요. 그러면서 그 학생이 "자기한테 학교가 아무 의미가 없다, 선생님들하고도 별로 이야기하고 싶지 않다"고 했대요. 자기가 그런 처지인데 선생님이 무슨 도움을 줄 수 있겠냐고 묻는데 할 말이 없더랍니다. 그런데 또 한편에서는 좋은 대학은 가고 싶고 부모로부터 벗어나고 싶다는 이야기도 하고요. 그나마 아이가 마음을 열기 시작한 거죠. 하지만 교사는 무력해지죠. 아이 이야기를 들을수록 선생한테 멘탈 붕괴가 일어나더래요. 아무것도 해줄 수가 없으니까요. (박 교사)

교사들의 무력감은 학생들이 겪고 있는 일이 교사 자신의 경험 세계와 동떨어진 것일수록 심해진다. 완전히 낯선 존재에게서 느끼는 무력감이다. 자신이 전혀 경험하거나 상상해본 적이 없는 일이어서, 이야기를 듣는다 하더라도 그 어떤 조언도 불가능하기 때문이다. 오히려 자기가 생각해보지 못한 비참함 때문에 교사가 충격을 받아 정신적 트라우마를 입고, 이것이 무기력을 만드는 원인이 되기도 한다. 이럴 경우 그 교사를 위로하고 격려할 수 있는 사람은 동료 교사들뿐이다. 이 무기력을 극복할 수 있는 유일한 길은 '함께 겪는' 것이기 때문이다. 교사들이 겪는 이런 2차 정신적 트라우마를 정신과 전문의 정혜신은 "현실이기 때문에 그냥 외면해서는 안 되고 정당하게 직면해야 하는 고통"이라고 말한다.* 그래서 "지금 당장 고통스러울 수 있지만 외면함으로써 나중에 치러야 할 심리적 대가보다는 훨씬 작은" 고통임을 이해하고, 이것이 나만의 고통이 아니라 우리 모두가 "다 같이 집단적으로 이런 트라우마를 받은 거니까"라고 생각하는 것이 치유의 출발점이라는 것이다. 바로 그렇기 때문에, 교사들이 학생들과의 관계와 상담에서 받은 현실에 대한 고통과 상처를 서로에게 드러내고 이야기하는 것이 필요하다. 이것이 나만의 문제가 아니라 우리 모두가 겪고 있는 문제라는 공감대를 형성함으로써 무기력을 극복할 수 있는 것이다.

따라서 학생들에 대해 동료들과 이야기하는 것은 그 학생의 문제를 해결하기 위해 교사들이 지혜를 모으는 과정이면서, 동시에 교사 자신의 정서와 마음을 돌보는 과정이기도 하다. 교사는 학생의 이야기를 들어주고 그 교사의 이야기는 동료 교사가 들어주는 것이 무기력에서 벗어나는 길이다. 그런데 박 교사 친구의 경

---

* 출처: http://2_doors.blog.me/130142562805

우에도 자신의 그런 무기력과 고통을 호소한 대상은 같은 학교의 동료 교사들이 아니라 멀리 떨어져 있는 박 교사와 같은 '옛' 친구들이다. 박 교사와는 20년 전부터 독서토론을 하면서 교육과 교사의 삶에 대해 열띤 토론을 하며 삶을 나눈 관계이기 때문에 이런 호소가 가능했던 것이다.

이처럼 교사들 간에 대화도 없어지고 협력도 사라지면서 교무실에서 교사들은 "태평양에 떠 있는 섬"이 되었고 자신의 무기력을 극복할 수 있는 길을 잃어버렸다. 적어도 학생들에 대해 이야기를 나눌 때는 교육에 대한 자극을 받을 수 있었고 견뎌낼 힘을 낼 수 있었다. 그 과정에서 자기가 하고 있는 것이 과연 교육인지를 근원적으로 돌아볼 수 있었다. 그런데 학생들에 대해 이야기를 나누기보다는 진도나 잡무 처리의 노하우에 대해서만 이야기하기 시작하면서, 교사로서의 삶에 자극을 주거나 버텨낼 힘을 주는 것이 사라졌다.

잡무나 성적 같은 기술적인 일들은 의미와 가치가 있는 것이 아니라 "해치우는 것"에 가깝다. 이야기의 주제가 이처럼 '해치우는 것'에 국한되면서 학교에서 자극이 사라졌다고 안 교사는 말한다. 나는 교사인가, 교사는 무엇을 해야 하는가에 대해 고민하지 않게 된다. 안 교사는 고민이란 혼자 한다고 해서 커지거나 익지 않는다고 말한다. 그런데 학교에서 아무런 자극이 없다 보니 그냥 편하고 익숙해지고 만다. 그 편한 일상을 하루하루 답습하면서 시간을 보내고 있다.

관계에 있어서나 학교의 업무나 고민 모든 것에서 아무 자극이 없어요. 부정적인 피드백이건 긍정적인 피드백이건 학교는 무색무취예요. 물론 이런 것은 있어요. 옆에서 어느 교사가 학생을 때리는 걸 봐요. 그 모습을 보면 분노하죠. 그런데 그게 더 이상 저한테 감정적인 갈등을 일으키지는 않아요. 그건 잘못된 행위고, 그때 나는 어떤 행동을 해야 하는데 이걸 하지 못하는 이유는 무엇이고, 내가 할 수 있는 행동은 이 정도라면 이걸 하자, 이런 정리가 이미 되어 있단 말이에요. 많이 겪어봐서. 그 과정이 저한테 자극을 주지 않아요. 그 과정에서 다른 사람과 고민을 나누거나 새로운 변수가 끼어들면 자극을 받을 수 있겠죠. 하지만 혼자 고민하고 혼자 상황을 판단하는 게 반복되니까 아무 자극도 받지 않아요. 그래서 로빈슨 크루소가 섬에서 혼자 밥해 먹을 때 이런 느낌이었구나, 이런 생각이 들기도 해요.(웃음) (안 교사)

안 교사는 교무실을 프라이데이가 없는 로빈슨 크루소의 섬으로 비교한다. 프라이데이가 나타나기 전에도 로빈슨 크루소는 소소하게 여러 가지 생활의 재미를 느낄 수 있었겠지만 그가 등장하지 않았다면 뒷부분은 정말 재미없는 이야기가 되었을 것이라고 말이다. 안 교사는 교단도 마찬가지라고 본다. 10년을 보내면 학생들을 다루는 노하우에서부터 동료 교사를 대하는 법에 이르기까지 감정적 소모 없이 교실과 교무실에서 지내는 방법은 거의 익힌 것이나 진배없다. 그런데 로빈슨 크루소와는 달리 교무실에는 프라이데이가 나타나지 않는다.

이렇게 하는 건 죄인 거예요. 이렇게 무력하고, 교사가 학생을 보는 데 자극이 없다는 것은 사실 일어나면 안 되는 일인 거죠. 교육이란 것이, 가르치고 배우는 이런 것은 다 집어치우더라도, 소통을 한다는 건 서로 자극을 주고받는 거잖아요. 하다못해 아메바 두 마리가 만나도 서로 자극을 주고받는 게 소통인 건데, 나는 학생들이나 동료들을 만나도 아무 자극을 못 받는 거예요. 그럼 그 사람 앞에 서 있으면 안 되는 거죠. 그게 무슨 소통이에요. 내가 학생들에게 기울이고 있는 열정과 에너지와 애정이 줄어들고 있는 걸 학생들도 곧 느끼게 될 거고……. 학생들에게 옳지 않다는 생각이 들어요. 그래서 지금 당장 선생을 그만둬야겠다고 생각하는 건 아니지만 더 하면 안 되겠다는 느낌이 좀 강해져요.

후배 교사 하나는 사표를 써서 책상 서랍에 넣고 다닌대요. 그게 자기한테 학교를 버틸 수 있는 힘이 되어준다고 얘기하더군요. 요 선만 넘어가면 이 사표를 던지겠다, 이런 마음으로 하루하루를 버티는 것이죠. 저한테는 학교를 그만둬야겠다는 생각이 현실에 대한 회피, 혹은 면죄부가 되는 것 같아요. 내 삶을 유예시키는. 그건 옳지 않은 것 같아서, 좀 다른 고민을 해보려고 하는데……. 아무튼 학교에는 자극이 없어요. 학생들한테도, 동료들한테도. 동료들한테는 더하죠. 음, 더해요. (안 교사)

학교에서 교사로서 자극을 받지 못하면 교사로서 성장해가는 것도 불가능해진다. 지금 학교에서는 아메바가 서로 만났을 때만큼의 자극도 주고받지 못한다는 안 교사의 이야기는, 학교에서 교사와 교사 그리고 교사와 학생 사이가 얼마나 단절되고 무관한 관계가 되어 있는지를 단적으로 보여준다. 만남이 부재한 것이다. 교육이 "만남과 부딪침의 총합"(이계삼, 2009b: 49)이라고 한다면 자극이 없는 학교란 교육이 없는 무의미한 공간이라는 말에 지나지 않는다.

물론 존경할 만한 선배 교사 그리고 동료들로부터 교육현장에서 벌어지는 문제점을 해결하는 데 도움을 받는 일은 여전히 일어나고 있다. 소 교사는 초보 교사 시절에 자신의 학급에서 왕따 사건이 일어난 적이 있었다고 말했다. 초보 교사가 다루기에는 큰 사건이었다. 처음 겪는 일이라 어떻게 해야 할지 몰라 당황스럽기만 했다. 대부분의 선배 교사들은 일을 제대로 처리하지 못한다고 야단만 쳤다. 그때 한 선배 교사가 다가왔다. 조 교사 반에서 왕따 사건이 일어나기 전에 선배 교사 반에서도 사고가 있었다고 한다. 선배는 그때 자신이 어떻게 그 일을 해결했고 견뎌냈는지를 조용하게 조언하고 지켜봐주었다. 왕따 사건이 벌어지면 학생들만큼이나 교사에게도 치유 과정이 필요하다. 조 교사는 그 선배가 건네준 위로와 조언을 통해 치유될 수 있었다.

학생들과 함께 상처를 치유하는 방법에 대해서도 지혜를 빌렸다. 당시에 교육방송에서 방영한 어떤 프로그램이 있었다. 다수가 침묵함으로써 벌어지는 일에 대한 다큐멘터리였는데, 조 교사는 학생들에게 그걸 보여주고 글쓰기를 해보게 했다. 글쓰기에 치유 효과가 있다는 것을 확인할 수 있었다. 이 사건이 일어나기 전까지 그는 교육이나 학생들에 대해 공부를 많이 하는 편은 아니었다. 그러나 그 사건을 겪고 선배 교사의 도움을 받고 나서부터 공부를 시작했다. 그 선배 교사는 전근을 갔지만 계속 관계를 맺으면서 책 읽고 공부하는 모임에도 참여하게 되었다. 구성원 대부분이 전교조 조합원인 이 모임에서 조 교사만 조합원이 아니었지만 전혀 문제가 되지 않았다.

한 지역에서 만난 20대 후반의 교사도 동료 교사들과 함께 하는 독서모임을 통해 도움을 받고 있다고 말했다. 학생들과의 관계를 풀어나가는 데 선배와 동료 교사들의 지혜가 필요했기 때문이다. 중산층 출신에 순종적인 '범생이'였던 그는, 초임 때 아이들과의 관계 문제로 많이 힘들었다고 한다. 그는 교대에 다닐 때부터 친구 같은 교사가 되고 싶다고 말했다. 하지만 막상 교직에 들어오니 그것이 쉽지 않았다. 때로는 강한 통제가 필요했지만 자신에게 그럴 능력이 없다 보니 학생들에게 소리를 지르는 일도 있었다고 한다. 또한 학생들 개개인의 개성이 너무 강하고 서로의 관계도 좋은 편이 아니라서 이들의 요구를 다 들어주기도 힘들었다고 한다. 교사가 재판관처럼 행동해야 할 일이 많아지면서, 교사의 역할에 대한 지식과 지혜가 많이 필요했다.

그러던 차에 지금 근무하고 있는 초등학교로 전근하면서 선배 교사의 권유로 독서모임에 가입했다. 워낙 책을 좋아하던 터라 책을 읽고 토론하는 모임에 흥미가 생겼다고 한다. 그는 금요일마다 있는 이 모임에 만족한다고 했다. 과거에는 학생들과 대화를 하면서 "자신이 곪아간다"고 생각할 때가 많았다고 한다. 교사로서 학생들에게 맞추어야 하기 때문이다. 하지만 독서모임에서 교사들끼리 책을 읽고 토론하고 다른 교사들의 이야기도 들으면서 갈증이 많이 해소되었다고 한다. 학생들과의 관계는 일방적인데 반해 교사들과의 토론은 쌍방향이다. 다른 교사들의 이야기를 들으면서 스스로 '비교'하게 되고 성찰하게 될 뿐 아니라 수업의 아이디어를 얻는 데에도 큰 도움을 얻고 있다고 했다. 그는 그중에서 가장 큰 도움은 "교사끼리 그렇게 소통을 한다는 사실 자체"라고 말했다.

그러나 이런 경우는 내가 학교현장을 방문하고 교사들의 이야기를 들으면서 만난 예외적인 경우였다. 이 교사가 있는 지역에서 진보 교육감이 선출되고 난 다음, 교육청에서는 적극적으로 교사들의 자율적인 공부모임을 지지하고 지원하고 있다고 한다. 나 역시 그 지역 교사모임의 초청으로 교사들과 만남을 가졌고, 그 자리에서 이 20대 교사를 만나게 되었다. 나를 초청한 교사에 따르면, 진보 교육감이 자율적인 교사모임을 지원하면서 그동안 활성화되지 못했던 교사 독서모임 같은 것이 다시 생기기 시작했다고 한다.

이들처럼 존경할 만한 선배나 동료 교사를 만나 그들을 따라 공부모임에 참여하는 교사들도 있지만, 대체로 이런 모임은 점차 줄어들고 있다. 안 교사와 류 교사는 이제 자신들에게 교사라는 직업이 "밥벌이" 이상은 되지 못하고 있다고 했다. 교직을 통한 자아실현은 꿈도 꾸지 않는다고 말했다. 대부분 무료하게 하루하루를 보내기 때문에 시간이 아깝다고까지 말하면서도, 학생들을 대면해야 하기 때문에 스스로가 부끄럽다고 자책하고 있다. 적어도 학생들에게는 최선을 다하는 모습을 보여야 월급 값을 할 텐데, 그게 제대로 안 되는 것이다. 자극이 없는 교육현장에서 교사들은 '선생을 때려치워야겠다'고 생각하고 있다.

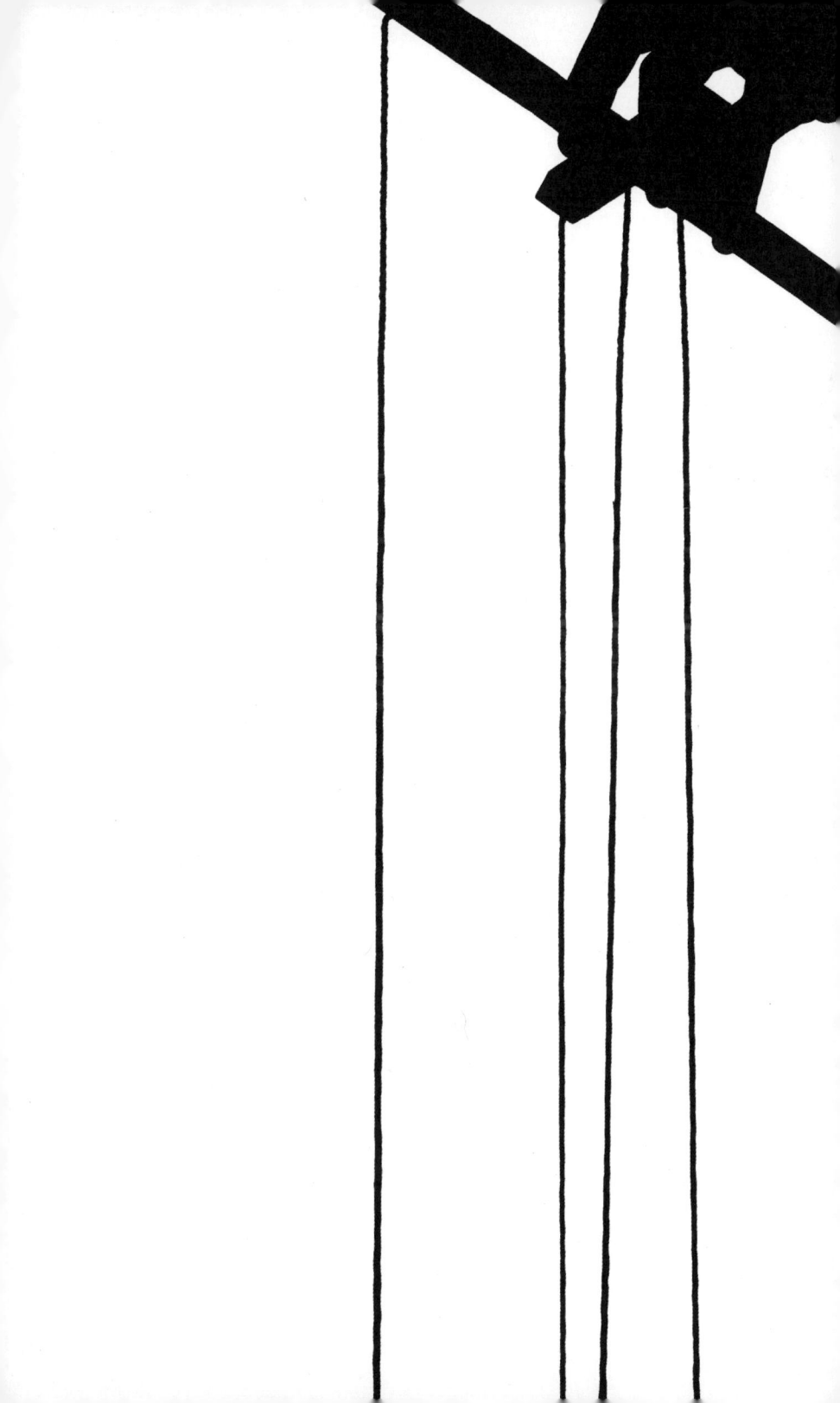

가르침의 내용과 교사의 개성이 밀착되지 않으니 일이
그냥 하나의 직업, 밥벌이가 되죠. 삶에서도 아이들에게 대한
책임감이 약해지고 무신경해질 수밖에 없어요.

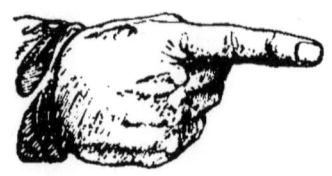

207
교사, 교무실의 외로운 섬들

'내 수업'을 할 수 없는 교사들

규범적으로 볼 때 교무실은 공적인 토론의 공간이면서, 또 한편에서는 교사들이 문제를 해결하기 위해 지혜를 모으고 협력해야 하는 공간이다. 특히 교육은 사람과 결부된 문제이다. 매뉴얼을 따라 해결할 수 있는 일도 있지만 학생이라는 사람을 대하는 직업이기 때문에 대체적으로는 매뉴얼보다는 경험에서 우러나는 지혜가 더 필요할 때가 많다. 학생이나 학부모와 관련된 예기치 못한 사건이나 상황을 맞닥뜨렸을 때 교사 혼자만의 힘으로는 문제를 풀어나갈 수 없다는 것을 실감하기 때문이다. 따라서 아무리 능력주의가 도입된다 하더라도 학교라는 공간에서는 경험의 축적과 지혜의 나눔이 강조되지 않을 수 없다.

또한 좋은 방향이든 나쁜 방향이든 교사는 사람에게 직접적으로 영향을 끼치는 직업이다. 교사와 학교가 어떻게 결정하는가에 따라 학생의 생활이나 문화 그리고 인권은 직접적으로 영향을 받는다. 그렇기 때문에 교사들이 학생들의 생활과 관련된 토론을 할 때는 보다 깊고 풍부한 심의/숙의가 필요하다고 할 수 있다. 심의/숙의는 문제를 해결하는 과정이기도 하지만 동시에 지혜를 모으고 경험으로부터 배우는 과정이기도 할 것이다.

바로 이 점 때문에 이 책에 나오는 교사들은 다른 교사들이 학생들의 생활과 밀접하게 연관된 일에서 관료적이고 편의주의적인 태도를 보일 때 분노를 느낀다고 말한다. 특히 수업이나 생활지도 그리고 시험과 같은 영역에서는 교사들의 협력과 조율이 학생들에게 직접적으로 영향을 미친다. 수업하는 내용이나 방식 그리고 시험문제를 내는 범위와 방식은 성적이 좋은 학생에게는 진학과 관련이 되고 그렇지 않은 학생들에게는 공부에 대한 흥미유발과 곧바로 연결된다. 문제는 이런 교과 및 학년 협의가 교사들의 편의 중심으로 운영되면서 교육에 대한 의지를 가지고 있는 교사들을 무기력하게 만들고 있다는 점이다.

최 교사가 겪은 일이 상징적이다. 내가 그를 만나 이야기를 나눈 날은 시교육청에서 개최하는 토론대회를 하루 앞둔 날이었고, 참가할 학생들을 최 교사가 지도하기로 예정되어 있었다. 사실 그는 1학년을 맡고 있기 때문에 토론대회에 참가하는 학생들과는 같이 수업을 해본 적도 없었다. 어쨌든 자신이 맡은 일에 책임을 지기 위해서 최 교사는 한 달 전에 학생들과 이야기하며 방향을 제시했다. 문제는 그 뒤에 학생들이 한 번도 나타나지 않았다는 것이다. 내가 그를 찾아간 날, 시교육청의 장학사로부터 참가 여부를 알려달라고 연락이 왔다. 최 교사가 학생들에게 연락을 해서 확인하니 도저히 못 나갈 것 같다고 말했다. 그래서 다시 장학사에게 전화를 걸어 문의하니, 불참하게 된 학생들의 명단과 사유를 공문으로 간단하게 전달해달라고 했다. 최 교사는 그 일의 처리를 위해서 담당 부장과 상의를 했다.

부장 선생님 안색이 확 변하면서 그럴 수 없다는 거예요. 공문 쓰는 게 귀찮아서 그러나 하고, 내가 공문을 작성하겠다고 했더니 그 문제가 아니래요. 그러니까 교장, 교감한테 결재를 받아야 하는데, 대회 참가를 안 한다고 하면 교장, 교감이 짜증을 낼 거라는 거예요. 그분도 초빙교사거든요. 이거는 교사의 잘못도 아니고 아이들이 안 나가겠다고 하는 건데, 저는 그런 생각을 하는 것조차 깜짝 놀랐어요. 그럼 어떻게 할 거냐고 물었더니, 아이들을 일단 내일 대회에 참석시켜서 그 자리에서 기권하겠다고 말하라고 시킬 거래요. 아, 정말……. (최 교사)

지금까지 한국의 교직문화에 대한 비판 중의 하나가 관료주의라는 것이었다. 학교가 "교육하는 조직보다는 행정을 처리하는 조직으로 왜곡"(김성천, 2007: 15)되어 있기 때문에 "위에서 시키는 일을 중심으로 과업을 수행"(위의 책: 16)한다는 것이 관료주의적 행태에 대한 비판이었다. 그러나 최 교사가 겪은 일을 보면 교직문화는 관료주의적이지조차 못하다는 것을 알 수 있다. 이 사례에서 관료주의적 해결이란 최 교사의 의견처럼 공문으로 처리하는 것이다. 그런데 초빙으로 이 학교에 온 부장에게는 관료적 처리 이전에 관리자의 눈치를 보는 것이 더 시급하고 중요한 문제였다. 이 과정에서 학생들은 교사의 편의와 책임 회피를 위해 도구화되고 있음을 알 수 있다. 학생의 편의가 아니라 교사의 편의가 중심이 된다.

문 교사는 학년이나 교과 협의는 생활지도에 비교하면 오히려 원만한 편이라고 말한다. 생활지도는 교사들에게 자신의 일도 아니고 "귀찮은 편"이기 때문에 깊게 생각하지 않고 "좋은 게 좋은 거"라는 식으로 절충안을 빨리 찾는다. 문 교사가 생각하기에는 생활지도야말로 학생들의 일상적 삶이 걸려 있기 때문에 더 중요하며 심도 깊게 토론해야 하는 문제임에도 현장에서는 그렇게 일이 진행되지 않는다. 교사들의 편의가 학생들의 인권이나 안전보다 더 우선시되는 경우가 많다. 그리고 여기에 다수의 교사들은 쉽게 동의해버린다.

문 교사의 학교에서 급식지도를 편하게 하기 위해서 학생들에게 이름표를 달게 하자는 의견이 교사들 사이에서 나왔던 것이 그 예이다. 지금도 학생들은 이름표를 달고 있지만 아예 교복 상의에 꿰매게 하자는 의견이 나온 것이다. 이 문제를 협의하는 자리에서 문 교사는 반대 의사를 표시했다. 학생들은 자기 이름을 드러내고 싶어하지 않으며 그것이 자연스럽고 좋은 것이라고 말했다. 또한 급식지도에서 "칼같이" 학년 구분을 해야 할 필요가 있을지에 대해서도 의문을 제기했다. 대충 학생들의 이름과 학년은 아는 편이니까 줄이나 잘 서게 하면 되고, 또 이렇게 이름표를 달게 하면 생활지도 거리만 하나 더 늘어서 교사들도 피곤해질 것이라고 주장했다. 교사들이 피곤해질 것이라고 말한 것은 사실이기도 하지만 교사들을 더 효과적으로 설득하기 위해 한 말이었다. 문 교사에게 가장 중요한 이유는 교사들의 편리한 통제를 위해 학생들의 인권과 사생활을 침해하는 것에 대한 반대였다. 그러자 동료 교사들이 반발하고 나섰다.

한 선생님이 "샘은 애들 이름 잘 외우니까 그렇죠. 저는 모든 반에 다 들어가는데 애들 이름 불러주고 싶어도 못해요. 그냥 '야'라고 하면 애들이 섭섭해하니까 이름표 보고 이름 부르면 좋잖아요"라고 하더군요. "그러면 이름을 물어보고 불러주면 되지 않느냐. 책이나 공책에 이름을 써놨을 테니 그걸 봐도 되고, 교탁에 좌석배치표도 있지 않냐"라고 제안했죠. 바로 이름표가 눈에 띄면 더 편하겠지만, 그 취지가 무색하게 당연히 화낼 일도 많이 생길 것이라고, 이름표 왜 안 달았냐고 지도할 일투성이일 거 경험으로 다들 알고 있지 않느냐고 했어요. 또, 아이들이 이름표를 옷에 꿰매버리면 교문 밖에 나가서도 뗄 수가 없고 그러면 사생활 보호도 안 되지 않겠냐고.

그런데 옆에 앉아 있던 선생님이, "그러면 윗줄만 박아서 밖에서는 쏙 주머니 안으로 넣으면 되잖아요" 하고 안을 낸 거예요. 그러니까 다들 그러면 되겠네 하면서 쉽게 동의하고……. (문 교사)

문 교사가 동료 교사들에게 실망한 것은 학생들의 인권이나 사생활 보호와 관련된 중요한 안건을 이렇게 쉽게 '타협'하는 모습이었다. 그는 원칙이 무엇인지 고민하고, 그 원칙에 따라 학생을 어떻게 지도해야 하는지를 교사들이 숙고하고 협의해야 한다고 생각한다. 교사들끼리 쉽게 결정하고 타협할 문제가 아니라는 것이다. 그때는 그나마 회의라도 한 상태라 일단 넘어갔지만, 그 뒤에 학생부와 관리자들은 밀어붙이기로 일관했다. 이름표 윗줄만 꿰매는 것을 기정사실화해서 전체 학년에 시행하기로 한 것이다. 이 문제를 해결한 것은 교사들의 토론이 아니라 학생회였다. 형식상 학생회의 동의를 얻어야 하는 사안이기 때문에 교사들이 밀어붙이려는 것을 학생들이 저지한 것이다.

학생 인권의 문제에서, 때로 관료적인 교사들은 폭력적이기도 하다. 학생들을 대하는 무례하고 거칠고 폭력적인 언어와 태도는 신규 교사도 두세 달이면 금방 배우게 된다. 임 교사는 얼마 전 야간자율학습을 감독하는 후배 교사가 자신이 교실에 앉아 있는데도 자기 반 학생들에게 폭언과 폭력을 휘두르는 것을 보았다. 학생들이 딴 짓을 했다는 이유였다. 그는 후배 교사가 별 것 아닌 일로 감독 교사로서 "꼰대 짓"을 했다고 보았다. 그러나 후배 교사가 교육을 빌미로 학생들을 구타하는 것을 보면서도 임 교사는 아무런 대처도 할 수 없었다고 한다.

내가 맞는 것처럼 아프고 충격적이었다. 뭔가 찢겨나가는 기분이 들어 불쾌하기 짝이 없었는데, 차마 얼굴을 들 수가 없었다. 아이들에게도 그렇다. "딴 짓 하는 거 다 봤다. 연기할래?" "저기, 모포까지 덮고 처자는 새끼는 뭐야? 공부하라고 틀어준 에어컨이지 엎어져 자라고 틀어준 것 아니다." 이건 욕설이다. 말이 아니라 똥물이다. 아이들 공부를 도와주기 위해 감독하는 것이 아니다. 내가 오롯이 다 덮어쓴 것 같다. 순간 욱하는 마음이 올라왔지만, 아이들 앞에서 한참이나 어린 후배 교사와 싸우는 건 아닌 듯해서 꾹 참았다. (임 교사의 교단일기)

학생들과 관련된 중요한 사안이 교사들 사이의 충분한 협의와 토론 없이 결정되고 시행되는 것은 학사와 관련된 전반적인 현상이다. 특히 이 문제가 심각하게 나타나는 것은 수업과 평가에서이다. 박 교사는 수행평가가 처음 도입되었을 때 비판적인 입장이었다고 한다. 학급당 학생 수가 40명이고 한 학년에 10개 반이면 400명이나 되므로 비현실적이라고 생각했다. 수행평가를 감당할 준비나 역량이 되지 않는다고 생각했다. 그래도 수행평가의 발상이나 그것이 제도화되는 과정은 받아들여야 한다고 생각했다. 기왕 하는 것이면 제대로 된 수행평가여야 한다고 생각해서 계획을 짜서 국어과 수행평가 협의에 갔다. 각 단원별로 수행평가의 방식을 계획했다. 각 단원마다 어떤 활동을 하게 하고 어떤 방식으로 평가할지 계획해 수행평가와 지필평가가 50 대 50이 되도록 안을 짰다.

제가 발제하는 것처럼 수행평가 계획을 이야기하고 나니까, 선생님들이 싸늘하게 저를 쳐다보고 있었어요. 저한테 "너 죽으려고 하느냐?"고 묻더군요.(웃음) 그렇게 하면 너도 죽고, 애들도 죽는다고요. 그 계획이 현실적이지 않다고 했어요. 선생님들은 "교육부가 형식적으로 하라고 하면 우리도 형식적으로 대응하면 된다"면서 학년 전체를 대상으로 1년에 한 번 글쓰기를 해서 그걸 20퍼센트 반영하고 끝내자는 거예요. 그게 수행평가인가요? 그때 선생님들하고 이야기를 하는데, 도저히 제가 뚫을 수 없는 선이 있었어요. 저는 계속 "어려운 거 맞다. 교사가 죽기도 한다. 그런데 국어 교육의 목표를 생각하면 해볼 수 있는 일이다. 내가 계획한 것이 너무 많다면 그중 일부만이라도 해볼 수 있지 않겠냐"고 말했죠. 정 안 되면 우리끼리 듣기평가 테이프라도 만들어보자고 제안했어요.

다 깨졌어요. 선배고 후배고 다 반대했어요. 제가 참 슬펐던 게, 후배도 있었는데, 학교 들어온 지 2년인가 3년밖에 안 된 후배예요.

저는 벌써 경력이 15년이 넘은 사람이고. 근데 그 후배한테도 제 말이 씨알도 안 먹혔다는 거예요. 후배도 그러는데 선배들은 말할 것도 없죠. (박 교사)

수행평가나 다양한 수업 방식을 활용하는 것에 반대하는 이가 관리자라면 싸움이라도 하겠는데, 동료나 선배들이 반대하는 경우에는 어떻게 대응할 방법이 없다. 수업이나 기타 잡무로 바쁜 동료 교사들의 일상을 이해하지 못하는 것도 아니고, 그렇다고 자기 뜻을 접고 그대로 따라갈 수도 없기 때문이다. 문제는 이런 과정에서 발생하는 문제점은 고스란히 학생들에게로 돌아간다는 점이다.

시험문제조차도 내가 가르친 대로 내면 안 되는 거예요. 왜냐하면 뒷반은 그런 방식으로 가르치지 않았거든요. 공평하게 하기 위해, 나도 안 가르치고 뒷반 선생님도 안 가르친 걸 시험문제로 내기로 한 거죠. 사실 말이 안 되는 거죠. 하지만 양심상 제가 할 수 있는 것은 그것밖에 없었어요. 차선책이죠. 최선책이 아니라. 가장 좋은 것은, 나는 이렇게 가르쳤는데 당신은 어떠냐 하고 대화하면서 같이 다룬 것은 시험에 내자, 이렇게 하는 거죠. 그런 협의가 안 되니까, 범위를 정해서 여기서 저기까지는 내가 내고, 다음은 뒷반 선생님이 내고. 기계적인 분담을 하니까 피할 것만 정하는 거예요. 그런 시험문제를 내니까 아이들은 기가 막힌 거죠. 그 문제 너무했다

고 항의를 하는 거예요. 내신이 걸린 문제니까. 내가 아이들에게 사과했어요. (임 교사)

2장에서 이야기한 것처럼 임 교사는 이 일로 한 학생에게 내내 시달렸다. 이 이야기를 들려주는 내내 그는 허탈하게 웃으며 부끄러워했다. 변명을 하기보다는 교사로서 해서는 안 되는 일을 했다는 부끄러움을 고스란히 드러냈다. "이게 자신으로서는 차선이었다"고 말하면서도 "이건 말이 안 되는 짓"이라고 부끄러워했다. 학생들과 내 앞에서 그가 느끼는 감정은 바로 '수치심'이었다. 학생들이 항의했을 때 두말없이 사과를 한 것도 그런 뜻에서였다. 고육지책으로 '가르치지는 않았지만 중요하다고 생각하는 문제'를 내긴 했지만, 교사들의 사정에 따라 가르치지 않은 것을 시험문제로 냈다는 것에 대한 자괴감을 크게 느끼고 있었다. 더구나 이런 문제 하나하나가 학생들의 미래를 결정하는 내신과 직결된 것이기 때문에 이 시험문제 때문에 손해를 봤다고 생각하는 한 학생이 "불손하게" 말하며 불만을 제기했을 때도 끝까지 차분하게 설명을 했다.

이때 임 교사에게 더 상처를 준 것은 뒷반을 가르치는 교사였다. 학생이 "뒷반 선생님이 그랬다"면서, 그런 문제를 내면 안 된다, 만약 수능에 출제됐다면 아마 문제가 많았을 것이다, 문제가 이상하다며 불만을 제기한 것이다. 임 교사는 교사가 학생을 통해 수능문제 경향 운운하며 간접적으로 자신을 공격했다고 생각하니 기분이 크게 상했다고 한다. 같은 과목, 같은 학년을 가르치면서도 평소에 서로 수업에 대한 논의는 절대로 하지 않는 관계라 더욱 화가 났다.

더구나 임 교사가 보기에 뒷반 교사는 교장과 교감으로부터 인정받는 '유능한 교사'였다. 어떤 일도 다 해낼 것이라며 칭찬을 듣는 교사였다. 사실 이런 점부터가 임 교사는 마음에 들지 않았다. 교사가 학생에게 인정받기 위해 노력해야지, 관리자에게 인정받으려고 노력하고 순응하는 게 뭐냐는 것이다. 임 교사가 이 동료에 대해 가지고 있는 불편함은 전교조 조합원인 선배 교사들이 후배 교사들에게 가지고 있는 불편함과 맥을 같이 한다. 너무 매끈하게 체제에 순응하며 일처리를 잘하는 모습이 "징그럽다"는 것이 후배들에 대한 대체적인 평가다.

임 교사는 이런 점들 때문에 다른 교사들과 교과 협의를 하는 것을 불편해한다. 마음이 맞는 교사라면 모르겠지만 그런 교사를 만나서 교과 협의를 하기는 하늘의 별따기다. 대부분의 경우는 형식적인 교과 협의에 그친다. 임 교사가 겪은 경우와 같은 문제가 종종 발생하기 때문에 혼자서 학년 전체를 다 맡는 것이 오히려 마음이 편하다고 말하는 교사가 많다. 그럴 경우에는 학생들을 전체적으로 길게 보면서 수업과 평가를 진행할 수 있기 때문이다.

임 교사는 전문계 고등학교에서 근무하다 지금의 인문계 고등학교로 옮겼을 때 의욕이 대단했다고 한다. 학생들과 겨뤄보고 싶다는 생각도 있었다. 그래서 처음에는 학생들 기를 죽이려고 시험 문제도 어렵게 내고 늘 빠듯한 수업을 했다. 고생은 했지만 학생들에게도 자신에게도 남는 게 많았던 수업으로 그는 기억하고 있다. 이게 가능했던 것은 학년 전체를 혼자 맡아서 책임졌기 때문이라고 임 교사는 생각한다. 교재 선택에서부터 수업 방법, 수행평가의 내용과 형식 등 모든 것을 자신이 정하고, 하고 싶은 대로 했다. 수업에 대한 전적인 통제권을 가지고 1년 전체 과정을 디자인할 수 있었다. 자기가 잘못한 부분은 혼자서 책임지면 되었다. 제대로 되지 않는 협의와 합의에 매달리는 것보다 더 속이 편하다고 임 교사는 말한다.

박 교사 역시 특목고에 와서 가장 "편하고" 좋은 것이 자기가 한 학년을 도맡아서 수업을 통제할 수 있다는 점이라고 말한다. 어떤 경우에는 수업에 대한 통제권을 가지기 위해서 하지 않아도 될 수업까지 다 떠맡는 경우도 있다. 물론 일의 양은 절대적으로 많아지지만 다른 교사와 타협하지 않고 교사로서 보람을 찾을 수 있기 때문이다.

한 학년이 네 개 반이에요. 한 반당 수업시수가 세 시간이니까, 열두 시간을 제가 몽땅 맡으며 되는 거예요. 그러니까 신나게 할 수 있었어요. 평가도 내 멋대로 할 수 있고. 물론 학교 규정은 있지만 지키면 되고, 수업을 제가 좌우할 수 있는 게 좋았지요. 학생 수도 적어서 한 반에 열여섯 명밖에 안 돼요. 이 학교에 와서 제가 머리를 굴린 거예요. 여기선 일주일에 열 시간 이상 수업하는 교사가 없거든요. 저는 지금 아홉 시간 해요. 저희 학교에서 제일 적은 사람은 세 시간 해요. 교수보다 낫죠? 행정업무 많이 맡은 사람이 수업을 세 시간 하죠. 그러니까 당시에 제가 수업을 제일 많이 한 거예요. 일부러 한 학년을 제가 다 떠맡은 거니까. 교과 협의가 너무 힘드니까 차라리 수업을 많이 한 거죠. (박 교사)

특목고에서 이런 일이 가능한 것은 박 교사의 말처럼 기본적으로 수업시수가 적고 책임제로 운영되면서 교사에게 교과 운영에 대한 자율성이 보장되기 때문이다. 이에 반해 공립학교는 다른 교사와의 관계부터 수업의 디자인까지 교사의 자율성에 제약이 많다. 2월 말에 학년과 담임이 정해지니 3~4일 안에 계획을 세우고 준비하는 것은 불가능하다. 또한 수업시수도 지나치게 많다. 당연히 시중 문제집에서 편하게 시험문제를 내려고 하는 교사들과는 협의와 합의가 되지 않을 수밖에 없다. 이런 상태에서 가르치는 사람으로서 교사의 보람을 찾는다는 것은 불가능하다.

교사 개인의 개성이나 장점을 드러내기가 힘들어요. 가르침의 내용과 교사의 개성이 밀착되지 않으니 일이 그냥 하나의 직업, 밥벌이가 되죠. 삶에서도 아이들에게 대한 책임감이 약해지고 무신경해질 수밖에 없어요. 내 개성이 내가 가르치는 내용에 확 들어갔을 때 책임을 느끼고, 적극적으로 아이들을 설득할 수도 있죠. 힘들어져도 견뎌낼 수 있고요. 그렇지 않으면 아이들에 대해서나 수업에 대해서나 애정이 덜 가고 기쁨도 덜 느끼는 상태가 돼요. 교사 그만두고 딴 걸 해볼까 하는 생각도 가끔 들어요. (임 교사)

교사는 표준화된 교육과정과 교과서를 기준으로 삼지만, 학생들을 가르치는 방법에 있어서는 자기만의 방식과 스타일을 개발할 수 있다. 이것이 임 교사가 말하는 교사 자신만의 개성이다. 이것은 교사의 사적인 취향이 아니라 가르치는 사람으로서 자기 정체성과 자존감을 의미한다고 할 수 있다. 수업을 기획한다는 것도 이처럼 자기만의 스타일로 학생들과의 소통에 활력을 불어넣는 것을 말한다. 따라서 수업을 자신이 기획할 수 없다는 것은 결국 교사가 가르치는 사람으로서 자신의 정체성을 기획할 수 없다는 말과 동일하다. 임 교사는 가르치는 내용이나 방식이 가르치는 사람의 개성, 즉 교육적 소신과 밀착되는 것이 중요하다고 말하고 있다. 그저 밥벌이하는 직업이 아니라 자기를 실현시킬 장으로서 교직을 생각하고 있음을 분명하게 알 수 있다. 근대의 기획으로서 가장 중요한 것이 자아실현이다. 자아실현은 '내'가 그 어떤 것에도 통제되거나 억압받지 않고 자율적으로 내 삶을 기획하고 그것을 반성적으로 실현해가는 것을 말한다. 교사가 교사로서 자아를 실현해나간다는 것은 가르치는 자로서 자신의 개성을 펼쳐간다는 말과 다르지 않다.

위 임 교사의 말을 듀이를 따라 해석하면, 상황을 통제할 수 있게 되었을 때 경험을 갱신하면서 삶에 연속성을 부과할 수 있다는 말이 된다(듀이, 1987). 듀이에게 삶이란 곧 성장이고 성장이란 경험의 갱신과 확장이었다. 이전의 경험에 바탕을 두고 다음 경험을 해석하고, 그 새로운 경험을 통해 과거의 경험을 재해석하는 것이 경험의 갱신이고 성장이다. 임 교사가 말하는 "힘들어져도 견뎌낼 수 있"다는 것이 의미하는 바가 바로 이것이다. 자신의 주관대로 하면서 학생들을 설득하지만, 그것이 제대로 되지 않는다면 왜 그런가를 생각하고 반성함으로써 경험은 갱신된다. 경험에는 이미 '생각함'이 포함되어 있기 때문이다.

이런 경험의 갱신을 통해 교사는 연속적으로 자기 삶을 교사로서 살아가며 성장할 수 있다. 그런데 수업에 대한 통제와 기획을 교사가 할 수 없을 때 이런 연속성이 깨어지고 경험은 단절적인 것이 된다. 교사 간의 협의와 합의가 제대로 되지 않는 상태에서 효율만을 고려한 기계적인 업무분담은 교사의 성장을 방해하고 경험을 단절적인 것으로 만든다.

물론 여전히 어떤 교사들은 동료 교사들과 함께 수업을 기획하고 준비하기 위해 고군분투하고 있다. 손 교사의 경우가 그렇다. 그는 어느 학교를 가나 동료 교사들에게 같이 공부할 것을 제안한다. 수업교재로 사용할 문학 작품을 같이 읽고 토론하며 자신이 생각하지 못한 새로운 면을 발견해서 수업에 적용하기도 한다. 얼마 전 카프카의 〈변신〉을 가지고 토론을 할 때였다. 학생들과 독서토론을 하기 위해 선정한 책이었다. 교사들과 먼저 이 책으로 토론을 했는데 각자의 삶에 대해 다양한 이야기가 나왔다. 모임에 참여하는 교사들은 대부분 손 교사와 비슷한 연령대였는데, 그중의 한 동료 교사가 작품을 읽기가 힘들었다고 토로했다. 그 교사의 어머니가 10년 가까이 힘들게 치매를 앓다 최근에 요양원으로 옮겼는데, 아버지가 조금 더 일찍 결심했다면 어머니가 덜 힘드셨을 것 같다는 얘기였다. 그 교사에게는 소설에 나오는 '벌레'가 그런 존재로 읽히는 것이다. 그때의 토론을 통해 손 교사는 다들 자기의 관점과 사정에서 작품을 읽는다는 사실을 다시 생각할 수 있었다. 이런 이야기를 나눔으로써 그는 자신이 읽던 방식과는 다르게 〈변신〉의 새로운 의미를 발견할 수 있었고, 그 발견을 가지고 학생들과의 수업에 적용할 수 있었다고 한다.

그러나 손 교사의 경우에도 수업 자체를 동료 교사들과 같이 기획하고 유기적으로 협력하는 것은 아니라고 말한다. 오히려 그는 자신이 다른 방식으로 수업을 할 수 있는 이유가 다른 교사들 "덕분"이라고 말한다. 이전에는 다른 교사들의 방식이 아니라 자신이 하는 방식이 진짜 교육이라고 생각했지만, 요즘은 다른 교사들이 그렇게 문제집도 풀고 입시 준비를 열심히 해주기 때문에 자신은 다른 방식의 수업을 할 수 있다는 것이다. 손 교사가 "덕분"이라고 말하는 것은 다른 교사들의 존재와 의미를 평가하는 새로운 언어일 뿐 엄격한 의미에서 협력적 관계를 뜻하는 것은 아니라고 볼 수 있다.

한편 교사들은 자신이 가르치는 방식이나 내용이 어떤지를 다른 교사의 도움을 받아 성찰하고 점검하는 것을 꺼린다. 자신을 드러내는 것을 두려워한다. 대표적인 것이 수업공개이다. 수업공개에 대해 다수의 교사들은 두려움을 느끼고 있다. 수업공개가 장학이 아니라 평가가 되면서, 자신의 실력이 곧 자신의 존재가치가 되고 있기 때문이다. 그렇다 보니 수업을 공개하고 연구하는 것이 교사들에게 자기를 돌아보는 일이 되는 것이 아니라 평가를 받기 위해 하는 업무가 되어버렸다.

사실 수업이란 게 가장 공식적인 활동이잖아요. 가장 공적인 활동이 가장 신성화되어 있는 거죠. 온당치 않아요. 가장 공식적인 활동은 가장 공개적인 활동이어야 하는데, 가장 접근하기 힘들게 되어 있어요. 물론 교사의 수업이 보호받아야 하는 것은 분명한데, 보호받아야 하는 거랑 공개하지 않는 거랑은 다르니까요. 그래서 수업공개를 해도 피드백이 안 와요. 평가지가 해당 교사에게 안 오는 경우도 많구요. 내 수업을 본 감상이나 평가지가 나한테 안 와요. 업무 담당자한테 가죠, 취합돼서.(웃음) 수업평가가 의미 없다고 생각해서 일처리가 그렇게 되는 것도 있지만, 교사가 굳이 그 평가를 읽을 필요가 없다고 생각하니까 업무 담당자가 모아서 철해놓고 끝내는 거죠.
수업공개를 장학이라고 이야기하잖아요. 보통 장학을 의료행위에 비유를 하는데, 장학이 사실 진단이거든요. 이 교사에게 어떤 피드백이 필요하고 어떤 지원이 필요한지 파악하는 진단이란 말이에요. 그런데 지금 장학은 평가예요. 학생들에게 평가가 배제의 수단이듯이 교사들한테도 평가가 배제의 수단인 거죠. 교원 평가를 포함해서요. 진단이 아닌 거죠. 똑같아요. 학생에게나 교사에게나. (안 교사)

수업공개가 교사의 수업을 함께 보고 그 질을 향상시키기 위한 진단이 아니라 평가가 되다 보니, 교사들은 다른 사람들이 자기 수업을 보는 것을 대부분 불편해한다. 수업공개가 교사의 성장으로 이어지기 위해서는 평상시에 자기를 내보이고 다른 교사의 도움을 받는 것에 익숙해져야 하는데 그렇지가 않다. 처음부터 수업과 관련해서는 의논할 생각이 별로 없다. 또한 문제가 생긴다 하더라도 서로 걸러서 이야기한다. 임 교사는 이것을 **"공적으로 자기 이야기를 하는 것에 대한 두려움"**이라고 표현했다. 공적으로 드러내는 것은 항상 감시와 평가의 대상이 되었기 때문이다. 평소에도 자기를 내보이는 것에 자기 단속이 심한 교사들이, 수업공개에서 얼마나 심하게 자기를 단속하게 될지는 충분히 짐작할 수 있다. 따라서 수업공개는 이벤트가 될 수밖에 없다. 어떤 문제를 실질적으로 의논하는 것이 아니라 서류를 내기 위해 형식적으로 하는 일이 되었다. 그래서 누가 수업공개를 해도 "안 가는 게 도와주는 것"이 되어버렸다고 말한다. "내 수업 어떤지 좀 와서 봐줄래? 어떤 부분이 잘못되었는지 이야기 좀 나누자"라는 대화나 문화는 거의 찾아볼 수 없다.

무한책임과 무책임으로 나뉜 교무실

과거에 교사들이 자기 수업을 기획하지 못하고 단지 '표준화'된 지식의 무표정한 전달자로 취급받음으로써 자기 정체감을 상실하게 된 것은 획일주의적이고 관료주의적인 학교문화 때문이었다. 교사는 교장의 명을 받아 교육한다고 교육법에 명시됨으로써 교사가 자기 스타일을 고집하는 것은 근본적으로 불가능했다. 그러나 민주화 이후에 교사가 자기 수업을 기획하지 못하게 된 것에는 역설적으로 교사 개개인의 전문성을 중시하면서 책무성責務性을 강조하는 정책이 큰 영향을 미쳤다. 얼핏 생각하면 책무성이 강조된다는 것은 책임을 부여하는 만큼 권한도 부여함으로써 교사가 소신을 가지고 수업이나 학생들과의 만남을 기획할 수 있는 조건처럼 보인다. 그러나 한국에서 책무성의 강조는 교사의 다양성과 창조성을 보장하는 방식이 아니라 오히려 획일성을 강요하는 방식으로 전개되었다. 책무성이 곧 평가와 연결되어 책임 추궁을 의미했기 때문에 교사들이 움츠러들어 책임질 일을 안 하려는 경향을 보이게 된 것이다.

사실 교직은 책무성을 굳이 강조하지 않아도 이미 책임에 대한 짐이 무거운 직업이다. 살아 있는 생명체인 학생들을 대하는 직업이기 때문이다. 게다가 학교는 이 학생들이 공부를 하는 기능적인 공간이기만 한 것이 아니라 하루 생활의 대부분이 이뤄지는 공간이다. 무슨 일이 어떻게 생길지 모르고, 혹시라도 생길 사건과 사고에 대한 책임은 교사가 지게 된다. 따라서 교사들은 교직이 기본적으로 책임에 대한 두려움을 바탕으로 하고 있다고 생각한다. 교직이 사물을 대하는 것이 아니라 사람을 대하며 그들의 미래와 관계되어 있다는 데서 기인하는 불안이다. 어떤 학생은 교사들이 한 말을 하나의 의견으로 받아들이기보다 진리로 받아들인다. 교사가 하는 말은 공적인 무게가 실려 있는 말이기 때문에 엉뚱하게 정전canon이 되어 받아들여지는 것이다.

임 교사는 교직에 들어온 초기에는 주말에 밖으로 나가는 것이 무서웠다고 한다. 온통 학생들 생각을 떨칠 수가 없었고 자신이 무슨 말을 했는지를 돌아보느라 늘 고심했다. 자신이 하는 말과 가치관이 학생들에게 영향을 미치는 것이 두려웠다. 자기 자신도 스스로를 온전히 신뢰하지 못하는데 어떤 학생에게는 자신이 하는 말이 절대적인 말이 되는 것 같아 **"가르친다는 것이 너무 무거웠다"**라고 말한다.

아이들이 지나치게 나를 따르면 겁이 났어요. 괜찮은 사람이나 본보기가 되어야 한다는 게 부담스러웠던 거죠. 그 아이의 인생 전부가 나에 의해서 좌우된다는 것이 무겁고, 그 무거움이 싫어요. 여러 본보기 중의 하나가 되는 것은 좋지만, 그렇지 않고 나 혼자만 답이 되는 거, 이건 무섭죠. (임 교사)

류 교사 역시 교사로서의 책임이 무서웠고 지금도 여전히 무섭다고 느낀다. 그는 교사가 학생에게 아무런 영향력이 없는 것 같으면서도 영향력이 "뜬금없이" "대책 없이" 발휘될 때가 있다고 말한다. 교사는 무심코 던진 한마디가 어떤 학생에게는 삶의 중요한 이정표가 되는 경우도 많기 때문에 말 한마디 하기도 힘들고 조심스럽다는 것이다. 특히 진로와 관계된 상담에서는 자기 이야기를 듣고 학생들이 "너무 쉽게" 결정을 할까 봐 걱정하는 경우도 많다. 수업 시간에는 대학을 위해 지금을 포기하지 말라고 이야기하지만, 정작 대학을 안 가겠다고 나서는 학생이 있으면 덜컥 겁이 난다. 내가 잘한 것인지, 무책임한 것은 아닌지를 두고 갈등하게 된다. 자신은 학생에게 삶의 여러 경로와 가능성에 대해 이야기하지만, 학생이 그것을 절대적인 것으로 받아들일 경우 그 무게를 감당할 수 없다는 말이다. 고학력 중산층에서는 부모가 자녀의 진로를 결정하는 경우가 많지만 그 아래 계층의 학생들에게는 교사의 말은 중요한 참조점이 된다.

2009년에 정부에서는 마이스터고라는 것을 만들고 많은 혜택을 준다며 학생들을 모집했습니다. 3년 학비 면제, 졸업 후 취업 보장 등을 내세웠고, 확정되지는 않았지만 군대도 특례복무를 추진한다고 했죠. 제가 가르치던 학생 중에 성적도 중위권 이상이면서 평소 인문계 고교는 가고 싶어하지 않던 학생이 관심을 보였고, 결국 지원하여 합격했습니다. 제가 소개하고 그 학생이 가겠다고 해서 보내기는 했지만, 사실 저는 마이스터고 1기가 졸업하는 내년 2월에

이 학생이 어떻게 될지 걱정이 됩니다. 우리나라 교육 정책은 만들 때는 항상 그럴 듯하지만 결과에 대해서는 책임을 지지 않기 때문입니다. 그래서 혹시 이 학생이 나중에 자기 인생에 만족하지 못하게 될 때, 그 책임을 저에게 돌리면 어떡하나 하는 걱정이 듭니다. (정 교사)

이제 30대를 갓 넘겨 당시 초임 교사였던 정 교사는 교사로서 자신의 말이 갖는 힘에 대해 내내 불안해했다. 한편에서는 그 학생의 진로를 위해 자기가 좋은 조언을 한 것인지에 대해 불안해하고, 다른 한편에서는 그 학생이 혹시 잘못되었을 경우에 자기를 원망하게 되지 않을지 불안해했다. 나름대로는 열심히 조사해 소개했지만, 한 사람의 미래를 책임지는 안내로는 부족하다는 생각을 지울 수가 없었다. 자신이 하는 말 한마디 한마디가 예기치 않게(정 교사는 마이스터고를 학생들에게 처음 소개할 때, 누가 여기에 지원하겠는가 싶었다고 한다) 영향력을 끼칠 수 있다는 점 때문에 무척 조심스러워졌다고 한다.

서 교사 역시 중학교에 근무할 때 학생들이 자신의 말을 너무 신뢰하는 것에서 불안과 공포를 느꼈다고 한다. 자신이 완벽하지 않은 것을 잘 아는데 학생들이 절대적으로 신뢰할 때 느끼는 부담감과 공포다. 그래서 그는 학교 시스템이 중요하다고 생각한다. 학교 시스템이 잘 갖춰져 있을 때, 그 시스템과 매뉴얼대로 하면 교사의 부담은 덜어지는 것이 아니겠냐고 반문했다. 서 교사는 학교에서 중요한 것은 책임의 공유라고 강조했다. 학교라는 시스템이 제대로 작동하고 동료 교사가 이 부담을 나누어 맡는다면 한 학생의 성장과 미래가 공동의 책임이 될 수 있기 때문이다.

그런데 현실에서는 공동 책임을 지기보다는 누군가의 책무 accountability의 문제로 환원된다. 책임responsibility은 공유되는shared 것이다. 한 조직에 속한 모든 이는 책임을 나누어 가진다. 이에 반해 책무는 공유될 수 없다. 이는 '극단적 책임ultimate responsibility'*이라고 불릴 정도로 한 개인이 전적으로 책임져야 하는 것이다. 지금 학교에서 강조되는 것이 바로 이 책무성이다. 문제는 책무성이 강조될수록 책무의 소재를 명확히 하는 것이 중요해지면서, 책임의 공유는 사라지고 책임을 회피하는 문화가 자리 잡게 된다는 점이다.

얼마 전에 우리 학교 학생들이 교육청에서 운영하는 수련원에 갔어요. 아이들이 수련원에 도착하자마자 수련원 측에서 귀가시킨 아이들이 열세 명인가 그랬는데, 그날 오후에 배로 불어나고 그다음 날 또 배로 불어나고, 이런 식인 거예요. 이유를 물어보니까, 수련회에 들어가니까 장학사가 아팠던 사람들 나오라고 했대요. 지금은 안 아프지만 아팠던 사람들. 그래서 걔네들 다 귀가 조치시켰대요. 그중에는 이틀 전에 배 아팠던 아이도 있고, 눈다래끼 난 애

──────────

* http://www.talkbiz.com/digest/emt11.html

도 있고, 한 애는 열이 나서 약 좀 달라고 하니까 집에 가라고 하고. 막 보낸 거예요. 그러면서 교사들한테 왜 미리 추리지 않고 다 데리고 왔냐, 우리더러 어떻게 하라는 거냐며 큰소리치더래요. 수련원에서 돌아온 아이들한테 이야기를 다 듣고 나서 수련원에 전화를 했어요. 이렇게 돌려보내면 어쩌냐고 항의하다가 언성이 높아졌죠. 그때 제가 선생님들한테 이렇게 전화를 한 통씩 하자, 아니면 교육청에 글을 올리자고 제안을 했는데, 절대 행동하지 않아요. 뒤에서는 같이 욕을 하지만요. (최 교사)

이 일에서 최 교사가 분노한 것은 아무도 책임을 공유하려 하지 않았다는 점이다. 수련원에서 학생들을 귀가 조치시킨 것은 혹시라도 있을지 모를 사고에서 책임을 지지 않기 위해서였다. 특히 요즘처럼 학교에서 안전이 강조되는 때에는 최대한 위험을 피해야 하기 때문이다. 그러다 보니 학생들의 안전을 책임지는 것이 아니라 책임을 회피하는 방식으로 일을 처리했고, 그 조치가 조금이라도 이상이 있는 학생을 귀가시키는 것이었다. 또한 최 교사는 이 일을 처리하는 과정에서 동료 교사들이 보인 모습이 무책임하다는 것에서도 분노를 느꼈다. 수련원 쪽에서 부당하고 반교육적으로 일처리를 한 것이 분명하기 때문에 교사들이 같이 항의해서 해결해야 했지만, 동료 교사들은 뒤에서 수근거리기만 할 뿐 절대 책임지려고 하지 않은 것이다. 최 교사 같은 이들이 학교라는 시스템과 동료 교사/학부모에 대해 분노하는 것은, 학생의 성장과 미래에 대해 공동 책임을 지는 것이 아니라 어떤 사건이 벌어졌을 때 공동의 책임을 회피하기 위한 방식으로 책무가 강조되고 있기 때문이다. 책무가 강조되는 사회는 무책임한 사회다.

책임이 주로 도덕적이고 내재적인 것을 의미한다면 책무는 외부로부터 오는 것이고 객관적인 책임을 의미한다. 책무가 성립하기 위해서는 반드시 책임과 권한 부여가 있어야 한다는 것(조석희, 2006)이다. 따라서 도덕적 책임을 지는 것보다 지표에 따라 객관적 책무를 다 '처리'하는 것이 책무성에서는 좀 더 중요하다. 따라서 역설적으로 신자유주의 교육개혁에 따라 책무성이 강조될수록 업무량이 증가하고 이에 따라 교사들의 전시 행정식, 책임회피식 현재주의는 더 강화되는 양상을 띠는데, 이것은 관료주의와는 구분된다(정바울, 2011; Hargreaves & Shriley, 2009).

학교현장에서 전시 행정식, 책임 회피식 책무성이 어떤 결과를 낳는지 적나라하게 드러내는 사건이 학교 폭력과 학생의 죽음이다. 학교 폭력이 벌어지거나 학생이 성적이나 다른 요인으로 자살하는 일이 벌어지면, 학교는 어떻게 해서든 책무를 지지 않기 위해서 애를 쓴다. 학교가 책무를 지지 않는 방법은 두 가지뿐이다. 하나는 그 죽음이 학교와는 무관함을 증명하는 것이고, 다른 하나는 죽음을 방지하기 위해서 학교가 상담 등 모든 일을 했다는 증거를 서류로써 보여주는 것이다. 여기서 학교가 학생의 죽음을 두고 공유해야 하는 책임의 문제는 관심사로 떠오르지도 않는다. 학교의 책임을 강조하는 교사는 내부의 적으로 취급된다.

박 교사가 중학교에서 근무할 때 한 학생이 자살하는 사건이 일어났다. 가난한 동네의 학교였다. 대다수 학부모는 맞벌이로 공장에 나가고, 학생들 역시 거칠어서 교사들이 근무하기를 꺼리는 학교에서 벌어진 일이었다. 자살한 학생이 자주 어울리는 친구들 중에 박 교사 반 학생이 끼어 있었다. 처음에 이 학생이 죽겠다며 아파트 옥상에 올라갔을 때 친구들이 우르르 따라 올라갔다고 한다. 죽으면 안 된다고 말리러 간 것이다. 그때는 옥상에서 내려온 이 학생이 몇 시간 후에 혼자서 다시 옥상으로 올라가 결국 뛰어내리고 말았다. 박 교사는 자기 반 학생을 비롯해서 그 친구들이 받은 상처와 충격은 말로 표현할 수 없을 것이라고 말한다. 그런데 이 사건이 벌어진 다음 학교에서 벌어진 일을 보며 박 교사는 좌절할 수밖에 없었다. 학생의 죽음에 대해 학교가 애도를 하기는커녕 친구들에게 자살에 대한 죄를 뒤집어씌우고 학교는 면피하려고 한 것이다.

학교는 이 죽음에 책임을 지지 않아야 되는 거예요. 학교에 문제가 있는 게 아니라는 걸 증명하기 위해서 죽은 아이의 정신적인 문제나 친구 사이의 문제로 만들어야 하는 거죠. 그때 학교에서 한 게 뭔가 하면, 저희 반 애를 포함해서 그 모임을 불량서클로 만드는 거예요. 교칙에 의하면 불량서클을 만들 수 없는데, 불량서클을 만들어서 아이한테 문제가 생겼고, 책임은 친구들한테 있다고 만들려고 한 거죠. 학생부장이 주관해서 애들을 징계하려고 했어요. 그런데 그애들이 서클을 만든 게 아니에요. 그냥 친구들끼리 잘 지내며 몰려다닌 것뿐이죠. 세 명의 담임이 징계회의에 들어가야 했는데, 제가 두 담임한테 이 조치에 동의하느냐 물으니 동의 못한다고 하더라구요. 그럼 내가 이야기할 테니, 나한테 동조하거나 최소한 가만히 있으라고 당부했죠. 그리고 회의 들어가서 계속 싸운 거예요. 불량서클 했다는 증거 내놔라, 애네들이 언제 어떻게 서클을 만들었는지, 서클 규칙은 뭔지 다 보여달라, 그거 없으면 나는 동의하지 못한다, 계속 버틴 거죠. 회의를 세 시간 했는데, 결국 징계 조치가 무산되었어요. 두 선생님도 그 조치에 동조하지 않으니까. 그때 교감이 저한테 뭐라고 했는지 아세요? "○선생, 똥작대기 흔들지 마세요." 이러면서 나가더라고요. (박 교사)

학생의 자살 사건이 일어난 다음, 학교 측은 교감과 학생부장을 중심으로 해서 학생들을 징계하여 책임을 회피하고 책무를 다하려고 했다. 박 교사와 다른 담임들의 반대로 실패하자 이번에는 자살한 학생의 정신에 문제가 있는 것으로 만들려고 했다. 이 과정이 두 달이 넘게 걸렸다고 한다. 자살한 학생의 부모는 그들대로 정신과 치료를 받았고, 박 교사 반의 학생들 모두 엄청난 충격과 상처를 받았지만 학교는 여기에 신경도 쓰지 않았다.

책임이 아니라 책무를 강조한다고 해서 당사자나 주변 사람들에게 도덕적 책임을 묻지 않는 것도 아니다. 특히 학생에 대해 책임을 지고 있는 담임 같은 당사자는, 사건이 벌어지면 이미 도덕적 책임까지 혼자서 짊어지는 경우가 많다. 학생의 안전과 관리에 직접적인 책임을 지고 있을 뿐 아니라 학생과 인간적인 관계를 맺고 있는 사람도 담임이기 때문이다.

안 교사가 근무하던 학교의 학생이 부모에 의해 살해되는 사건이 있었다. 사망추정 시간이 오전 8시에서 8시 10분 사이였다. 학생이 등교하기 위해 슬슬 준비할 시간이었다. 그 학생의 담임은 8시 30분에 학생이 등교를 하지 않았는데도 전화를 하지 않았다는 이유로 경찰에 계속 소환되었다. 8시 30분에 전화를 해서 알아봤다면 학생을 살릴 수도 있었다는 비난이 은연중에 쏟아진 것이다. 안 교사는 학생이 지각을 해도 보통 9시에 수업을 시작하기 때문에 그 전에는 전화를 하지 않는다고 말하며, "전화를 왜 안 했냐는 말을 들을 때마다 그 교사의 마음이 어떠했을지"를 생각하면 끔찍하다고 했다.

배 교사는 전문계 고등학교에서 근무하던 때 자신이 담임을 맡았던 반의 한 학생이 자살하는 사건을 겪었다. 3년 동안 개근을 하고 있었고 사건이 나기 며칠 전까지도 배 교사의 지도로 대기업 입사를 위해 면접 연습을 하던 학생이었다. 한 해가 끝나가는 12월 말의 어느 날 그 학생이 학교를 오지 않았다. 3년 개근을 하던 학생이라 이상하다는 생각은 했지만 전문계 고등학교의 3학년 학생들은 종종 학교를 빠지고 아르바이트를 하는 경우가 있었기 때문에 크게 신경을 쓰지는 않았다. 오전 10시경에 배 교사는 누군가에게 이 학생의 자살 소식을 들었다. 그는 휘청거리며 교실로 돌아와서 학생들에게 "○○가 죽었대"라고 알린 다음 말을 다 끝맺지도 못하고 학생들이 보는 앞에서 펑펑 울었다고 한다. 잠시 후에 배 교사는 정신을 수습하고 교장을 만난 다음 학생의 시신이 누워 있는 병원으로 향했다.

그때 교장의 반응을 잊을 수가 없어요. 뒤로 살짝 물러서면서 "평소에 무슨 문제 있었냐?" 하고 물어요. "모르겠습니다. 아주 착실한 아이였어요"라고 대답하니, "나도 가봐야 하나?" 이러더군요. 그때는 화가 나지 않았어요. 제가 너무 경황이 없기도 해서 그냥 "제가 다녀오겠습니다. 알아서 하겠습니다" 하고 나왔습니다. 결국 교장은 장례식장에도 안 왔어요. 나중에 생각하니까 최대한 학교 밖의 일로 밀어내려는 그런 마음이 읽히더군요. 책임감이 아주 떨어지는 집단이죠. 서류로만 다 꾸며내고. 교장의 반응은 정말 무책임했죠. 저는 그때 어떤 마음이었냐 하면, '그래, 내가 알아서 할 테니 당신은 빠져. 당신이 걔에 대해 뭘 알어?' 이런 마음이었죠. (배 교사)

교장은 이 사건을 수습하는 자리에 끝까지 나타나지 않았다고 한다. 배 교사는 "교장이 끼고 싶은 자리가 아니었을 것"이라면서도 교장이 보였던 떨떠름한 표정과 **"학교에 문제 있었던 것은 아니지?"**라는 말을 몇 번이나 반복한 것을 잊지 못했다. 자신이 책임지고 가르치던 학생의 죽음 앞에서도 책임을 회피하는 것이 학교라는 사실을 절절히 깨닫게 된 사건이었다.

학생들이 대부분의 시간을 보내는 곳이지만, 학교는 학생들에 대해 책임을 지려고 하지 않는다. 어떻게든 책임을 지려는 교사들을 격려하는 것이 아니라 오히려 학교에 누가 되거나 공연한 민폐를 끼친다고 불온시하고 있다. 동료 교사들도 이런 교사의 마음은 이해하지만 좀처럼 같이 하려고는 하지 않는다. 같이 하는 순간 그 책임과 추궁도 함께 나눠야 하기 때문이다. 이 때문에 학생들에 대해 책임을 지려는 교사들은 점점 더 바쁘게 되고, 바쁜 만큼 '독박'을 쓰는 구조가 되어가고 있다. 학교에서 동료 관계는 점점 더 일그러지거나 고립되는 경향을 보이는 것이다.

성장 대신
무기력만 남은 학교

학교에서 교사와 학생, 교사와 교사 간의 교육적 관계가 점차 단절되는 현상이 벌어진 것은 1990년대 중반부터였다. 한편에서는 고등학교를 졸업하는 대다수의 학생이 대학에 진학하면서 입시경쟁은 전 국민의 경쟁이 되었다. 또한 입시에서 공교육보다 사교육이 더 중요해짐에 따라 공교육의 위기가 더 심화되는 악순환이 반복되기 시작했다. 이런 위기의 배경에는 압축적 고도성장을 통해 90년대를 기점으로 소비자본주의 사회로 전환했다는 점이 있다. 이 과정에서 청소년의 구매력이 점차 높아졌으며, 이들은 소비주의의 주요한 타깃이 되었다. 이에 반해 "학교와 가정은 기존의 관리 능력을 크게 상실"(조한혜정, 2000: 140)했으며, 학교는 이들과 경쟁해야 하는 처지에 놓이게 된 것이다. 청소년은 "놀이하는 주체, 자신의 감성대로 움직이는 사적 주체로서의 자아를 실현하고자 하는 욕구"(조한혜정, 1996, 141)를 가진 주체로 성장했다. 그러나 학교는 여전히 이들을 문제아로 낙인찍으며 격리하기에 급급했고 학생들은 학교에서 멀어지기 시작했다. 탈학교가 본격적으로 논의된 시기도 이때다.

이 이후에 문제를 더욱 심화시킨 것이 경제위기였다. 한국은 1997년의 경제위기를 전환점으로 압축적 고도성장을 멈추고 고실업·저성장사회로 진입했으며 이것이 교육현장의 위기를 더욱 가속화시켰다. 대학을 졸업한다 해도 더 이상 자동적으로 취직을 할 수 있는 사회가 아니었다. 생활이 아니라 생존이 다시 화두가 되면서, 살아남기 위한 초경쟁사회로 전환했다. 중산층은 집안의

가용한 자원을 총동원하여 자식 교육에 쏟아부었다. 어느 정도 이를 따라갈 수 있는 지방의 중산층도 이에 동조했다. 이 과정에서 사교육에 투자할 여건이 안 되는 가정이나 실력이 안 되는 학생들은 일찍부터 교육을 포기하게 되었다. 이들에게 학교는 잠만 자는 공간이 되었다. 동기에서의 위기가 만연하고 만성화되는 양상을 보였다. 학생들은 자신이 왜 학교에 있는지조차 모르고 무의미하게 시간을 보내면서 짜증과 스트레스가 쌓였고, 학교 안에서의 관계는 점점 더 폭력적이 되어갔다.

교사사회 또한 평가와 책무성을 중심에 둔 신자유주의 교육 정책의 도입에 따라 성과 중심의 사회로 변모하게 되었다. 성과사회에서는 과서의 경험이 얼마나 풍부하고 도움이 되는지는 크게 상관이 없다. 대신 성과사회에서 중요한 것은 업적으로 평가될 수 있는 일을 잘 해내는 능력이다. 교사에게 얼마나 풍부한 경험이 있으며, 그 경험을 활용하여 학생들과 잘 지내는가는 중요하지 않게 되었다. 성과사회에서는 새로운 변화에 재빠르게 적응하고, 자신이 얼마나 잘 적응했는지를 보여주어야 능력으로 평가받을 수 있다. 이런 성과사회에서 교사들은 자신의 업적을 보여주기에 급급하게 된다. 그래야 좋은 평가를 받을 수 있고 존재를 증명할 수 있게 된다. 이런 과정에서 학교와 적극적으로 '불화하는 교사'들은 학교를 떠나거나 혹은 무기력한 상태로 학교에 남게 되었다. 이들이 보기에 학교에서는 더 이상 자신이 추구하는 교육이 가능하지 않다. 따라서 학교를 떠난 이들도, 남은 이들도 더 이상 학교에 대해 이야기하지 않게 되었다.

이들의 반대편에서 성과사회에 잘 적응한 '유능한 교사'들이 등장했다. 주목할 것은 이들 유능한 교사가 학교에 빨리 적응하는 기제가 억압이 아니라는 점이다. 이쪽의 교사들은 비교적 최근에 교사로 임용된 이들로, 대부분 교대와 사범대를 높은 성적으로 입학했다. 1997년의 경제위기는 진학과 취업에서 고용의 안정성을 최우선으로 생각하게 만들었고, 이런 점에서 교직은 가장 선호되는 직업의 하나가 되었다. 그 결과 교·사대의 입학 성적은 수직 상승했다. 초등학교부터 고등학교까지 다니며 살인적인 입시경쟁에서 성공을 거두며 경쟁을 내면화한 학생들만 진학하는 곳이 교·사대가 되었다. 과거에는 품행이 방정하고 성적은 좋지만 가난한 학생들이 수로 교사가 되었다면, 경제위기와 더불어 점차 월등한 성적을 가진 중산층의 학생들이 교사가 되고 있는 것이다. 그런 점에서, 성과사회의 주체는 타자에 의해 착취되는 존재가 아니라 자기 스스로를 착취하는 존재(한병철, 2012: 44)라는 한병철의 말은 정확히 교사들에게 적용된다. 이 주체는 "규율에 단련된 상태를 유지"하기 때문에 "복종적 주체보다 더 빠르고 더 생산적"(위의 책: 25)이다. 성과 주체는 "성과의 극대화를 위해 강제하는 자유 또는 자유로운 강제"(위의 책: 29)에 몸을 맡긴 사람이다. 요컨대 이들은 긍정하고 적응하는 존재이기 때문에 불화와는 거리가 멀다.

바로 이런 점들이 이 책에서 소개하는 교사들이 교무실에서 괴로워하며 고립되고 있는 이유이다. 그들은 교육의 위기 국면에서는 교사들 사이에서 더 많은 이야기가 활발하게 오가야 한다고 믿는다. 그러나 이들이 보기에 후배 교사들이 더 체제에 순응하며 동료 교사들은 말문을 닫고 자기를 단속하고만 있다. 내가 만난 교사들은 동료 교사들을 만나더라도 나눌 이야기가 없다고 얘기했다.

  교육현장의 자기 단속과 단절이 더 심화되는 딜레마가 바로 이 과정에서 발생한다. 1장에서 언급했듯이, 성장과 배움의 공동체라는 학교에서 교사와 학생 사이, 교사와 동료 교사 사이에 '성장을 위해 서로에게 자극이 되는 만남'이라는 의미에서 교육적 만남은 점차 불가능하게 되었다. 교육현장에는 교육적 만남 대신 자기 단속의 문화가 들어섰다. 교사와 학생, 학생과 교사, 교사와 동료 교사는 되도록 부딪치지 않고 서로의 삶에 개입하지 않으며 형식적인 관계만 유지하고 있다. 이들은 '성장을 위해 서로에게 자극이 되는 만남', 즉 '교육적 만남'을 추구하지만, 서로를 이해하려 하기보다 구별하고 타자화한다.

동료 교사들은 "어쩜 그렇게 사적인 시간을 내면서까지
열정적으로 아이들에게 신경을 쓰냐"고 묻는다.
감탄인 것 같지만 자기들은 못한다고 못을 박는 말이다.

308
교사들은 어떻게 '순응'하게 되었나

같은 교사, 다른 신분

학교는 여느 직장과는 다른 구조를 가지고 있다. 평교사 중심 체제로 운영된다는 것이다. 평범한 직장에서 관리자라고 하면 부장 정도를 의미하지만 학교에서 관리자는 교장과 교감을 말한다. 나머지 교사들은 부장직을 맡건 다른 일을 하건 일단은 평교사로 분류된다. 이는 교직이 법관이나 검사에 견줄 수 있을 만큼 교사 한 명 한 명이 하나의 교육기관으로 존중받아야 한다는 점을 의미한다. 따라서 학교에서는 관리자를 제외한 대다수 교사가 '평교사'로서 평등하다. 이들이 평등하다는 것은 교육을 수행하는

"공동의 세계에서 동등한 파트너가 된다는 것"(아렌트, 2007: 46)을 의미한다.

그러나 학교의 실상은 관리자가 거의 전권을 가지고 있다시피 하다. 앞서도 이야기한 것처럼 독재시절에는 교육법에서 교사는 교장의 명을 받아 교육한다고 못 박아놓고 상명하복을 강요했다. 민주화가 되었다고 해서 사정이 달라지지는 않았다. 오히려 관리자의 권한은 신자유주의 교육 정책의 일환으로 학교단위경영책임제가 도입되면서 과거에 비해 더 강해졌다. 학교단위경영책임제는 단위학교에 "더 많은 자율성"과 "더 많은 책임"을 동시적으로 부과하여 "직접적인 통제나 명령이 아닌 간접적인 방식을 통해 각 개인이나 조직/기관들의 행위를 효과적으로 지배하기 위한 저비용의 합리적 경영방식의 일환"(정바울, 2012: 554)이다. 과서에도 학교는 관리자의 왕국이었지만, 학교단위경영책임제의 도입과 더불어 이제는 기간제 교사를 선발하고 해임하는 권한에서 교사 초빙에 이르기까지 광범위한 권한을 관리자가 가지게 되었다.

양 교사의 사례는 관리자가 교무실의 협력과 소통을 어떻게 막을 수 있는지를 잘 보여준다. 그가 근무하고 있는 학교의 교무실은 유독 조용하다. 전 해에 전근을 온 양 교사와 그 옆자리의 몇몇 교사만이 교무실 중앙에서 웃고 이야기한다. 그들이 말하지 않으면 교무실은 완전히 침묵만 흐른다고 한다. 다른 교사들이 "우리 교무실 분위기가 많이 시끄러워졌다, 새로 오신 선생님들은 많이 활발한 것 같다"고 말할 때마다 양 교사는 머쓱해진다. 자신이 가장 많은 시간을 보내는 공간인데도 이 공간에서 말을 하는 것이 가시방석에 앉은 것처럼 불편하다고 말한다. 다른 교사들은 전화가 오거나 할 이야기가 있으면 교무실을 나가 다른 장소로 간다. 이야기가 새어나가면 안 되는 것처럼 되어 있다. 교사들 간에 수업이나 학생들에 대해서 이야기를 나누는 일이 거의 없는 편이다. 교재 연구나 공적인 토론뿐만 아니라 사적인 대화도 거의 없다. 교사들 사이에서 대화가 없어진 것이 최근의 추세라고 해도 이 학교는 좀 유별난 편이라고 한다.

이 학교가 이렇게 된 데는 작년까지 근무한 교장의 역할이 컸다. 학생 생활지도를 혼자서 도맡을 만큼 "대단하신 분"이었다는 것이다. 양 교사는 이 교장에 대해 묘사하면서 "대단하신 분"이라는 말을 반복적으로 사용했는데, 이 교장이 남긴 가장 큰 영향이 교사들의 발언권을 없애버린 것이다. 교사들 사이에 자신의 측근을 만들어서 그들이 다른 교사들의 일거수일투족을 보고하도록 했다. 그러니 교무실에서 무슨 이야기를 나눌 수가 없었다.

제가 전근한 지 얼마 안 된 상태에서 판단하는 게 좀 뭣하지만, 그때 기억이 남는 말이 "교무실에 도청기 있잖아"였어요. 그게 무슨 소린가 했는데, 교무실에 교장 선생님 측근들이 있는 거예요. 내가 무슨 말을 해도 그 이야기가 교장 선생님 귀로 들어가는 거죠. 그런데 교장 선생님은 절대 강한 사람은 건드리지 않아요. 자기가 뭔가 얘기를 하면 반응이 나올 만한 사람, 저같이 어리바리하게 아무엇도 모르거나 아니면 자기가 정말 목을 쥐고 있는 기간제 선생님들을 건드리는 식이에요. 치졸한 방식으로 정치를 하신 것 같아요. 그러니까 선생님들이 교무실에서 어떠한 대화도 하지 않게 된 거예요. (양 교사)

교장이 남긴 여파는 컸다. 다른 학교에서라면 있을 수 있는 일도 이곳에서는 아주 특별한 일이었다. 특히 학생 생활지도와 교육 방식에서 담임이나 개별교사의 재량권은 거의 없어졌다. 양 교사 반 학생들은 성적도 낮은 편이고 행동도 거칠다. 자율학습 시간에도 무단으로 빠지거나 떠드는 일이 많이 벌어진다. 이 때문에 양 교사도 마음을 많이 다쳤다. 그런데 이 모든 것은 양 교사 반에서 일어나는 양 교사의 일이다. 그는 자신의 반에서 일어나는 어려움에 대해 다른 교사들에게 토로할 때 "혼자 투덜대는 느낌"이 든다고 말한다. 전에 있던 학교에서는 느끼지 못하던 외로움을 많이 느낀다고 한다.

양 교사의 이야기에도 나오지만, 관리자가 자신의 권력을 절대적으로 휘두르는 대상이 기간제 교사이다. 기간제 교사는 절대적 약자다. 교직의 비정규직화로 인해 기간제 교사가 증가하고 있는 것이 교장이 전횡을 휘두를 수 있는 근거가 되고 있다. 심지어 어떤 교사는 관상으로 교사를 뽑는 교장도 봤다고 전했다. 그 교장은 "내가 너를 어떻게 뽑았는데"라는 말을 반복하며 지속적으로 기간제 교사를 괴롭혔다고 한다. 그런 교장일수록 정규직 교사나 자기 발언이 뚜렷한 사람은 건드리지 않는다고 한다. 대신 자신이 권력을 휘두를 수 있는 교사들에게는 확실하게 권력을 남용한다는 것이다. 학교에서 기간제 교사를 고용하고 해고하는 것은 전적으로 관리자의 권한이기 때문에 기간제 교사들은 교장의 권력에 완전하게 노출되어 있다. 전교조 조합원도 아니기 때문에 전교조에서도 그들을 보호하기 위해 별다른 노력을 하지 않는다.

신 교사는 기간제 교사의 문제가 교사사회에서 동료 관계를 만드는 데 큰 걸림돌이 되고 있다고 말한다. 기간제 교사들이 갖는 소외감이 큰데다 학교의 온갖 잡다한 업무는 모두 도맡게 되는 것이 문제다. 신 교사의 학교에는 기간제 교사의 비율이 3분의 1이나 된다고 한다. 사립학교는 기간제 교사의 비율이 공립학교에 비해 훨씬 높다. 정규직을 안 뽑고 대신 기간제를 뽑는다. 기간제 교사 말고도 다양한 형태의 비정규직 교사들이 학교에 들어와 있다. 이들은 공적인 목소리를 낼 수 없는 존재들이다. 관리자의 눈에 찍히지 않기 위해서는 철저히 자기 단속을 해야 한다.

백 교사는 기간제 교사다. 그는 자신의 꿈은 승진하는 교사가 아니라 "학생들이 마음껏 존경할 수 있는 선생님"이라고 말한다. 그 꿈을 이루기 위해 사서 교사가 되었다. 도서관에서라면 학교에서 한 번도 인정받지 못한 학생들의 꿈을 인정하고 격려하며, 그 학생들이 기댈 수 있는 교사가 될 수 있을 것 같았다. 그래서 소위 '논다'는 학생들도 도서관에 올 수 있게 하려고 다양한 행사를 시도했다. 점수에 들어가지는 않지만 학생들이 꼭 한 번 생각해볼 필요가 있는 주제들로 독서 행사를 기획해 학생들이 고민해보도록 했다. 그러나 백 교사의 이런 시도는 번번이 학교 측과 마찰을 일으켰다.

> 저는 연구부 소속이기 때문에 행사를 기안할 때 연구부장님의 승인이 있어야 합니다. 그러나 연구부장님의 승인을 받기가 쉽지 않습니다. 이번에 도서관에서 그동안 하지 않았던 행사를 진행하고 있는데요. 이 계획을 기안하면서도 "왜 없던 행사를 만들어서 힘들게 하냐, 기간제 교사는 전임자가 하던 일이나 잘하면 된다. 계약이 갱신될지 안 될지도 모르는데, 책임지지 못할 일은 만들지 말라"는 얘기를 들어야 했습니다. (백 교사)

기간제 교사로서 백 교사가 느끼는 한계는 명확하다. 정규직 교사들이 자신의 재량권을 가지고 학생들을 만날 수 있다면, 기간제 교사는 관리자가 시키는 일만 처리해야 한다. 그러지 않고 독자적으로 자기 교육관을 실천하려고 하다가는 금방 관리자의 눈밖에 나버리고 만다. 연구부장이 백 교사에게 "계약이 갱신될지 안 될지도 모르는데"라고 한 말은 사실상 경고라 할 수 있다. "전임자가 하던 일이나 잘하면 된다"는 말은 기간제 교사의 위치를 명확하게 보여준다. 기간제 교사는 부재하고 있는 정규직 교사의 대리인에 불과할 뿐 독자적인 교육자로 인정받지 못한다. 관리자는 이 비정규직 교사들을 통해 효율적으로 교육에 대한 공적인 발언을 차단하며, 이를 교사들 사이의 분열과 갈등으로 전환시키는 데 성공하고 있다.

요즘 학교에 기간제 선생님이 많아지고 있습니다. 전체로 보면 아직 정규직이 월등히 많지만, 20~30대 선생님들만 놓고 보면 거의 6:4 비율로 기간제 선생님들이 더 많습니다. 앞으로 학교가 얼마나 파행으로 갈지 예측되는 대목입니다. …… 학교에선 몇 년 전부터 선생님들의 담임 기피가 더욱 가속화되고 있습니다. 그러더니 이상한 현상까지 일어나고 있죠. 정규직 선생님들이 담임을 기피하니 약자인 기간제 선생님들이 담임을 떠맡게 되는 현상입니다. 우리 학교는 특히 기간제 선생님들이 담임도 많이 맡고, 보충수업도 많이 합니다. 그래서 정규직 선생님들이 자기 편하려고 교육자적 양심을 팽개치고 담임을 기피해 기간제 선생님들에게 떠넘긴다는 비난도 있는 것 같습니다. 사실 저도 그런 비난을 받아야 하는 당사자인 것 같아요. (허 교사, 교육공동체 '벗' 게시판)

기간제 교사들과는 전교조 활동도 같이 하지 못한다. 함께하지 못하는 것 때문에 느끼는 소외감과 거리감 그리고 교사들 사이의 불신이 존재할 수밖에 없다. 임 교사 역시 비정규직 문제가 교사사회를 심각하게 단절시키고 있다고 말한다. 임시직이나 기간제 교사들이 큰 비율을 차지하면서 전교조 활동을 하는 데도 조심스러워지고 위화감이 생겼다. 예를 들면 성과급 문제로 균등분배를 하겠다는 서명을 받을 때다. 같은 교무실에 있지만 조합원인 정규직만을 대상으로 해서 서명을 받기 때문이다. 임 교사는 이와 같은 일처리에서 몇 번 실수를 하고 나서부터는 교사들을 만나기가 무척 불편해졌다고 한다. 사안에 따라 이게 정규직에게만 해당하는 것인지 기간제 교사도 포함하는 것인지 헷갈릴 때가 많다. 서명지를 내밀었을 때 기간제 교사들이 "아, 저는 아닙니다"라고 말하면 기분이 참담해진다. 이 순간 교무실에는 넘을 수 없는 차이와 차별의 금이 그어진다. 같은 교사에서 다른 신분으로 단절되어버리는 것이다.

관리자의 권력을 강화하는 또 다른 정책은 초빙교사제이다. 최 교사는 혁신학교의 취지를 생각할 때 초빙교사제가 필요한 제도라는 점에는 동의했다. 혁신학교를 하려면 뜻이 맞는 교사가 와야 한다고는 생각한다. 그런데 문제는 초빙교사제가 모든 학교에 보편화되면서 벌어졌다. 공립학교에서 교사들은 4년에 한 번씩 학교를 이동해야 한다. 과거에는 교사들이 이동할 때가 오면 교육청에 인사를 가거나 자기 라인의 장학사를 찾아가는 일이 있었지만 지금은 인사이동이 투명해졌다. 자기가 왜 원하는 곳으로 옮겨가지 못했는지 열람도 할 수 있고, 근무 평가는 관리자가 하는 것이라서 조금 불공정할 수도 있지만 채워야 하는 점수 자체는 투명하므로 수긍할 수 있는 범위였다고 한다. 그런데 느닷없이 초빙교사제가 나타난 것이다.

학교 이동을 앞두고 있는 최 교사에게 교무부장은 "네 자리에 초빙으로 오려는 사람이 있다"면서 빨리 '결심'하기를 촉구하고 있다. 언제 학교를 옮길 것인지 빨리 결정하라는 것이다. 최 교사의 학교는 시 외곽에 위치한 인문계 고등학교이면서 지역점수가 있다. 그래서 교사들이 무척 선호하는 학교라고 한다. 누구든 그 학교에서 근무하고 싶어하는데, 가장 확실한 방법이 초빙을 받는 것이다. 그러다 보니 과거처럼 청탁이 있다는 흉흉한 소문까지 돌고 있다고 한다. 교장이 초빙할 교사에게 누군가 자리를 내줘야 하므로 최 교사의 이동 여부를 확인하며 압력을 넣는 것이다.

문제는 초빙교사제가 교장이 학교를 자기 철학에 맞게 운영하기 위한 방법이 아니라 학교를 통제하는 수단으로 사용되고 있다는 점이다. 만약 초빙교사제가 입시교육과 지도를 위한 것이라면 국·영·수를 중심으로 초빙이 이뤄져야 한다. 그런데 실제로 초빙이 일어나는 교과는 소위 말하는 "기타 과목"이란다. 지금 최 교사가 있는 학교에 초빙으로 온 교사도 제2외국어와 예체능 교과 담당이다. 이들은 교장의 초빙으로 온 사람들이기 때문에 관리자의 말에 순응할 수밖에 없다. 2월에 업무분장을 할 때 교사들은 서로 편한 업무를 맡으려 한다. 또 인문계 고등학교의 경우에는 자율학습 감독 때문에 담임을 기피하는 경향이 있다. 그런데 이런 상황에서 초빙교사들이 어려운 업무나 담임을 맡지 않으려 하면 다른 교사들이 "당신 초빙이잖아"라고 눈치를 준다. 초빙으로 온 교사들 역시 스스로 뭐든 감수하려는 분위기가 만들어져 있다. 자발적인 순응의 문화가 만들어지는 것이다.

정규직 교사와 기간제 교사, 보통의 교사와 초빙교사, 평교사와 관리자 같은 교직의 위계화는 교사들이 서로 결속하는 것을 방해하는 중요한 원인이 된다. 특히 이런 위계화에 따라 교사들이 정치적으로 단결하는 것은 점차 불가능해지고 있다. 그리스에서 정치란 "자유로운 인간들이 서로에 대한 강요나 강제력 혹은 지배 없이, 서로 평등한 관계 속에서" "모든 공무를 대화하고 서로를 설득하면서, 서로서로 관계를 맺을 수 있다는 것"(아렌트, 2007: 159)을 의미했다. 그러나 비정규직 교사는 교사이되 정규직 중심의 교사사회에서 '평등한 파트너'가 아니다. 그들 스스로도 그렇게 느끼고, 정규직 교사들도 그렇게 생각한다. 임시로 있다가는 사람들이므로 정규직과는 사명감이나 책임감이 다르다고 생각한다. 무엇보다 비정규직에게는 정치의 핵심이라고 할 수 있는 "평등하게 말할 권리"가 없다. 따라서 정규직과 비정규직은 형식적으로는 같은 교사이지만 그 둘 사이에는 정치적 결속을 가능하게 하는 공동의 세계가 존재하지 않는다.

교직이 아직도 철 밥그릇이라고?

교사들을 순응시키는 또 하나의 기제는 교육현장에서 교사에 대한 평가가 전면화한 것이다. 이에 따라 교사들도 '탈락할지 모른다'는 미래에 대한 두려움을 갖게 되었기 때문이다. 바깥에서 보기에는 '철 밥그릇'이고 국가가 보장하는 안정적인 직장이지만 정작 교사들 자신은 불안해하고 있다. 물론 교사의 지위는 여전히 법률에 의해 보장된다. 그러나 교사들은 자신이 시대에 뒤떨어진 존재가 되는 것은 아닌지 불안해한다. 그러다 보니 교사들 각자가 스스로의 색깔을 갖는 교육을 실현하려 애쓰는 것이 아니라 규격화되어 있는 평가에 더 많은 신경을 쓰고 그 기준에 맞춰 각자 자기계발에 뛰어든다. 평가의 도입에 따라 자기계발이 강조될수록 역설적으로 획일화·균질화가 일어나고 있는 것이다(정바울, 2012). 다양한 생각을 인정하기보다는 같아지지 않으면 낙오한다는 불안감이 더 크기 때문이다.

장 교사는 평가가 도입되기 이전에는 교사가 제각기 다르다는 것이 인정되었다고 회상한다. 그가 교직에 처음 들어와 학생들을 어떻게 대해야 할지 몰라 좌충우돌할 때, 선배 교사들은 "기특"하게 생각했고 힘을 실어주는 선배도 많았다고 기억한다. 고군분투하는 후배 교사를 바라보는 시선에는 교총이냐 전교조냐는 별 문제가 되지 않았다. 반면 사회는 더 다양해졌다고 말하지만, 학교 현장에서 요구되는 역량과 능력은 평가가 도입되고 난 다음 오히려 더 획일화되고 있다는 것이 장 교사의 생각이다. 과거에는 다른 교사들이 진도를 많이 나갈 때 자신만 진도가 늦어도 그리 초조해하지 않았다. 비록 진도는 늦더라도 자신이 제대로 된 교육을 한다는 자부심이 있었기 때문이다. 그러나 지금은 진도를 제대로 빼지 못하고 있는 자신이 무능한 교사는 아닌지 끊임없이 돌아보면서 불안해하고 있다. 이렇게 된 배경이 바로 평가의 전면화다.

교사에 대한 평가가 전면화되면서 교사들의 개성과 차이는 존중되는 것이 아니라 서로 비교되고 서열화되기 시작했다. 교사들 사이에서뿐만 아니라 학부모에 의해서도 비교되고 평가된다. 이 반은 수업 준비를 이렇게 하는데, 저 반은 저렇다는 식이다. 시험 문제도 비교된다. 이런 비교가 교사들이 자기를 돌아보는 성찰의 계기가 되면 좋겠지만 실상은 그렇지 않다. 평가의 기준이 다양한 것처럼 되어 있지만 학부모나 관리자의 입장에서는 어쨌든 학생들의 성적이 절대적인 기준이기 때문이다. 그러다 보니 교육에 대한 다른 이해와 접근이 용납될 여지가 점차 줄어들고 있다. 그리고 이 모든 것이 교사의 충실함의 문제, 즉 교사의 도덕성에 대한 문제로 환원된다. 교육철학이 도덕의 문제가 되어 서로 비교되자 뚝심 있는 교사들도 불안감을 느끼게 되었다.

저도 살짝 그런 불안감을 갖고 있는 것 같아요. 그거 별것 아니라고, 아이들하고 수업하면서 하고 싶은 이런저런 활동들 다 하다 보면 진도를 느리게 나가도 좋다고 옛날에는 과감하게 생각했죠. 그런데 지금은 불안감이 엄습해오는 것 같아요. 애들이 학원이나 학습지 수업 때문에 학교 수업은 하기 싫어하죠. 그 모습을 보고 있으면, 이걸 이번 시간에 끝내야겠다는 강박관념을 갖고 내가 애들을 다그치게 돼요. '그래, 이번 시간에 다 못하면 다음 시간에 하지 뭐' 이런 과감함이 없어졌어요. 나한테도 어느새 그런 불안감이 들어와 있구나 하고 느끼게 되죠. 서열화가 가져다주는, 그 불안.(웃음) 능력으로만 평가한다는 게 굉장한 거 같아요, 자기들이 요구하는 일정한 틀에 갇혀 있는 능력일 뿐인데. (장 교사)

장 교사는 자기처럼 뚝심이 강한 교사가 이 정도로 불안을 느낀다면 다른 교사들은 오죽하겠냐고 반문했다. 실제로 한 연구(김태수·신상명, 2011: 366-367)에 의하면, 교사들은 교사도 평가를 받아야 한다는 당위성은 인정하지만 정서적으로는 "불신감, 배신감, 무력감, 거부감 등의 부정적 정서"를 주로 느낀다고 한다. 과거에는 행정 처리가 빠르지 못한 교사라 하더라도 학생들과의 관계에서만큼은 자신이 있었다. 열정을 가지고 학생들을 대하는 교사로 자신을 기억해줄 것이라는 자신감도 있었다. 그러나 요즘은 그런 자신감이 점점 줄어들고 있다. 동료 교사들의 시선도 마찬가지다. 예전에는 자신의 수업 방식에 동조는 못하더라도 "그래도 당신이 잘하는 선생이다"라는 격려를 해주었다면, 요즘은 그런 격려도 없다. 오히려 장 교사와 같은 동료를 인정하면 자신들이 하는 방식(학교에서 시키는 업무 위주로 깔끔하게 일을 처리하는 것)은 이상하고 반교육적이라고 스스로 인정하는 셈이 되기 때문에 싫어한다는 것이다. 동료 교사들 사이에서 고립되고 자기가 하는 교육 방식이 정당하다고 인정해주는 사람들이 주변에 없으면 자신감이 점점 더 떨어지고 무기력해지는 것이 당연하다. 장 교사는 그래서 과거보다 불안감을 느끼는 주기도 점점 짧아지고 "수시로 약해지고 있다"고 말한다.

장 교사가 느끼는 불안은 뒤처지는 것에 대한 공포다. 이것은 한편에서는 생애사적인 것이다. 한 50대 교사는 20대 초임 교사가 참신함과 패기의 시기이고 30대가 열정의 시기라면 40~50대는 업무 능력이 완숙에 달하는 시기라고 말한다(이상대, 2007: 40-43). 경험도 풍부하고 균형감각도 있으며 결정 능력도 최고조에 달하는 시기라는 것이다. 그러나 다른 한편에서는 바로 이 점 때문에 40대 교사들이 무기력을 느낄 수도 있다. 장 교사처럼 자신이 쌓아온 경험이 후배 교사들에게서 무화되는 한편, 교실에서는 학생들과 소통이 단절되면서 존재감을 상실하기 쉬운 존재가 40대 평교사인 것이다. 특히 빠르게 변모하고 있는 사회의 문화적 변화를 따라가지 못함으로써 후배 교사와 학생들로부터 '꼰대' 소리를 듣기 딱 좋은 시기가 생애사적으로 40대이다.

그러나 다른 한편에서 이 불안과 무기력은 제도적으로 생산되고 있다. 불안이란 만성화된 공포이며 한 번 발생했던 공포가 또 발생할지 모른다는 "막연한 예감에 기초하는 부정적인 감정"(김태형, 2010: 19)이다. 바깥 사회에서는 교직이 철 밥그릇이라서 안정적이라고 생각하지만 1997년 이후의 경제위기는 교사들에게도 퇴출에 대한 공포를 만들었다. 국가가 정년을 보장하는 안정적인 직장이지만 교사집단에도 심리적으로는 "구조 조정의 공포라는 게 내면화"(정용주, 2011: 47)되어 있다. 바우만은 이 체제에서는 "추방 자체를 추방할 방법은 전혀 없"으며 "문제는 추방을 하느냐 마느냐가 아니라 누구를, 언제 추방하느냐"라고 하면서, 누군가가 추방을 당한다면 "정말 나쁘기 때문에 내쫓기는 것이 아니라 그게 게임의 규칙"(바우만, 2009b: 50)이기 때문이라고 말한다. 그래서 직업의 객관적 안정성과는 상관없이 평가를 잘 받지 못하면 교사들도 퇴출될지 모른다는 탈락에 대한 공포(엄기호, 2009), 퇴출에 대한 공포(세넷, 2009)에 시달린다.

　이렇게 된 데에는 교사의 '능력'에 대한 중요한 관점의 변화가 일어난 것도 영향을 미쳤다. 세넷(2009)에 따르면 과거에 능력이라고 여겨지던 것은 오랜 시간 동안 축적되는 경험을 의미했다. 숙련으로서의 능력에는 그 개인의 경험과 주변 사람들의 조언과 지혜가 응축되어 있다. 그러나 세넷이 능력주의meritocracy라고 부르는 이 시대의 능력은, 경험을 통해 축적되는 것이 아니라 얼마나 유연하게 새로운 것을 습득하는가에 따라 측정된다. 새로운 테크놀로지에 얼마나 빨리 적응하는지가 능력이 됨으로써, 이 속도를 감당하지 못하는 사람들은 낙오될지 모른다는 두려움을 갖게 되는 것이다. 교사들 역시 학교현장에 지속적으로 새로운 테크놀로지가 도입되고 자기계발이 강조될수록, 법률에 따른 신분보장과는 무관하게 퇴출에 대한 공포에 시달리게 된다. 그렇기 때문에 교사들은 뒤처지지 않기 위해서 항상 자신을 남과 비교하고 끊임없이 자기 자신을 혁신해야 한다는 강박에 시달린다.

　남들에게 뒤처지지 않기 위해서는 무엇보다 체제가 요구하는 평가 기준을 받아들이고 그것에 순응해야 한다. 이처럼 평가 기준이 내면화되고 나면 그 이후는 주체들의 개인 역량 문제로 환원된다. 학교단위책임경영제는 교사들로 하여금 "마치 판옵티콘에 유폐된 듯이 언제 어디서 감시당할지 몰라 끊임없이 자기 검열을 하고 정부가 하달한 목표, 시험, 성취 목표에 단순히 대응하는 것만이 아니라 적극적으로 반응"(정바울, 2012: 555)하게 만들었다. 교사 개개인도 "자기 경영, 자기 기업가로 불리는 신자유주의 주체가 되어 스스로를 규제"(정용주, 2011: 42)해야 하는 존재로 인식하게 되었다. 평가 기준 자체는 질문되거나 문제제기되지 않는다. 교사들 사이에서 "어쨌든 업무는 잘 봐야 하지 않느냐?"라거나 "수업을 잘하라는 교육부의 요구는 맞는 것 아니냐?"라는 식의 동의가 있는 것은 '무엇이 좋은 수업인가'에 대한 질문이 효율적으로 봉쇄된 결과라고 볼 수 있다.

    업무를 잘 처리하는 것보다 학생들과 잘 지내는 것이 더 중요하고 교육적이라고 생각하는 교사가 느끼는 불안은 바로 이 평가 기준의 바깥에 위치함으로써 나온다. 자기 행동과 판단의 정당성을 확보할 근거를 상실한 데서 오는 불안감이다. 이전에는 이 정당성이 동료 교사집단의 인정으로부터 제공되었다. 그러나 지금은 동료 교사들과 단절됨으로써 정당화의 근거도 상실한 것이다. 또한 이 불안이 "집합적 저항으로 조직되지 못하고 개인화"되면서 "구성원들 간의 감정적 결속이 파괴되는 감정적 소외를 경험"(정용주, 2011: 47)하게 함으로써 교사들 간의 단절은 더욱 심화되는 것이다. 그 결과 임 교사의 말처럼 "교장, 교감에게보다 동료 교사들에게 더 분노"하게 되는 것은 자기 정당성의 근거를 상실한 데서 기인하는 분노이다. 개인 주체로 본다면, 다른 교사들과의 결속이 파괴되고 단절이 심화될수록 스스로 체제에 순응하는 자기 단속이 심화된다고 할 수 있다.

성과급, 돈이 아니라 가치를 둘러싼 싸움

교사들의 순응이 불안과 탈락에 대한 공포에 기인한 수동적이고 부정적인 순응이기만 한 것은 아니다. 때로 이 순응은 적극적이고 자발적인 순응이다. 개인들이 낸 성과에 따라 개별적인 보상이 따라가기 때문이다. 이런 점에서 한병철(2012: 23)은 우리 사회가 규율사회에서 성과사회로 변모했다고 주장한다.* 그가 말하는 성과사회의 주체는 명령이나 억압에 복종하는 사람들이 아니라 스스로 자기를 경영하는 기업가가 되는 성과 주체이다. 무엇보다 이 성과 주체는 타자에 의해 착취당하는 존재가 아니라 자기 스

----

* 그러나 내가 한병철의 주장에 동의하는 것은 아니다. 나는 성과사회와 같은 부분적 분석에는 동의하지만 전반적으로 한병철의 주장에 대해 동의하지 않는다. 특히 부정에서 과잉긍정으로 옮겨갔다는 것에 대해서는 전혀 동의할 수 없다. 한병철 스스로가 고백하듯 피로사회가 독일과 같은 제1세계에 대한 이야기라면 그것은 '부정적 세계화'라는 거대한 부정과 타자의 착취 위에서 가능한 이야기이다. '나는 할 수 있어'라는 긍정은 '나는 할 수 있어(라고 너는 믿어야만 해)'의 괄호 안의 억압과 명령이 생략된 긍정이라는 것이 나의 판단이다.

스로를 착취하는 존재(위의 책: 44)이다. 따라서 이 주체는 "규율에 단련된 상태를 유지"하기 때문에 "복종적 주체보다 더 빠르고 더 생산적"(위의 책: 25)이다. 성과 주체는 "성과의 극대화를 위해 강제하는 자유 또는 자유로운 강제"(위의 책: 29)에 몸을 맡긴 사람이다. 그러므로 이 자유로운 주체가 순응에 대한 개인적인 보상을 적극적으로 바라는 것은 자연스러운 일이다. 이런 순응의 대가로 주어지는 것이 성과에 따른 경제적 보상이다. 우선 방과 후 학교나 방학 보충수업 같은 것이 있다. 생활을 꾸려나가야 하는 교사들에게 보충수업이 제공하는 금전적 혜택은 작지 않다.

> 정말 부끄럽긴 한데, 보충수업 한 시간 단가가 3만 원이에요. 이름은 물론 방과 후 학교지만. 방과 후에 집에 다녀온 것도 아니고 그 자리에 있는데 방과 '후' 학교거든요. 방과 후 학교는 한 시간씩은 다 잡혀 있기 때문에 학생들이 의무적으로 들어요. 거기다 재작년부터 교육부에서 사교육 없는 학교라고 해서 돈을 막대하게 내려보냈어요. 그건 야간에 수업을 하는 거라 단가가 더 세거든요. 5만 원이에요. 올해부터는 이름이 바뀌어서 창의경영학교예요. 정말 목을 매달고 수업하는 선생님들이 있어요. 10명 이상 성원이 차야 수업을 하도록 지침이 내려왔는데, 10명이 안 차면 학생들을 시켜서 채우게 하는 선생도 있어요. (최 교사)

이것은 부정적이고 수동적인 순응이 아니라 적극적인 순응이다. 개별적 보상을 통해 교사들이 자발적으로 순응하게 하는 가장 핵심적인 기제는 교원 평가에 따라 차등적으로 지급되는 성과급 제도이다. 성과급 제도는 도입 초기부터 전교조의 격렬한 반발을 불러일으켰다. 이 때문에 도입 이후에도 전교조의 영향력이 강한 학교에서는 교사들의 등급에 따라 차등분배하지 않고 일괄적으로 받아서 n분의 1로 균등분배하고 있다.

고등학교는 아직까지 거의 균등분배를 하는데 중학교는 균등분배를 안 하는 경우가 훨씬 많아요. 특히 젊은 선생님들은 자기가 A등급이면 그만큼 역할을 했다고 생각하는 경향이 커요. 저는 그게 상당히 무서운 일이라는 생각이 들어요. 우리 세대는 누가 균등분배의 취지를 말하고 두세 명이 균등분배해야 한다고 주장하면, 그게 싫은 선생님도 감히 나는 못하겠다고 반대하지는 못해요. 그게 원칙적인 대응이니까. 저는 그런 분위기가 맞다고 생각해요. 근데 목소리를 드러내는 사람들이 생긴다는 게 무서운 거예요. 나는 A등급이니까 A만큼의 역할을 했다는 생각이. 성적이나 뭐에서 한 아이가 나아지게 되었을 때, 그게 올해 만난 내 덕이라고 볼 수 있을까요? 그런데 '내가 A등급이다' 하는 건 올해 그 아이를 담당한 내 덕이라고 생각하는 거잖아요. 게다가 등급을 매기는 평가 항목을 보면 얼토당토않은 게 정말 많아요. 학부모와의 상담 시간 같은 게 있어요. 그걸 누가 아나요? 상담한 나도 모르고, 평가자도 모르잖아요. 항목들이 다분히 주관적이고 평가할 수 없다는 걸 누가 봐도

알 수 있는데, 자기는 A라고 단언할 수 있는 그 용기, 그게 무서워요. (최 교사)

최 교사에게 이것은 원칙과 가치가 걸려 있는 문제이기 때문에 지켜야 하는 것이지 토론 가능한 것이 아니다. 그렇기 때문에 그는 성과급 균등분배처럼 대의명분이 있는 일에 사람들이 "감히 반대가 있더라도" 입을 다물고 있었던 것이 맞다고 생각한다. 이런 문제가 토론된다는 것 자체가 가치가 무너지고 있음을 의미한다. 그런데 성과사회로 진입하면서 자신의 '정당한' 몫을 주장하는 사람들이 생겨나기 시작했다. 눈앞에 드러난 수량화된 결과가 개인 노력의 결과이고 업적이라고 생각한다. 이들에게는 공동이라는 것이 존재하지 않는다. 그렇기 때문에 최 교사는 반복적으로 "무섭다"는 말로 자신의 감정을 표현했다.

한 학생이 성장한다고 할 때 그 성장은 연속적이다. 한 시기에 한 명의 단절적인 도움으로 도약을 이루는 경우는 매우 드물다. 그렇기 때문에 대다수 인간의 활동은 시공간적으로 공동의 산물이 될 수밖에 없다. 시간적으로 연속인 것은, 듀이가 말한 것처럼 성장이란 경험의 연속적인 갱신을 의미하기 때문이다. 공간적으로 연속인 것은, 학생이 교사와의 일대일 관계를 통해서만 성장하는 것이 아니라 그를 둘러싼 다른 학생들, 교사들 그리고 주변 환경과 종합적으로 교류하며 성장하는 것이기 때문이다. 그런데 학생의 성장을 측정하고 그 결과에 따라 누군가가 보상을 받는다는 것은 그 학생의 성장을 단절적으로 바라본다는 것을 의미한다. 또한 학생 자신이 성장의 주체가 아닌 교사 노력의 결과물로 대상화된다. 학생의 주체성이 제거되는 것이다.

그런데 성과사회에서는 이 모든 것이 대상화되고 개인이 노력한 결과물로 이해된다. 노동의 성과가 개별화되는 것이다. 개별화되지 않는 성과는 마치 인클로저 운동 시기의 공유지처럼 성과사회에서는 의미가 없다. 모든 것이 사유화되어야 한다. 성과사회란 다른 말로 하면 모든 공동의 산물에 대한 제2의 인클로저 운동이다. 한병철은 "후기 근대의 노동하는 동물은 노동을 통해 인류의 익명적 삶의 과정 속에 용해되어버릴 만큼 자신의 개성이나 자아를 결코 포기하지 않는다"(한병철, 2012: 40)고 말한다. 여기서 성과의 의미가 드러난다. 성과사회에서 개인들이 성과에 집착하는 이유는 그것이 물질적 보상이기 때문만은 아니다. 여기서 '성과'는 단지 돈의 액수만을 말하는 것이 아니라 그 사람의 가치를 표현하는 것이다. 한 사회로부터 존재감을 인정받는 방식이 '성과'와 '업적'인 것이다. 성과를 통해 '개성'이나 '자아'가 드러난다. 성과와 업적이 성과사회에서 자아와 개성을 드러내고 인정받는 방식이라고 할 수 있다. 이것이 공공영역에서 '행위하고 말하는 것'을 통해 자신을 드러내던 방식을 대체했다. 즉 성과가 공공성을 대체했다.

성과사회가 만들어내는 또 하나의 문제는 성과로 평가되지 않는 것에 대해서는 누구도 열심히 하려고 나서지 않게 만든다는 점이다. 성과는 제도가 정한 평가 지표 안에 있는 것만으로 계산된다. 5장에서 살펴본 것처럼, 교사들이 '진짜 교사의 업무'라고 생각하는 일은 근무 시간 이외에 행해지고 지표로 잡히지 않는 노력이기 때문에 성과로 인정되지 않는다. 따라서 교사들 역시 어떤 일에 노력을 기울이기 전에 그것이 성과가 되는지 아닌지를 먼저 계산해야 한다. 이전에는 계산되지는 않아도 가치 있는 일이 있었고, 그것을 주변에서도 인정했다. 그러나 지금은 다르다.

임 교사는, 이전에는 방과 후에 학생들이 책을 읽자고 하면 자신이 적극 나섰다고 한다. 그를 경계하는 관리자가 학생들의 요구로 만든 동아리를 사조직이라고 금지하여 교실을 사용할 수 없게 하면 학원을 빌려서라도 진행했다고 한다. 이런 일을 하면서 그것의 값어치를 계산하지는 않았다. 계산되지 않고 보상받지도 않지만 자발적으로 하는 기운이 교사들 사이에 어느 정도 있었다. 그리고 동료 교사들은 이런 모습을 따라하지는 못해도 존중과 존경을 보냈다. 그런데 요즘은 신기해하기만 하지 경탄하지는 않는다고 한다. 요즘 지역 대학과 연계하여 진행하고 있는 청소년 인문학 교실만 하더라도 그렇다. 임 교사는 일요일 오전 7시에 학생들을 자신의 차로 그 대학까지 실어나른다. 물론 학교에 성과로 기록되는 일이 아니다. 이런 수고에 대해 동료 교사들은 "어쩜 그렇게 사적인 시간을 내면서까지 열정적으로 아이들에게 신경을 쓰냐"고 묻는다. 감탄인 것 같지만 자기들은 못한다고 못을 박는 말이다. 그러다 보니 따라 배우는 후배 교사도 없다.

저 같은 사람이 이전에는 많았는데 이제는 거의 사라졌어요. 매사가 다 계산되고 보상되니 제가 이상한 사람이 된 거죠. 꿍꿍이속이 있다고 해석하고 있는지도 모르겠습니다. 작년에는 교감이 우리 반에서 진행한 체험활동을 사적인 것이라고 금지했어요. 그래서 그걸 다 공적인 것으로 만들어야 했어요. 그러지 않으면 할 수가 없어요. 공적이고 사적이고를 따지기 전에 교사들이 신경을 써서 만들어가는 여유, 틈새 공간들이 학교에 있었는데, 이것이 다 계산되고 보고되어야 하게 된 거죠. 그렇게 계산되는 것이 아니면 누구도 마음을 내지 않으려고 합니다. (임 교사)

성과를 통해 자신의 존재를 증명해야 하는 것은 경쟁이 심화된 곳에서 더 적나라하게 드러난다. 박 교사가 근무하는 특목고가 그렇다. 이곳에서는 성과의 개별화 현상이 일반 고등학교보다 더 노골적이고 교사들 역시 훨씬 적극적으로 순응하고 있다. 이 학교에서는 한 교사당 수백만 원꼴의 성과급이 지급된다. 이 중 절반은 모아서 균등분배를 하지만 나머지 절반에 대해서는 차등분배를 하고 있다. 교사 사이의 성과급 차이가 몇 백만 원 이상 날 수 있다고 한다. 전교조 조합원이 다른 학교보다 많지만 이런 식의 분배에 대해 문제제기하는 교사는 거의 없다.

전교조 선생님들이 다 자기가 교육에 관심이 있고 유능하다고 생각해요. 교원 평가가 도입될 때도, 어떠한 방식의 평가가 들어오든 본인은 좋은 평가를 받을 수 있다고 생각하는 게 또 조합원들이에요. 제가 그거 허상이라고 정말 많이 이야기했어요. 그 평가가 온전한 평가가 아니기 때문이죠. 자신은 능력이 있다고 생각하고 교사로서 자질도 있다고 생각하겠지만, 전혀 그렇지 않은 평가가 될 수 있다고요. 그래도 선생님들은 그렇게 생각하지 않나 봐요. 이 학교도 조합원 출신이 중요한 부장을 다 맡고 있어요. ○○부장도 ××부장도 다 조합원이고 저보다 젊거든요. 그런데 학교가 하나도 개혁적이지 않아요. (박 교사)

자신이 유능하다고 생각하는 사람일수록 그 노력의 결과가 당연히 개인에게 돌아가야 한다고 여긴다. 박 교사는 "나는 성과급 못 받겠다. 너희끼리 나눠 가져라"라고 말하고 싶지만 실세로 그렇게 했다가는 교사들 사이에서 고립될 것 같아 실행에 옮기지 못하고 있다. 공개적인 문제제기보다 이런 형태의 개인적인 실천이 다른 교사들에게 훨씬 더 심각한 여파를 미칠 수 있기 때문이다. 6장에서 언급한 것처럼, 이런 이야기를 꺼냈다가는 "전교조 탈퇴하겠다"는 교사가 나올까 봐 두려운 것도 박 교사와 같은 이들이 소신대로 행동하지 못하는 이유이다.

박 교사는 자신이 학교에서 **유령**이 되어가고 있다고 말한다. 전교조 지부에서 전임자로 활동한 후 학교로 돌아오던 날을 잊을 수가 없다. 복도 저쪽에서 교장과 교감이 걸어오면서 자신을 봤는데도 말을 걸지 않더라고 했다. 그들이 자신을 경계한다는 것을 직감할 수 있었다. 다른 한편에는 동료 평교사들과의 관계가 있다. 지부 전임까지 맡은 전교조 조합원이기 때문에 오히려 더 문제제기를 못하기도 한다. 무슨 말을 하든지 박 교사 개인의 생각과 고민이라고 받아들이지 않고 "전교조 간부니까"라고 받아들이기 때문이다. 그래서 말을 꺼내는 것이 점점 더 의미가 없어진다. 어떤 문제제기를 하든지 "원래 그러려니" 하면서 제대로 귀 기울이는 사람이 없기 때문이다.

이제 교사들에게 꼴통들과의 만남은 삶의 지평이
넓어지는 경험이 아니라 적대감을 쌓는 경험으로 바뀐 것이다.
'남'이 '너'가 되는 것이 아니라 '남'이 '적'이 되었다.

309
교무실의 세대 갈등, 이어지지 않는 경험

불화했던 선배 교사와 순응하는 후배 교사

교사들 간에 서로의 경험을 나누고 지혜를 구하는 일은 점차 줄어들고 있다. 같이 모여 있어도 나눌 이야기가 없다고 말하는 교사들이 많다. 교사들 간 소통의 단절이 가장 극명하게 드러나는 것이 세대 간의 단절이다. 내가 만난 30대 후반을 넘긴 중견 교사들이 보기에 지금 교직에 들어오는 20대들은 지나치게 경쟁에 순응하고, 모범생의 태도를 가지고 있으며, 다르거나 낯선 학생들을 이해하려고 노력하지 않는다. 대신 학교나 관리자가 시키는 일은 시키는 대로 다 처리한다. 그것도 아주 깔끔하게 처리하고 완벽하게 해낸다.

이런 후배들을 보는 선배 세대들의 마음은 편치 않다. 내가 만난 교사들은 교사가 된 다음에 자신들이 바쁘게 일하고 열심히 노력할수록 역설적으로 얼마나 반교육적인 존재가 되는지에 대해 성찰하면서 교사로서 성장했다고 생각하고 있다. 이들은 계속해서 의심하고 질문을 던짐으로써 학교의 반교육적 모습과 불화하며 교사로서의 진정성을 추구했던 전교조 세대다. 그런데 그중의 한 명이었던 강 교사와 장 교사가 보기에, 지금의 젊은 세대는 학교라는 조직이 시키는 일에 대해 의심하지 않고 질문하지 않는다. 그것이 정말 교육적인가, 혹시 이것을 열심히 하는 것이 반교육적인 일은 아닌가에 대한 질문이 없다.

(후배들 보면 어떤 느낌이?) 만약에 그런 계기가 없었다면, 내가 딱 저러고 있지 않을까. 자기 경험 안에서만 이해하죠. 그 친구들은 다양한 삶이나 다양한 사람들을 이해하는 건 많이 부족하고 더군다나 임용고사를 치렀기 때문에 정답 고르는 것에 익숙하잖아요. 사실 교대 다니는 게 의미가 없죠. 저도 아이들을 만나고 소통하고 성장하는 계기가 없었으면 그 친구들처럼 잘해야 된다는 강박관념을 가지고 성적 잘 나오게 하려고 못하는 학생들 남겨서 가르치고 그랬을 것 같아요. 요즘 후배들은 행정적인 일도 잘 처리하더라구요. 공문 처리도 굉장히 능숙하게 빨리 해요. 근데 모든 공문이 반 이상이 거짓이거든요. 통계 내는 것도 그렇고, 계획서 내는 것도 그렇

고.(웃음) 학교 시스템에 빨리 적응해요. 거짓말하는 시스템에. 누가 잘 꾸미나, 누가 근사하게 편집하나, 이런 거에 되게 익숙하구요. 점수에 무지 민감한 사람들이잖아요. (장 교사)

장 교사는 위 이야기에 덧붙여, 가끔 신규 교사들이 **노련한 선배** 같고 자기가 신규 교사 같다는 느낌을 갖는다고 말했다. 그가 이 말을 할 때 '선배 교사'가 아니라 '노련한 선배'라고 표현한 것에 주목할 필요가 있다. 노련함이란 일을 능수능란하게 잘 처리한다는 점뿐만 아니라 시스템에 빨리 적응한다는 뜻에서 '노회하다'는 의미도 포함하고 있다. 신규 교사들이 학교 시스템에 빨리 적응하는 것뿐만 아니라 노련하게 움직이고 있다는 뜻이다. 아래는 후배 교사가 보여준 '노련함'의 한 사례이다.

학교 폭력 대책으로 사제동행 시간이란 걸 월요일 아침마다 가지래요. 일주일에 한 시간 사제동행 행복시간을 가지라고 하더라구요. 우리 세대 같으면 '그게 달리 필요 있나, 늘 아이들하고 만나서 동행하고 있는데' 이렇게 생각해요. 그런데 후배들은 이런 공문이 떨어지면 재빨리 증거를 남겨요. 실적을 남겨야 하거든요. 그러기 위해 학습지 이런 것을 막 만들어요.(웃음) 오늘은 선생님에 대해서 공부하는 날이라면서, '1번 우리 선생님은 연예인 중 누구를 닮았습니까' 이런 질문을 넣어요. 증거를 남기는 게 학교 공문의 대부분이고 학교 실적의 대부분이거든요. 우리 같으면, '사제동행 시간?

그게 꼭 월요일 첫째 시간에 하는 일인가?' 이렇게 생각하는데, 그 사람들은 뭐가 떨어지면 바로 딱 만들어요. 그 학습지 만들고 나서 "해놨어요" 이러는 거지. 이걸 왜 하는 걸까, 문제가 뭘까, 이런 고민을 하지 않아. 지시가 떨어지면 기계적으로 빨리빨리 만들어내더라구요. 질문을 안 던지죠. 의심하지 않아요. 자기가 배웠던 선행지식에 대해서 의심하지 않는 것처럼. (장 교사)

모 지역에서 있었던 교사토론에서 한 교사는 이런 점을 들어, 지금 교단에 들어오는 후배 교사들은 "교대와 사대라는 공장에서 찍어내는 벽돌들 같다"고 표현했다. 이에 대해 한 젊은 교사는 "요즘 발령받는 신규 교사들은 치열한 임용고사의 관문을 뚫어야 하기 때문에 대학도 고등학교 때저럼 정신없이 공부만 하다 졸업하는 경우가 많다"면서 후배들을 이해해야 한다고 항변했다.

나는 이 논쟁을 우연히 보게 되었는데 그날 토론 중에서 가장 재미있는 장면이었다. 그날 토론의 사회자이기도 했던 젊은 교사는 "공장에서 찍어낸 벽돌" 발언이 있고 난 다음에 항변을 꼼꼼하게 메모해서 상기된 표정으로 말했다. 그는 교사들 간의 단절이 벌어지는 것을 젊은 교사들의 문화적 문제라고 바라보는 것에 매우 불쾌해했다. 그는 지금 교직으로 들어오는 젊은 교사들이 언제나 경쟁에서 살아남은 "최상위권 성적" 출신으로서 가지는 삶의 태도를 이전 세대의 교사들이 이해하지 못한다고 말했다. 또한 젊은 교사들은 언제나 경쟁에 순응하며 살아왔기 때문에 업무를 잘 처리해야 한다는 강박을 가지고 있다고 했다. 그래서 업무에 매달리면 매달릴수록 주변을 돌아볼 여유가 없다.

특히 공부를 못하거나 태도가 불량한 학생들을 이해하지 못하는 경향이 있다. 자기들이 그렇게 살아보지 않았기 때문이다. 이럴수록 선배 교사들이 잘 지도해주는 것이 필요한데 오히려 질책만 하고 있으니 젊은 교사들이 더 멀어질 수밖에 없는 것 아니냐고 반문했다.

그 자리에 있었던 안 교사도 97년 외환위기 이후에 교대와 사대 입학 성적이 오르고 난 다음에 교단에 들어온 교사들에게 불만을 표시하는 나이 든 교사들을 많이 봤다고 하면서, 자기 세대는 공부를 그만큼 잘했던 사람들이라 보상의식이 강하다고 전했다. "의대 가려다가, 법대 가려다가 여기 왔다"는 것에 대한 인정을 필요로 한다는 것이다. "내가 이만큼 해서 여기를 왔는데, 여기서 왜 이런 대접을 받아야 하는가"라는 불만도 크다. 사실 이것 때문에 나이 든 교사들이 싫어한다는 것도 알지만 다른 한편에서는 그게 그들의 성장 배경이다. 이 성장 배경을 이해하지 못하면서 질타만 하는 것은 도움이 되지 않는다는 것이다. 교직에서 선배 교사와 후배 교사가 부딪치는 첫 번째 지점이 성과급과 같은 개인에 대한 보상 문제인 것도 바로 이 때문이다.

강 교사가 보기에, 경쟁이 일상화되고 그 경쟁에서 승리한 개인에 대한 보상이 당연시되는 문화에서 성장해온 후배 교사들이 성과급에 대해 보이는 태도는 '합리적'이다. 학교에서는 행정 업무나 생활지도와 같은 일을 후배 교사들이 처리하는 경우가 많다. 특히 컴퓨터가 도입되고 난 다음부터 나이 든 교사들은 컴퓨터 작업이 서투르기 때문에 문제 출제부터 공문 처리까지 후배 교사들이 대신 하는 경우도 있다. 그렇지 않다 하더라도 업무를 처리하는 속도에서 후배 교사들과 선배 교사들은 비교가 되지 않는다. 장 교사의 말에 따르면, 교·사대 시절부터 훈련이 되어 있기 때문에 선배 세대와는 비교가 되지 않는다고 한다. 따라서 "일은 우리 젊은이들이 다 하는데 내 노동을 인정받지 못한다"라는 생각이 이들 세대에게는 팽배해 있다.

그 불합리함의 근거는 뭐냐 하면, 학교의 잡일, 힘든 일은 젊은 사람들이 다 한다는 거예요. 그러니까 이런 자기의 노동을 인정받지 못하는 부분이 있는 거예요. 그래서 아이러니하게도, 전교조가 힘이 없어서 순환등급제가 안 되고 등급을 매기게 되면, 등급이 교사들한테 초미의 관심사니까 되게 객관적으로 평가하게 되거든요. 수업시수, 담임 여부, 이런 것을 기준으로 평가하면 젊은 교사들이 C등급을 안 먹어요. 그걸 많이 하니깐.

그런데 원래 학교에는 올해 누가 수업이 많으니까 담임은 수업 적은 내가 할게, 비담임은 수업을 많이 하자, 이런 식의 협업체제가 있거든요. 우리 생각에는 교사들이 등급을 받아들이기 시작하면 이런 협업체제가 깨진다는 거예요. 비담임은 어차피 C등급 받을 거니까 수업을 많이 할 이유가 없다, 이런 식으로 되지 않을까 걱정하는 거죠. 그래서 우리는 그게 합리적이지 않다고 느끼는 거고, 그이들은 일은 자기들이 많이 하면서 B나 C등급만 받는 건 말이 안 된다고 생각하는 거고. (강 교사)

여기에 미래에 대한 불안이 한몫 더 작용한다. 교직은 국가에서 정년을 보장하는 안정적인 직업이지만, 언제 무슨 일이 벌어질지 모른다는 불안이 젊은 교사들에게는 있다. 다른 교사들에 비해 조금 늦게 교직에 들어왔고 전교조 조합원도 아닌 조 교사가 보기에도 젊은 세대들은 미래에 대한 보험 성격에서라도 승진과 관련된 가산점 등을 잘 챙기는 경향이 있다고 한다. 그들이 자주 하는 말이 "어찌 될지 모른다"라고 한다. 다음 강 교사의 이야기에서 "나의 인사에 영향을 끼치면 어떻게 하냐?"는 후배 교사의 말이 그 불안을 대변하고 있다.

무슨 말까지 하냐면, 선배 교사들이야 이런 교원 평가가 결정적으로 영향을 안 미치는 제도에서 교사생활을 하다가 퇴직할 수도 있지만, 자기들은 이 기록이 미래의 인사에 어떤 결과를 끼칠 수도 있다는 거죠. 예를 들어 지금 20대인 교사가 쉰 살까지 한다고 해도 20년 후인데, 20년 후에는 지금 받은 교원 평가의 이 등급이 자기 인생의 이력이 된다는 거지. 그런 불안감이 있는 거예요. 그 이야기를 들어보면 심정적으로 이해가 되는 면도 있는 거야. 잡일은 내가 다하고 있는데 B나 C등급을 깔고, 근데 그게 20년 후에 나의 인사에 악영향을 끼치면 어떻게 하지? 이런 불안감이 있는 거죠. 그래서 성과급을 n분의 1 해야 하지 않느냐는 이야기를 들으면 불편해해요. (강 교사)

이 때문에 후배 교사들이 다들 열심히 하고 있다고 조 교사는 전한다. 특히 3~4년차 교사들은 무엇을 해야 승진에 유리한지를 "꿰고" 있다고 한다. 학교는 늘 실적과 보여주기 위주로 평가하는데 이를 "기가 막히게" 잘 수행한다는 것이다. 조 교사의 학교가 연구학교로 지정되었을 때의 일이다. 연구학교로 지정되면 그 연구 업무를 담당하는 교사들은 가산점을 받는다. 학교에서 그 업무를 담당할 교사들의 지원을 받을 때, 승진에 관심이 없고 연구 과제에 동의하지 않는 조 교사는 지원하지 않았다. 당시 가산점이 필요한 20년차 선배 교사들은 거의 다 지원했는데, 공교롭게도 젊은 교사들 역시 모두 지원을 했다고 한다. 이것을 보면서 선배 교사들이 조 교사 또래의 교사들에게 "너희는 왜 (가산점을) 안 챙겨두냐"면서, 이렇게 지내다가는 "쟤네들 밑에서 일하게 된다. 챙길 건 챙겨라" 하고 조언했다고 한다.

세대 간 단절이 일어나고 교사공동체가 깨지고 있는 이유는 이러한 현상 아래에 숨어 있다. 과거에는 전교조 교사들이 힘든 일을 감수하는 모습을 보여주었다. 전교조 조합원이라는 이유로 담임을 앞장서서 맡는 등 자기 희생적인 모습을 보여주었다면 지금은 그렇지 않다. 지금은 전교조 교사들이 나이가 들었고, 젊은 교사들에게 공정하지 못한 기득권으로 비춰지고 있다. 서울처럼 업무분장에서 관리자의 압력이 조절되는 곳에서는 인사자문위원회에서 업무를 나누는데, 오히려 나이 든 전교조 교사들이 자기 이익을 잘 챙기는 편이라는 말을 듣는다. 올바른 지향을 이야기하는 면도 있지만 평등주의를 내세우면서 편하게 지내는 것을 추구한다는 느낌을 젊은 교사들에게 주고 있다고 한다.

그이들이 생각할 때는 성과급에 반대하려면 일도 아주 균등하게 나눈다는 전제가 있어야 하는 거죠. 그런데 학교 일이 젊은 사람들에게 몰린다고 생각하고 있는데, 거기다 평등주의를 이야기하는 거예요. 나이 든 교사들은 쉬고 젊은 교사들은 일이 많은 상황에서 평등주의를 이야기하는 게, 자기들에 대한 착취라는 느낌을 갖는 것 같아요. (강 교사)

"잘난 척은 지들은 다 하면서, 이름은 다 가져가고."(라고 말하더군요.) (정 교사)

후배 교사들의 불만의 표적은 명확하게 선배 교사들이다. 전교조 조합원인가 아닌가의 여부와 관계없이 젊은 교사들의 일반적 불만이라고 한다. 정 교사는 자신이 근무하는 학교의 교사면서 전교조 조합원인 동료 교사가 선배 세대에 대해 불만을 토로하는 경우를 많이 봤다고 한다. 선배 세대들이 "배째라" 하는 경우가 많다는 것이다. "배째라" 하면 일이 진행되지 않는데, 일이 진행되지 않는 것에 불안감을 가지고 있는 젊은 교사들은 난감할 수밖에 없다. 나이 든 교사들이야 안 되면 그만이라고 생각할지 모르지만, 젊은 교사들은 그럴 수가 없다. 예를 들어 일제고사와 관련된 잡무를 누군가가 "배째고 나면" 그 일을 다른 사람이 해야 하고, 그 사람이 또 "째고" 나면 결국은 기간제 교사나 신규 교사처럼 가장 권력이 적은 사람이 맡을 수밖에 없는 것이다.

여기서 한 걸음 나아가, 후배 교사들을 대하는 선배 교사들의 위압적이고 폐쇄적인 태도를 지적하는 의견도 있다. 과거 전교조의 전성기와 80년대를 지나치게 미화하면서 후배들에게 위화감을 조성하며 "꼰대"스럽게 군다는 것이다. 후배들은 경쟁을 내면화한 존재로 폄훼하고, 자신들은 대의를 위해 싸운 사람이리는 것을 어느 자리에서나 강조한다. 결국 자기들끼리의 문화를 만드는 쪽은 후배들이 아닌 전교조 교사들이라는 것이다. 내가 만난 교사들은 자신 역시 조합원임에도 "그래서 전교조가 망하는 것"이라며 전교조 선배 교사들의 태도를 비판했다.

조합원들을 포섭해야 하는데 포섭 방법이 너무 구리다 이거죠. 하루는 한 후배 교사를 좋게 보고 꼬셔보려고 우리들 아지트라는 데를 데리고 갔어요. 젊은 선생이 왔으면 좀 잘 챙겨야 될 거 아니에요, 꼬시려고 데려간 건데. 그런데 나이 든 조합원 선생이 와서는 약간 술이 취해서 왕년의 당신 이야기를 늘어놓는 거예요. 운동의

후일담을 팔아먹는. 후배 교사 입장에서는 좀 긴장되고 편치 않은 분위기일 텐데, 그 앞에서 어떻게 보면 술주정을 한 거죠. 확 빈정이 상하는 거예요.

그런 게 은근히 있어요. 교사모임에 나가보면 너무 40대들끼리 잘 놀아. 나는 좀 뭔가 소외되는 느낌도 받고. 공적인 업무 외에 사적으로는 그들과 내가 라포 형성도 안 되었는데 자꾸 어디 가자, 뭘 하자 하는데, 이거가 굉장히, 마치 교회 나가는 느낌, 그런 거 있잖아요. 한편 상대방 입장에서는 또 서운한 거죠. 어, 얘는 우리끼리 잘 해보자는 것인데 왜 자꾸 뛰쳐나가려고 하는 거지? 그게 일종의 세대 차이라고 해야 하나. (심 교사)

심 교사가 보기에는 중견 이상의 전교조 선배 세대들은 후배들을 '포섭'할 준비가 되어 있지 않다. 포섭을 하려면 후배를 중심에 놓고 그들의 이야기를 들어야 하는데 '자기 이야기'하느라 바쁘다. 그것도 늘 "왕년에"로 시작하는 무용담이고 "옛날이 좋았지" 하는 이야기들뿐이다. 사적인 친밀감은 자기네들끼리 나누면서 공적인 문제제기와 업무는 같이 하자고 하니 거리감이 생길 수밖에 없다. 심 교사의 표현처럼 "교회 나가는" 것처럼 느껴질 수밖에 없는 것이다.

전교조가 결성될 무렵 교단에 들어왔고 조합원이 된 임 교사는 더 이상 전교조 모임에 참석하지 않는다. 그도 선배들이 후배들을 이해하는 데 실패하고 있다고 생각한다. 사실 임 교사는 누구보다 교사들이 "드라마나 쇼핑 이야기나 하는" 것을 경멸하며, 후배들과 대화하거나 관계를 맺는 것을 "포기했다"고 말하는 교사이다. 그런 임 교사가 후배 교사들에게서 모범생의 또 다른 모습을 보았다. 이들이 자기 상처를 드러내지 못하는 이유가 자신이 하는 일에 자존감이 넘쳐서가 아니라는 사실을 발견한 것이다. 이들은 상처를 드러내는 법을 모르는 것이지, 상처를 받지 않는 것이 아니다. 문제는 전교조 세대나 선배 교사들이 후배들의 이야기를 제대로 듣지 않는다는 데 있다.

경쟁사회라는 게 자기가 타고난 것을 있는 그대로 존중하거나 인정하지 않잖아요. 계속 말도 안 되는 객관적인 기준에 의해서 잘리죠. 실패감을 계속 갖게 만들어요. 그러면 공적인 일에 어떤 생각이 있더라도, 자기 검열에 의해서 가치 없다고 늘 판정날 거거든요. 그럼 얘기를 안 꺼내놓죠. 사람들이 자기 자신에 대해서 당당하고 자신이 갖고 있는 것이 가치 있다고 믿지 못하면 안 꺼내놓잖아요.

제 옆의 교사가 굉장히 장점이 많아요. 뭘 좀 같이 해주면 좋겠는데, 자기는 늘 모자라고 부족하다고 생각하더라구요. 자기 에너지의 한계를 아주 낮게 보고 일을 더 이상 안 해요. 조금만 더 하면 참 좋을 것 같은데. 왜 그렇게 되었을까요? 아무래도 그렇지 않을까요? 있는 그대로, 요렇게 생겼건 조렇게 생겼건 다 인정받고 존중받으면, 허심탄회하게 다 꺼내놓을 것 같거든요. 그런데 어떤 기준에 의해서 기다 아니다, 정답이다 아니다 평가받는 게 훈련되면, 그 사람이 얘기를 편하게 꺼낼 수가 없죠. 선생님들이 왜 얘기를 못하냐 하면, 얘기를 할 줄 모른대요. 글을 쓰라 하면 글을 쓸 줄 모른대요. 그러니까 기준이 있는 거죠, 신규 교사들은. 불안한 거예요. 어떤 기준에 의해서 판단받아왔잖아요. 계속 마음 졸이면서. 자기가 갖고 있는 것이 기꺼이 인정되거나 수용되었을까요? 그러니까 사적으론 수다를 잘 떨고 이야기를 잘하지만 공적으로는 그게 힘들지 않겠어요? (임 교사)

임 교사가 보기에 신규 교사들은 언제나 모든 것을 잘했고 잘해야만 했던 모범생의 상처를 가지고 있는 사람들이다. 이들이 공적으로 이야기를 하지 않는 이유는 인정 때문이다. '잘했다'고 인정받을 수 있는 수준이 되었을 때만 그것을 남에게 드러냈지, 모자라고 상처받은 것을 공적으로 드러내본 적이 없다. 이런 점에서 본다면, 업무에서 자신감을 보이는 모범생들이야말로 오히려 자존감을 가지고 있지 못한 존재들이다. 있는 그대로를 드러내면서 기준에 '대해' 토론하는 것이 아니라 언제나 기준에 '의해' 평가를 받아왔기 때문에 자기 이야기를 꺼내는 것이 쉽지 않다.

임 교사의 이야기에서 보이는 양상을 나는 자기 단속이라는 말로 설명하고자 한다. 자기 단속이란 그저 타인에게 자신을 보여주지 않는 것을 의미하지만은 않는다. 자기 단속은 한 사회가 사람을 평가하는 기준을 끊임없이 의식하는 것에서 비롯된다. 자기를 단속하는 사회에서 기준은 더 이상 자신의 내면에 있지 않다. 진정성이라는 내면의 가치가 자신을 드러내거나 드러내지 않는 기준이 되지 못한다. 기준은 외부에 있다. 이 외부의 기준에 맞춰서 자기를 내보이거나 감추며 자신을 자체 검열하는 것이 자기 단속이다. 교육현장에서 벌어지고 있는 세대 간의 갈등은 내면의 '진정성'을 삶의 기준으로 생각하던 세대와 경쟁체제에서 늘 외부의 평가를 받는 데 익숙해진 세대 간의 단절 양상을 보여준다.

'꼴통' 편인 선배 교사 대 '범생이' 후배 교사

교단에서 세대 간 갈등이 벌어지는 또 하나의 장은 학생들을 대하는 태도와 노력의 문제이다. 선배 세대들 역시 학창시절에 모범생이라는 평가를 받았던 사람들이다. 그래서 이들 역시 교사가 되어 제일 먼저 부딪친 문제가 성적이 낮고 학교가 요구하는 몸과 태도를 가지지 못한 학생들이었다. 그러나 이들에게 있어 깨지고 바뀌어야 하는 것은 학생들이 아니라 교사 자신이었다. 자신이 그런 학생들과 만나 모범생이었던 스스로에 대해 성찰하고 반성하며 다름/낯섦을 이해하게 되었고 사람에 대한 이해가 깊어졌다. 그러했던 이들이 보기에 젊은 세대들은 학생들을 이해하려고 노력하지 않는다.

"내가 공부할 때 내 공부를 방해하던 저것들이 이제 내가 수업

할 때가 되니 내 수업을 방해하는구나."(라고 한 젊은 교사가 말하더군요.) (강 교사)

이것은 강 교사가 한 교사연수에서 들은 말이었다. 학생 인권에 대해 이야기를 나누는 시간이었다. 젊은 교사들이 많이 모인 자리라서 의사소통이 잘될 것이라고 생각했는데, 전혀 아니었다. 오히려 한 젊은 교사가 '꼴통들'에 대해 이렇게 말했다. 강 교사가 후배 교사에게서 들은 말 중 가장 충격적인 것이었다. 그 말을 듣는 순간 강 교사는 젊은 교사들이 꼴통 학생들에 대해서 적대감을 가지고 있다는 사실을 깨달았다고 한다.

강 교사는 젊은 세대 교사들과 자신은 교사로서 성장해온 과정이 근본적으로 다른 것 같다고 말한다. 강 교사 자신도 모범생이었다. 학교를 좋아했고 그래서 학교를 평생직장으로 선택했다. 그런데 학교에 와서 보니 학교를 싫어하고 고통스러워하는 학생들이 있었다. '내가 이렇게 열심히 하는데 왜 수업을 듣지 않을까?'라는 질문이 내내 강 교사를 떠나지 않았다. 그는 그런 꼴통들을 만나면 "흔들릴 수밖에 없다"고 말한다. 그래서 그들을 이해하려고 노력하며 선배 교사들의 조언을 듣게 된다. 이를 통해 사람을 이해하고 삶의 지평이 넓어졌던 것이 강 교사의 경험이었다. 그런데 이제 교사들에게 꼴통들과의 만남은 삶의 지평이 넓어지는 경험이 아니라 적대감을 쌓는 경험으로 바뀐 것이다. '남'이 '너'가 되는 것이 아니라 '남'이 '적'이 되었다. 오히려 강 교사가 젊은 교사들을 이해할 수 있었던 것은 자신이 지금 가르치고 있는 학생들을 통해서였다.

우리 때 공부 잘하는 학생들은 '착한' 아이들이었어요. 공부를 잘하는데 '독한' 아이들이 아니라. 독하게 공부한 아이들은 사대 안 가고 법대나 상경대를 갔고, 선생 되겠다고 사대 가는 애들은 공부를 잘하는 '착한' 아이들이었거든. 근데 지금 내가 가르치는 고3에서 교대, 사대를 가는 아이들은 내신이 전 과목 1등급인 아이들이에요. 1등급을 찍으려면, 엄청난 긴장 속에서 매시간 초 단위로 인생을 살아야 돼요. 그런데 뒤에서 떠들고 이러면 얼마나 짜증나겠어. 피가 튀는 경쟁에서 살아남은 아이들이거든, 우리 학교에서 서울교대 간 아이들을 떠올리면. 독한 아이들이 긴단 말이야. 그러니까 (새삼 깨달았다는 듯) 그런 아이들이 가지. 저 아이가 교사가 되면 행복할까, 그런 생각이 드는 아이가 교대를 가고 그래요. 그런데 그 경쟁이 대학에 가서도 끊이지가 않는 거잖아요. 지금은 교대도 임용고사 경쟁률이 높고. 그렇게 교사가 됐으면 그런 생각을 할 법하다는 생각이 드는 거지. (강 교사)

최 교사 역시 한 젊은 교사와 이 문제로 충돌을 겪었다. 평소에는 공부도 잘하고 얌전한 남학생이 있었다. 어느 날 이 학생이 아프다고 호소하여 담임은 전혀 의심하지 않고 집으로 보내주었다. 이 학생은 거의 일주일을 그렇게 조퇴를 했다. 그러던 차에 학부모로부터 전화가 왔다. 학생이 어제 집에 들어오지 않고 전화도 되지 않는다는 것이다. 마지막으로 통화를 한 곳이 인근 대도시의 찜질방이었다고 한다. 놀란 담임이 학생을 불러서 물었더니 어제 친구와 놀다 늦어서 찜질방에서 자게 되었고 잠결에 전화를 받고 끊어서 그 뒤에 못 받았다고 변명을 했다. 마침 그 장면을 최 교사가 보게 되었다.

최 교사는 그 일이 학생에게 잘된 일이라고 생각했다. '범생이'로만 자라는 것보다 그런 사고도 쳐보는 게 학생의 성장에 더 도움이 된다고 본 것이다. 그러나 학생이 돌아가고 나자 담임은 큰일 났다는 듯이 말을 했다. 그 학생이 생각지도 못한 방황을 하고 돌아다녔다는 것이다. 이야기를 들어보니 첫날 학생이 아파서 조퇴를 하다가 좀 '놀던' 중학교 때 친구를 만났다고 한다. 그 친구가 오토바이를 가지고 있었고 "놀러가자"는 말에 따라나섰다고 한다. 아픈 몸에 찬 바람을 쐬어 몸이 더 안 좋아져서 다음 날 또 조퇴를 하게 되었다. 그리고 그다음 날 또 그 친구들을 만나는 일을 반복하면서 일주일을 보내다가 부모에게 들킨 것이었다. 담임은 이 "공부 잘하는 학생"이 **"여자친구도 있고"**라고 말하며 경악했다. 최 교사는 이 학생에 대한 이야기를 다른 후배 교사와 나누다 서로 불쾌해졌다고 한다.

어떤 선생님이랑 그 얘기를 하게 됐어요. "요새 애들은 너무 반듯하게 다듬어지면서 자라고 있는데, 그 아이는 귀한 경험을 했다"고 말을 했지요. 또 그 학생 담임 생각이 나서, "샘들이 너무 모범생으로 자라고 저런 경험 한 번 해보지 않아서 아이들을 이해하는 데 문제가 있는 것 같다"는 얘기도 했고요. 웃으면서 농담처럼 한 말이에요. 그런데 이 선생님이 버럭 화를 내는 거예요. "나는 그렇게 자랐고 지금도 그렇게 생활하지만 아무 문제가 없다. 왜 그런 식으로 말하느냐"면서. "왜 아이들이 그런 경험을 해야 한다고 생각하느냐"고 따지면서 막 화를 내더라구요. (최 교사)

최 교사는 이 이야기를 전하면서 젊은 교사들이 학생들을 이해하려 들지 않는다고 말했다. 학생들의 이야기를 들으려고 하지 않기 때문에, 이해하지 못하는 것이 아니라 이해하지 않는다고 생각한다. 최 교사뿐 아니라 많은 교사들이 이것이 바로 요즘 신규 발령을 받은 교사들이 모범생으로서 가지고 있는 맹점이라고 말한다. 교사 자신이 규칙을 지키고 교사의 말을 잘 따르는 것이 몸에 배어 있다. 그렇기 때문에 그렇지 못한 학생을 이해하기보다는 '잘못된 것'이고 '고쳐야 하는 것'이라고 생각한다. 최 교사에게 화를 낸 후배 교사처럼, 경험을 하고 그 경험을 통해 성장하는 것보다 규율을 지키고 반듯하게 생활하는 것이 더 중요하다.

최 교사가 보기에는 그 남학생의 담임도 마찬가지였다. 담임으로서 학생이 왜 상습적으로 조퇴를 하는지를 알아내는 것은 중요하다. 담임의 역할이 그렇기 때문이다. 그러나 담임이 학생과 주고받은 대화를 보면 전형적인 무한반복이었다. 학생의 이야기를 듣기보다는 심문하고 추궁하는 식이었는데, 그것도 같은 이야기만 지겹도록 반복하고 있었다. 학생이 자백할 때까지 취조를 하는 것과 같다. 무슨 일을 했는지만 중요한데, 그 '무슨 일'은 이미 잘못된 일이라는 전제가 깔려 있다. 학생이 왜 그랬는지 이해하려는 마음은 거의 없다. 최 교사는 이것이 학교에서 교사와 학생 사이에 이루어지는 전형적인 대화라고 전한다.

장 교사는 교사와 학생의 관계에서 교사의 역할을 통제와 이해로 바라보는 교사와 그렇지 않은 교사의 근본적인 차이는 '기다림'이라고 말한다. 그가 보기에, 젊은 교사들이 학생들을 이해하지 못함으로써 빚어지는 문제점 중의 하나가 학생의 변화를 지켜보면서 기다리지 못한다는 점이다. 그래서 성적이 좋지 못하거나 태도가 바르지 못한 학생에 대한 교사들의 태도는 적대적이거나 단정적이 될 수밖에 없다. 학생을 바라보는 시선이 단정적일수록 그 시선은 그들이 내뱉는 말에 고스란히 드러난다.

애들에 대해서 함부로 말하는 경우가 많아요. 동학년 선생님들끼리 모이면 "우리 반의 그 새끼 그거는 안 돼, 인간이 안 돼" 이런 말을 하는데, 저는 그런 말을 듣는 게 불편하거든요. "그 학생에게도 이유가 있지 않을까. 우리가, 교사가 그렇게 말하면 더 이상 교육이 안 되는 것 아닐까" 이렇게 이야기하면 자기들이 면박을 당했다고 생각하는 것 같기도 하고. (장 교사)

장 교사는 학생을 "새끼"라고 부르거나 "인간이 안 된다"라는 식으로 말하는 것은 교사로서, 또 인간으로서 해서는 안 되는 행동이라고 생각한다. 장 교사에게 교육을 한다는 것은 그 학생에 대한 믿음과 학생과 끝까지 같이 가겠다는 인내심과 기다림이 바탕이 되어야만 가능한 것이다. 학생이 못 따라오면 왜 못 따라오는지 이유를 생각해봐야 하는데 그렇게 하지 않는다. 그래서 기다릴 줄 모른다. 교사가 어떤 규칙을 제시하거나 새로운 시도를 하면 그것이 금방 효과를 내야 한다고 생각한다. 그러지 않으면 바로 학생들을 포기하고 막말을 한다. 장 교사는 교사가 학생들에게 가하는 언어폭력의 상당수는 기다릴 줄 모르는 것에서 기인한다고 생각한다. "내가 너를 위해서 이렇게 노력했는데 어떻게 네가 나를 따라오지 않을 수 있냐"라는 식이다. 여기에는 학생의 입장에서 교사의 노력을 바라보고 평가하는 태도가 결여되어 있다. 그러니 학생들의 능력과 변화에 대한 신뢰가 없고 "아이들은 안 돼, 자치는 무슨 자치"라는 말이 바로 튀어나온다.

요즘은 선생님들이 마음대로 정하는 규칙을 아이들이 안 따라요. 그래서도 안 되고요. 그래서 저는 규칙을 만드는 과정에 시간을 많이 들입니다. 아이들과 얘기하고 하니까. 그걸 보고 나도 한번 해봐야지 하는 선생님들도 있었어요. 그런데 시간이 가고 애들의 스트레스 지수도 높아지면서 문제가 터지니까 다시 선생님들이 조여 매는 거예요. 안 된다는 말을 하는 빈도가 높아지고 말 꺼내기 힘든 분위기가 되어버리는 것이죠. 애들이 대들거나 복도에서 떠들며 막 왔다갔다 뛰어다니고 그러면, 선생님들은 애들이 방방 떠서 아무것도 할 수 없다면서 점심 시간에도 문제집을 풀라고 시키는 거예요. (장 교사)

    장 교사는 자신이 학생들에 대한 언어에 민감해지게 된 까닭은 다른 사람들이 다 이상하다고 말하는 학생과 소통하고 대화해본 경험 덕분이라고 말한다. 그는 교대를 다니던 시절에 참여한 청소년캠프에서 다른 사람에게 마음을 닫은 학생을 만났다. 처음에는 장 교사도 이 학생을 피했지만 밥을 같이 먹고 산책도 같이 하면서 서서히 그 학생이 마음의 문을 여는 것을 보았다. 이 경험이 학생들의 태도를 단정하기보다는 이해하고, 인권에 대한 감수성을 깨우치게 된 계기가 되었다. 나와 다른 사람을 이해하는 것이 사람으로 성장하고 교사가 되는 첫걸음이라고 장 교사는 확신하고 있었다.

    그런 장 교사가 한번은 **"아무 생각 없이"** 한 후배 교사에게 교육에 대한 자신의 생각을 말했다가 사이만 멀어지는 일을 겪었다. 그 후배는 시험을 앞두고 두세 시간 정도에 가르칠 내용을 한꺼번에 "진도를 빼고" 나머지 시간에 시험에 나올 만한 내용을 복습시켰다. 초등학교에서는 교사가 수업 시간을 조절할 수 있다. 그러나 시험을 위해서 진도를 빠르게 나가는 것을 장 교사는 이해할 수가 없었다. 그래서 그 후배 교사에게 "나는 그렇게 하지 않는다.

그 공부가 아이들에게 무슨 의미가 있느냐? 교사의 양심을 걸고 그건 아니다. 우리가 정신을 차려야 한다"고 말했다. 그런데 후배가 대단히 부담스러워한 것이다.

"교사의 양심"이나 "정신을 차려야 한다"는 말은 과거라면 문제 될 것 없는 표현이었다. 오히려 몇 년 전까지만 하더라도 후배들은 선배 교사에게 이런 말을 들으면, 생각은 다르다 하더라도 공감을 했다. "선생님이 말씀하실 때마다 정신이 번쩍 든다"고도 했다. 그래도 '네가 잘하는 선생'이라고 인정했다는 말이다. 다수의 교사가 '진정성'을 인간이 추구해야 하는 가치로 받아들이거나 최소한 인정하고 있었기 때문이다. 그런데 몇 해 전부터는 이런 말을 하는 후배가 거의 없다고 한다. 오히려 장 교사가 이런 이야기를 하면 '안쓰럽게' 보는 후배도 있고 부담스러워하며 피하는 후배도 있다. 그는 이제는 후배 교사들이 자신의 교육철학을 인정해주지 않는다고 말한다. 자신을 인정하는 순간에 그들이 이상한 교사가 되기 때문인 것 같다고 한다.

시험 성적 꼴찌하면서도 뿌듯하다고 느꼈어요. 성적이 떨어지더라도 내가 하는 교육이 제대로 된 교육이라고 생각했고 자부심을 지킬 수 있었어요. 그런데 이제는 아니에요. 승진이나 업적에서 중요하다고 생각하는 전시행정을 아무리 부정하려고 해도 주변의 분위기가 그렇지 않아요. 아이들 성적이 떨어지면 주변에서 다 내가 무능하고 불성실한 교사인 것처럼 보기도 하구요. 더 이상 버틸 힘이 없어지고 있어요. 버티는 주기도 짧아지고 있구요. 더구나 이제는 내 입으로도 이게 제대로 된 교육이라고 말할 수가 없어요. 그렇게 하면 동료 교사들이 하는 것은 교육이 아니라고 비난하는 셈이 되고 네가 못하는 것이라고 말하는 것 같아서요. (장 교사)

선배 교사의 교육 방식과 내용이 비록 학교라는 제도에서는 인정을 받지 못하더라도, 후배 교사들에게서 인정받고 그 경험이 전수된다면 그것이 그들의 삶에 연속성을 부여한다. 듀이의 말처럼, 경험의 연속성이란 한 개인의 경험과 경험의 연결도 있지만 세대와 세대 간의 연속을 통해 보장되는 것이기도 하다. 그런데 장 교사 세대의 경험이 후배 교사들에게 의미 없고 부담스러운 것이 되면서, 자신이 하는 일에 자긍심을 가지고 버틸 힘이 점점 없어지게 되었다.

강 교사도 후배 교사에 대해 비슷한 생각을 하고 있다. 강 교사가 근무하는 학교에 초임 교사가 들어왔다. 이 후배를 전교조에 가입하게 하려고 강 교사는 공을 들였다고 한다. 그런데 자기도 하기 힘들어하는 3학년 수업을 이 후배가 도맡아서 했다고 한다. 사실 강 교사의 학교는 낙후한 부도심의 인문계 고등학교라서 한 반에 다섯 명 정도를 빼고는 단어조차 이해하지 못하는 '문맹자'들이라 할 수 있다. 문제집 풀이 위주로 할 수밖에 없는 고3 수업에서 당연히 이들은 잠을 자거나 떠들고 놀 것이 분명해 그 후배가 교사로서 무력감을 느끼게 될 것이 안타까웠다. 그런데 이 초임 교사는 아무 탈 없이 계속 고3 수업을 이끌었다고 한다. 강 교사는 이 후배가 너무 신기한 한편, 어떻게 좌절하지 않는지 이해가 되지 않았다. 그래서 이 후배와 이야기를 할 때마다 "샘, 힘들지 않아?"라고 물어봤다. 이 물음을 통해 강 교사가 나누고 싶은 것은 가르치는 것이 불가능함으로 인한 고통이었다. 그러나 대답은 정반대로 돌아왔다.

나는 그이의 고통에 대해서 들어보고 싶었어요. 내가 2학년까지 가르친 그 꼴통들이 3학년에 갔단 말이에요. 갑자기 지적 능력이 상승할 수가 없잖아요. 그애들이 수업을 전혀 못 알아들을 텐데, 자기 이름도 한자로 못 쓰는 애들인데. 그런 아이들과 수업하는 게 힘들지 않은지 물어봤죠. 그런데 그이가 딱 방어막을 치는 거예요. 자기는 어차피 아이들을 다 책임질 수는 없다고 생각한다면서, "그렇다고 해서 다른 애들이 수능 시험 준비를 못하는 것도 문제 아닌가요?" 이렇게 각을 세워요.
내가 잘난 척하려고 그런 게 아니에요. 나는, 내가 11년차인데 두려워서 3학년 수업을 못한다는 거 아냐. 그 상황을 직면하는 게 싫어서. 문제집 풀이 수업에서 다섯 명만 듣고 나머지는 다 자는 그런 상황을……. 그래서 나는 그이가 그런 상황을 어떻게 견뎌내는지 묻고 싶었고, 또 어떤 방법이 있다면 내년에 그이랑 같이 3학년을 해볼까, 이런 생각에서 이야기한 거예요. 그러니까 나는 고통을 공유하면서 동료성을 회복하고 싶었어요. 그런데 그 친구는 그걸 자

기에 대한 공격으로 받아들이는 거야. (강 교사)

강 교사에게 동료란 고통을 공유하는 사람이다. 교사로서의 고통을 공유하는 것이 중요한 것이다. 그래서 그가 초임 교사에게 물어보는 질문이 "힘들지 않느냐?"이다. 이 질문에서 강 교사가 기대하는 답변은 당연히 "힘들다"는 것이며 교실에서 벌어지고 있는 상황에 대한 공유다. 학생들과의 부딪침과 그 부딪침에서 빚어지는 여러 가지 갈등이나 혼란이 그가 교사로서 후배 교사와 공유할 수 있는 이야기다. 그런데 이 초임 교사는 자신의 상황을 문제시하지 않는다. 모범생 출신인 그는, 자기에게 익숙한 수업 방식이 성적이 좋지 않은 학생들에게 맞지 않을 수 있다는 것에 관해 질문하지 않는다. 오히려 이런 문제로 말을 걸면 후배 교사는 부담스러워하고 자신이 공격받았다고 생각한다. 따라서 강 교사가 이 후배와 나눌 수 있는 이야기는 없다.

내가 20대 선생님들하고 모임을 하는데, 그 모임에서 또 뮤지컬 얘기를 하는 거야. 나도 그이들하고 전교조를 해보려고 주기적으로 만나고 그러는데, 결국 그이들이 보고 온 뮤지컬 이야기를 내가 들어야 되는 거야. 라만차를 봤네, 뭐를 봤네. 엄청 많이 봐요. 퇴근 후에는 학생들 이야기를 하고 싶어하지 않아요. 난 그것도 충격이야. 내가 3년차 때는 어떤 느낌이었냐면, 컴퓨터가 안 꺼지는 느낌이었어요. 풀리지 않는 뭔가가 있어서 딴 이야기를 하다가도 그 문제로 돌아오는 거 있잖아요. 그게 내가 잘나고 헌신적이어서가 아니라, 열을 받아서든 상처받아서든 걱정되었거든. 그게 뭐든 간에 그게 꼭 애들을 사랑하는 감정이 아니어도, 이 감정이 차단이 안 되는 거야. 근데 그이들은 4시 30분이 되면 탁 페르소나가 바뀌는 거 있잖아요. 학생들 이야기를 안 해. "애들은 어때요?" 물으면 "뭐 잘 지내는 것 같아요" 하고 말아요. 3학년이 어떻게 잘 지내, 수업을 하나도 못 알아들을 텐데. 그런데 그게 아무런 문제가 안 되나 봐요, 그이들한테는. (강 교사)

강 교사는 후배 교사들이 보여주는 삶의 프로세스를 신기해하고 놀라워했다. 자기들은 앉으나 서나 학생 생각, 교육 생각이었다. 아이들을 사랑해서가 아니라 자기 삶에 대한 애착 때문이었다. '내 삶'이 의미와 가치를 가져야 하는데, 학교에서 벌어지고 있는 일은 그 의미와 가치를 부여하지 못하고 있다. 따라서 이 문제를 어떻게 해결할 것인지에 대한 고민이 계속 이어지는 것이다. 그에게 교직은 그저 "밥벌이"가 아니라 자아를 실현하는 통로였다. 교사가 학생에게 인정받지 못하고 교사로서 자부심과 긍지를 가지지 못할 때 '내가 교단에 왜 서야 하는가'를 고민하는 것은 서사적 삶, 즉 삶의 연속성에 대한 의지를 보여준다. 강 교사가 보기에, 퇴근 시간만 되면 페르소나를 바꾸고 전혀 불편하지 않게 다른 모드로 전환하는 후배들의 삶은 단절적이다. 그것에 대해 문제의식을 가지지 않는 것이 신기할 수밖에 없다.

그래서 강 교사는 자신이 소속된 전교조 지회에서 젊은 교사들을 위한 문화공연 행사를 했을 때 이해할 수 없었다. '그걸 왜 전교조가 추진해? 선생들이 돈이 없어?'라고 생각했단다. 전교조 모임이라면 "아이들에게 당한 것, 관리자에게 당한 것"을 이야기하며 상담기술이나 학급운영 같은 '교사의 일'을 토론하는 자리여야 하는데, 왜 거기서 뮤지컬이니 드라마 이야기를 해야 하는지 이해하지 못한다. 그는 "후배들이 뮤지컬 이야기할 때 나는 희망버스 이야기**나 하고**" 있다면서, 자기가 화장실에라도 다녀오면 후배들은 다시 '말랑말랑한' 이야기로 돌아가 있어서 후배들과의 모임에 잘 나가지 않게 되었다고 말한다.

바우만의 논의를 빌리면, 강 교사가 이해하지 못하는 것이 바로 소비자사회에서의 정체성이다. 교사는 노동을 하는 생산자이며 교사의 "역할을 해내는 능력과 자발성"(바우만, 2010b: 47)을 중심에 둬야 한다고 강 교사는 생각한다. 그러나 "오늘날 사회가 그 구성원을 형성하는 방식은 무엇보다도" "소비자 노릇을 해내는 능력과 자발성"(위의 책: 47-48)이다. 소비자사회에서 "노동은 자기 건설과 정체성 건설에서 다른 모든 노력들의 중심축이라는 특권적 지위를 잃었다"(위의 책: 64).

바우만은 소비자사회로의 전환에서 "가장 결정적인 변환은 그들의 사회적 정체성이 요구되는 바에 따라 훈련되는 형식"(위의 책: 48)이라고 말한다. 따라서 근무 시간이 끝난 다음에 "페르소나를 바꾸고 전혀 불편하지 않게 다른 모드"로 전환하는 것은 소비자사회에서는 아무런 문제가 되지 않는다. 오히려 이때부터 보다 본격적으로 자신에게 주어진 소비자로서의 정체성을 실현시킬 수 있기 때문에, 이 시간이 교사로서 보내는 시간보다 더 의미있다. 소비자사회는 "만족을 지연시키는 걸 달가워하지 않는" 사회이며 "윤리적 기준이 아니라 미적 관심의 안내를 받아야"(위의 책: 61) 하는 사회이다. 교육과 학생들에 대한 이야기와 뮤지컬에 대한 이야기가 부딪치는 지점이 바로 여기다. 그 사이에는 단지 세대 차이만 있는 것이 아니라 고체 근대와 액체 근대, 전기 근대와 후기 근대라는 시대적 단절이 있다.

우리는 동료들과 충분히 이야기를 나눌 수 있을까?
우리는 학생들의 이야기를 들을 만한 동등한 이야기로 여길 수 있을까?
더불어 앉아 이야기하는 것만으로도 충분하다고 생각할 수 있을까?

010
학교는 다시 가르침의 공간이 될 수 있을까

침묵, 자신과 타인을 지키는 방법

나는 이 책에서 학교라는 공간에서 교육적 만남이 어떻게 점차 불가능해지고 있는지를 살펴보았다. 학생과 교사의 관계는 아예 무관해지거나, 적당히 공모하거나, 혹은 적대적으로 변하고 있다. 학생들에게 학교는 계몽의 공간으로서, 신분 상승의 도구로서, 혹은 다양한 능력을 발견하고 연마하는 공간이나 생활의 공간으로서 모두 무의미해지고 있다. 그럼에도, 몸은 절대 다수의 시간을 학교에 매여서 물리적으로 다른 존재들과 충돌하고 있다. 이런 상황에서 수업 붕괴와 학교 폭력은 심각해질 수밖에 없다.

학생들의 관계가 점점 더 폭력적으로 되고 있지만 정작 그 폭력이 일어나는 공간인 학교와 교실은 문제 해결의 단위가 되지 못하고 있다. 특히 학생들은, 문제가 발생했을 때 학교와 학급이 그것을 해결해줄 것이라고 전혀 믿지 않는다. 대신 혼자서 견딘다. 그러다 임계치에 이르면 자신의 몸을 던져 사건을 폭로한다.

학교가 위기에 처했다는 것은 수업 붕괴나 학교 폭력이 일어났다는 사실 자체가 아니다. 학교는 강제적인 생활의 공간이지만, 그 생활에서 발생하는 문제를 해결하는 단위는 되지 못하는 것이 위기의 실체이다. 이 위기를 돌파하기 위해서는 교사들이 교무실에서 서로 머리를 맞대고 활발히 토론하며 지혜를 모아야 한다. 하지만 정작 교무실은 침묵에 빠져 있다. 민주화와 함께 '침묵의 교단'을 넘어서자고 했지만 침묵은 더 깊어지고 있다. 위기를 감지하고 그것을 공론화하려는 교사들은 오히려 불온시된다. 학생들을 두고 무책임하게 실험하는 교사로 낙인찍히고 있다. 공연한 분란을 일으키고 가뜩이나 피곤한 삶을 더 수고롭게 하는 '설치는 존재'들로 기피된다. 이 때문에 무엇인가를 시도하려는 교사들의 삶은 더욱 분주해지고, 자칫 사고라도 벌어지면 '독박'을 쓰게 된다. 아무도 나설 수 없는 구조, 나서면 망하는 구조, 그것이 지금 학교의 모습이다.

그러다 보니 공개적으로 문제제기하지 않고 서로 책임질 말을 안 하는 것이 상책이 되었다. 당연히 교무실은 침묵에 빠지고 교사들은 서로 소통을 차단하고 자신의 발언을 검열하고 행동을 단속하게 된다. '차단'에는 두 가지 의미가 있다. 하나는 내 삶에 타자가 개입하는 것에 대한 경계이고, 다른 하나는 타자로서 자신을 드러내는 것에 대한 경계이다. 특히 교무실의 침묵이란 자기 자신을 상대방에게 다른 의견을 제시하는 자, 즉 타자로 드러내지 않는 데서 비롯된다. 공적으로 문제제기를 하지 않는 것을 넘어, 다른 교사의 교육철학이나 교육 방식에 대해 다른 의견을 제시하거나 조언하는 것 자체가 개인적인 공격이자 예의 없는 행동으로 여겨진다. 동료 교사가 학교 평가와 관련하여 열심히 학생들을 독려하는 것에 대해 비판적인 말을 했다가 "샘이 어떻게 나에게 이럴 수 있냐?"는 항의를 듣고 관계가 어색해진 후, 임 교사가 다른 교사가 하는 일에 대해 아무 말도 하지 않게 된 것이 대표적인 예이다. 임 교사가 그런 말을 한 것은 동료 교사의 부지런함에 대한 비판이 아니라 교사의 부지런함이 때에 따라서는 반교육적이 될 수도 있음을 상기시킨 것이었다. 하지만 동료 교사는 그것을 자신에 대한 공격으로 받아들였다.

  따라서 관계는 타자성이 드러나지 않는 방식으로 세심하게 배려되어야 한다. 이것은 결코 이기주의의 문제가 아니다. 다른 교사의 문제에 가급적 개입하지 않는 것은 자신에게 닥칠 피해를 피하는 것이자 동시에 그 교사를 존중하며 관계를 유지하는 방식이기 때문이다. 관계를 유지하기 위해서는 다른 사람의 삶에 관여하지 않는 것을 넘어, 남에게 부담을 주지 않는 방식으로 자기 삶을 제어하고 행동해야 한다. 교육이란 무엇이고 어떻게 해야 하는

가에 대한 견해 차이는 명백히 정치적인 것이지만, 그것은 문화적 차이 혹은 취향의 문제로 순치되어야 한다. 정치적 차이가 토론과 논쟁을 통해 조정되는 것이라면 문화적 차이는 관용과 개성의 존중으로 조정되기 때문이다.

타인의 견해를 개성이자 취향으로 존중하는 것, 그것이 예의 바른 행동이다. 장 교사나 강 교사가 교육과 학생들에 대해 이야기할 때 후배 교사들이 부담스러워하는 것도 이런 이유에서였다. 장 교사나 강 교사가 고뇌하는 모습 자체가 그들에게는 자신의 '교사 됨'에 대한 공격이 된다. 문 교사가 혼자서 지문인식기 도입에 반대했을 때 그를 압박한 사람도 관리자가 아니라 동료 교사들이었다. 왜 혼자서 튀느냐는 것이 그들이 문 교사를 못마땅하게 바라본 이유였다. 교육현장에서 받는 상처와 고통을 드러내고 그것을 그 자리에서 다른 사람들과 공통의 것으로 나누는 일은 의식적으로 기피된다.

이처럼 서로의 삶에 개입하지 않고 문제제기를 하지 않기 위해 자기를 검열하고 단속하는 것은 서로를 믿지 않기 때문이다. 내가 믿었던 사람이 언제 나를 공격할지 모른다는 경계심을 늘 가지고 살아간다. 바우만은 우리가 살아가는 시대에 세 가지 수준에서의 신뢰가 다 붕괴하였다고 말한다. 첫 번째는 자기 자신에 대한 신뢰, 두 번째는 타자에 대한 신뢰, 세 번째는 제도에 대한 신뢰다(바우만, 2009a: 262). 믿을 수 있는 것이 아무것도 없다. 자기 자신조차 믿지 않으며, 자신이 속한 제도가 문제를 해결해줄 수 있을 것이라고도 믿지 않는다. 사람들은 아는 사람들만 자기 주변에 배치하려고 하며 모르는 세상과의 접촉을 될 수 있는 한 끊으려고 한다. 제도와 타자 그리고 자기 자신에 대해서조차 불신할 때, 안전을 위해 자기가 자신을 감시하고 검열하는 자기 단속으로 귀결되는 것이다. 개인들은 침묵함으로써 스스로를 세계와 단절하여 고립한다. 이런 세상에서는 취향만 남게 된다. 이처럼 다른 사람의 감시로부터 스스로를 보호하기 위해 공적으로 자신을 드러내지 않으려는 강도가 강해질수록 사람들은 사적으로 '친밀한 관계'에 집착한다. 취향이 같거나 사적으로 친밀한 관계에 자신을 드러내는 것으로 보상받으려는 것이다. 이른바 '사교'만 남게 되었다. 이 시대가 가진 취향과 사교에 대한 강박은 바로 이것을 말하고 있다(세넷, 1982: 32).

  이 책에서 소개한 교사들이 동료 교사들과 대화하면서 아무 재미도 느끼지 못하는 이유가 바로 여기에 있다. 지금 교사들은 드라마나 쇼핑에 대한 이야기만 하고 학교와 교육에 대한 이야기는 가급적 피하려고 한다. 내가 만난 교사들은 바로 그 이야기를 해야 동료가 된다고 생각하지만, 그것은 동료 교사들에게 의식적으로 기피되는 부담스러운 주제이다. 따라서 동료 교사들과 '정치적'으로 접속하기 위해서는 어쩔 수 없이 자신들이 별로 흥미로워 하지 않는 '문화적'인 이야기를 나눠야 한다. 강 교사가 후배들과 함께 대화하려고 노력하다 결국 뮤지컬에 대한 이야기만 나누게 되는 데 지쳐 대화 자체를 그만둔 것이 대표적이다.

또한 동료 교사들과 함께 학생들에 대해 나눌 수 있는 이야기는 '험담'인 경우가 대부분이다. 게다가 이런 험담은 "걔는 원래 그래"라거나 "그 새끼는 인간이 글렀다" 같은 반교육적인 언사로 이루어지는 것이 대부분이라 공감하거나 동의하기가 힘들다. 오히려 장 교사는 "그런 식으로 말해서는 안 된다"고 말했다가 동료 교사들에게 배척받는 경험까지 했다. '타인에게 피해를 주지 않는 범위에서 다르게 살아갈 수 있는 자유'라는 자유주의의 개념은 다름/차이를 드러내는 것 자체가 타인의 삶에 대한 개입이 되는 것으로 급진화되었다. "자기 자신을 타자로 드러내서는 안 된다"라는 말이 급진적으로 의미하는 바가 바로 이것이다. '튀지 않는 것'은 나를 보존하는 것만이 아니라, 나아가 남을 배려하는 방식이 되었다.

이런 상황에서는 질문을 던지는 사람들이 오히려 이질적인 존재가 되고, 사람들은 자신의 목소리를 내기보다 자기 검열하며 찬-반의 목소리 뒤로 숨게 된다. 다른 목소리를 내는 것은 위험하기 때문에 스스로를 공적으로 내보이기를 두려워하게 된 것이다. 현재 자신들이 처한 상황을 성찰하려는 요구가 결속과 유대를 낳는 것이 아니라 이질적인 집단과의 만남을 방해하고 단절시키며 또한 개인들을 자기 검열-단속시키는 계기가 되고 있다.

그 결과 학교는 타인에 대해 말해선 안 되는 사회가 되었다. 타인에게 심려를 끼칠 만한 이야기는 '그 공간'에서 하지 말아야 하기 때문이다. 뒤에서 수군거리거나 다른 데 가서 떠들 수는 있지만 결코 정면에서, 혹은 공개적으로 이야기하거나 공론화를 시도해서는 안 된다. 자신의 상처라는 개인적인 경험을 교사들 모두의 "공적인 이슈들을 다루는 언어로 새롭게 해석하고" 교사 개인이 교실에서 겪은 "사적인 곤란들에 대해서 공공의 해결책을 모색"(바우만, 2009a: 64)하는 과정으로서 정치는 불가능해졌다. 대신 그 자리를 대체한 것은 사적인 위로와 맞춤형의 상담(바우만, 2012)이다.

이런 관점에서 왜 교사들이 자신의 고통과 상처를, 그 상처와 고통이 만들어지는 공간에서 함께 겪고 있는 사람들과 나누는 것이 아니라 전문상담소나 방송 같은 곳에 나가서 이야기하는지 비로소 알 수 있다. 권 교사가 교사로서의 고통을 나눌 사람을 학교에서는 도저히 찾지 못해 결국 점집을 찾아간 것도 이런 이유에서다. 이제 상처와 고통은 일상적인 것이 아니라 병리적인 것으로 취급되고, 그에 따라 상담소나 정신과 같은 전문적인 곳에서 다루어지게 되면서 학교라는 장소는 현장성을 상실하게 되었다. 교사로서 자신의 고통과 상처를 나누는 공간이 학교 '안'이 아니라 학교 '밖'이 되었고, 교사들 사이에서조차 교육적 만남의 공간으로서 학교는 점차 공동화되고 있다.

이런 학교에서 가르치고 배운다는 것은 과연 가능한 일일까? 다시 이 책을 시작하며 말한 선배 아들의 이야기로 돌아가보자. 그는 기억에 남는 교사가 단 한 명도 없다고 했다. 학교를 다니는 동안 자신은 교사에게 "사물함보다도 더 존재감이 없는 학생"이었다고 말한다. 담임을 포함해서 자기라는 존재가 있었다는 것을 기억하는 교사는 한 명도 없을 것이라고 생각한다. 자신과 눈을 마주치고 이름을 외우려는 교사를 만나본 적이 없다는 것이다. 그는 12년이라는 시간 동안 학교에 몸만 빌려주고 있었다. 왕따부터 자해까지 그가 당한 고통과 상처는 학교라는 공간에서 언어화되지 못한 채 그 몸에 문신처럼 새겨져 있다. 그가 학교에서 건진 것은 그 몸밖에 없는 것처럼 보인다. 나는 늘 그의 부모에게 아들이 살아남은 것을 다행으로 여기라고 위로한다.

타자와 만나지 않고 교육은 불가능하다

그에게 학교가 배움의 공간이 되기 위해서는 어떤 교사가 필요했을까? 우리는 그가 학교에서 단 한 번도 질문을 해본 적이 없다는 데서 그 단초를 찾아볼 수 있다. 성적이 늘 바닥을 헤매던 그는 학교에서 질문을 해본 적이 있냐는 물음에 한 번도 없다고 대답했다. 왜 질문을 하지 않았냐고 다시 묻자, 질문은 공부 잘하는 아이들이나 하는 것이라고 대답했다. 질문을 해볼 생각도 안 해봤냐고 물어보니, 몇 번 질문하고 싶었던 때가 있었지만 "쪽팔려서" 하지 않았다고 했다. 무엇이 쪽팔리냐고 물으니, 자기가 하는 질문이 질문할 만한 것인지 아닌지를 몰라서 질문하지 않았다고 했다. 교사가 하는 말이 이해되지 않기도 하고 저게 과연 그런 것인지 의문이 떠오르기도 했지만, 그 의문이 질문할 만한 가치가 있는지 아닌지 몰라 망설이다 질문할 타이밍을 놓쳐서 포기했다는 것이다.

나는 그의 말을 듣고 학교가 왜 성적이 좋은 일부를 제외한 나머지 학생들에게는 배움의 공간으로서 실패할 수밖에 없는지를 깨달았다. 한국의 교실에서는 자신이 하는 질문이 질문할 가치가 있는지 없는지 아는 학생만 질문할 수 있다. 자신이 아는 것과 모르는 것이 무엇인지를 분별할 수 있는 학생만 질문할 수 있다. 그래서 교사로부터 "아주 좋은 질문이다"라는 말과 함께 대답이 돌아올 수 있는 그런 질문만 할 수 있다. 한마디로 "자신이 모르는 것이 무엇인지를 알고 있는" 소크라테스들만 질문할 수 있는 것이 우리 교실이다. 우리 교실에서 질문이란 자신이 아는 것을 드러내는 장치이지, 모르는 것을 드러내는 기회가 아니다. 자신을 무지한 자로, 알지 못하는 자로 드러내는 질문은 교사만이 아니라 동료 학생들에게 조롱의 대상으로 스스로를 던질 뿐이다. 그래서 교실에서 모르는 자, 즉 '타자'로 자신을 드러내서는 안 된다.

그러나 질문이란 모르는 자가 자신의 무지를 드러낼 때 가치를 발하는 것이다. 특히 자신이 무엇을 알고 무엇을 모르는지조차 모른다는 것을 고백할 때 비로소 앎을 향한 여정이 시작된다. 그렇기 때문에 앎을 위한 여정에서 가장 소중한 질문은 "선생님, 하나도 모르겠는데요?"라는 용감한 질문이다. 그 학생이 모르는 하나를 같이 발견하는 것이 가르침의 출발이며, 그 하나를 아는 것이 배움의 시작이다. 그런데 수업이 끝날 즈음에 질문 있냐고 물었을 때 학생이 "샘, 하나도 모르겠는데요?"라고 말한다면, 그것을 정말 용감하고 좋은 질문이라고 말할 '가르치는 이'가 과연 얼마나 있을까? 아는 자만 교실에서 질문할 수 있고 모르는 자는 질문할 수 없다는 것, 이것이야말로 한국의 교실에서 어떻게 배움이 배반당하고 있으며 선배의 아들을 비롯한 학생들이 왜 학교를 떠나게 되는지 말해준다.

조금만 더 깊게 생각해보자. 한 학생이 손을 들고 "샘, 하나도 모르겠는데요?"라고 말할 때, 보통 가르치는 사람들은 뭐라고 대답할까? 아마도 십중팔구는 "이 새끼, 수업 시간 내내 선생님이 말할 때 뭐 들었어? 듣기는 한 거야, 만 거야?"라고 혼을 낼 것이다. 우리는 바로 이때 가르치는 이의 실패가 배우는 이의 실패로 전가되면서 동시에 '가르치는 이'가 스스로 그 위치를 포기한다는 점에 주목해야 한다. 가르침의 실패를 들음의 실패로 바꿔치기 위해, 스스로를 가르치는 이가 아니라 '말하는 이'로 격하시키는 것이다. 많은 경우 우리는 가르치는 것과 말하는 것을 헷갈려 하고 있다.

여기서 우리는 잠깐 일본의 사상가 가라타니 고진의 이야기에 귀 기울일 필요가 있다. 그는 '가르침-배움'의 쌍을 '말함-들음'의 쌍과 엄격히 대비시킨다(가리타니 고진, 1998). 그는 가르치고 배우는 관계가 타자성에 근거하는 반면, 말하고 듣는 관계는 동일성에 기초한다고 말한다. 쉽게 말해서 서로의 말을 전혀 이해하지 못하는 두 외국인이 서로에게 말을 가르쳐주는 것이 바로 가르치고 배우는 관계의 원형이다. 경상도 사람이 "이 뭐꼬?" 했을 때 함경도 사람이 '뭐꼬'를 몰라 "뭐꼬가 무시기?"라고 하자 이번에는 경상도 사람이 '무시기'를 몰라 "무시기가 뭐꼬?"라고 되묻고는 이 질문만 서로 무한반복하다 대판 싸웠다는 것과 비슷하다. 이 둘은 소통 가능한 공통의 언어를 공유하고 있지 않다. 이처럼 가르치고 배우는 관계는 서로 공유하고 있는 공통의 것이 없다. 가르치고 배우는 것이 위태로운 이유는, '모르는 것을 알게 하는 것이 어떻게 가능한가'라는 가장 근원적인 물음 때문이다. 가르치고 배우는 관계는 내가 가르치려고 하는 것을 상대방이 모른다는 데서 출발한다. 가르치고 배우는 관계에서, 내가 말하는 것을 배우는 이가 못 알아듣는 것은 당연하다. 그것이 전제이기 때문이다. 흔히 교사들이 수업 중에 "내 말 무슨 말인지 알겠지?"라고 되묻는 경우가 있는데, 그것은 가르치고 배우는 관계는 서로 무슨 말을 하는지를 모른다는 데서 출발한다는 사실을 우리가 무의식적으로 알고 있음을 드러내는 말이라 할 수 있다.

 반면, 말하고 듣는 관계는 동일성에 기반한다. 서로 공유하는 언어가 있는 관계이다. 그래서 내가 말하는 것을 상대방이 알아들을 것이라고 전제하고 시작하는 것이 말하고 듣는 관계이다. 그래서 나의 말을 못 알아듣는 것은 말하는 나의 문제이기보다는 집중하지 않고 건성으로 듣거나 이해력이 떨어지는 상대방의 문제가 된다. 바로 이런 점에서 '하나도 모르겠다'는 말에 대해 가르치는 이가 "이 새끼, 선생님이 말하는 동안에 뭐 들은 거야? 듣기는 한 거야?"라고 반응하는 것은 완벽히 학생과 자신의 관계를 가르치고 배우는 관계가 아니라 말하고 듣는 관계로 바꿔치기하는 행위다. 그러나 이때 가르치는 이가 돌아봐야 하는 것은 이런 것이다. 내가 하는 말을 이미 알아듣는 사람에게 나는 무엇을 가르치겠다는 것인지 말이다.

따라서 가르치고 배우는 관계는 "선생님, 하나도 모르겠는데요?"라는 말을 환영하는 것에서부터 출발한다고 할 수 있다. 사실 '하나도 모르겠다'는 말은 교사를 엿 먹이는 말이 아니다. 오히려 나를 가르치는 사람으로 인정하고 초대하는 말이다. 가르치는 이의 정체성은 내가 무슨 말을 하느냐에 달려 있지 않다. 내가 누구를 만나는가에 달려 있다. 내 말을 알아듣는 학생들만 만날 때 나는 절대 가르치는 이가 될 수 없다. 나는 그저 말하는 이일 뿐이다. 바로 이 점이 내가 이 책에서 교육이란 타자성과의 만남이라고 누누이 강조한 이유이다. 내가 하는 말을 하나도 못 알아듣는 존재, 그가 타자가 아니라면 누가 타자란 말인가? "하나도 모르겠는데요?"라고 말하는 학생이 바로 가르치는 사람이 대면하고 만나야 하는 타자이다. 이 질문을 환영하는가 아닌가는, 가르치는 이로서 내가 타자성을 대면하려고 하는가 아닌가에 대한 중대한 시험이 된다. 이 타자성을 대면하고 만날 때 비로소 나는 '가르치는 이'가 될 수 있다.

이런 관점에서 본다면 선배의 아들은 가르치는 이들로부터 환영받은 기억이 없다. 그는 학교에서 가르치고 배우는 관계가 아니라 말하고 듣는 관계만 맺었고, 이해력 떨어지는 듣는 이로 '타자화'된 기억밖에 없다. 거꾸로 선배의 아들과 같은 학생을 타자화함으로써 교사들 역시 가르치는 이로서 자신의 정체성을 확인하고 성장하는 길을 스스로 봉쇄했다.

나는 이 글을 읽는 '가르치는 사람'들이 깊게 생각해보기를 바란다. 자신의 교직 인생에서 자신을 교사로 성장시킨 학생들이 과연 누구였는지를 말이다. 이 책에 나오는 교사들을 만나는 내내 내가 들었던 말이 그것이다. 그들은 전문계 고등학교에서 혹은 왕따가 된 학생들이나 도무지 말을 듣지 않는 학생들을 만나면서, 한편에서는 '멘붕'을 겪으며 자신의 경험과 언어의 한계와 부족함을 절감했다. 그들은 이를 해결하기 위해 선배와 동료 교사의 지혜를 구하고 공부하면서 학생들을 '만나기' 위해 고군분투해왔다. 그러는 과정에서 가르치는 이로서 정체성을 세우고 성장해왔다고 그들은 말한다. 타자로서의 학생, 타자인 학생을 만나지 않고서 교사로서 성장한다는 것은 불가능하다.

학생의 입장에서도 마찬가지다. 배우는 이의 입장에서 가르치는 이는 타자이다. 학교에서 어떤 교사가 타자인지 물으면 학생들은 전혀 엉뚱한 대답을 한다. 흔히 '미친개'나 '불여우'라고 불리는 폭력교사가 학교에서 타자가 아니냐고 대답한다. 학교는 이런 타자들로 가득 차 있다고 말한다. 그러나 사실 이런 교사들은 학생들에게 타자가 아니다. 왜냐하면 학생들은 이들이 언제 화를 내는지, 어떨 때 조심해야 하는지를 예측하고 그에 맞춰 행동할 수 있기 때문이다. 그가 오늘 아침 기분이 나쁘다면 분명 부부싸움을 했거나 다른 재수 없는 일이 있었을 터이다. 그러니 몸을 사려야 한다. 혹 이유도 모르게 그가 화를 내고 체벌을 가한다면 그냥 오늘 내가 재수가 없어서 벌어진 일이다. 어떻게 되더라도 설명이 가능하다. 이렇게 예측하고 설명이 가능한 존재를 낯선 존재, 우리가 경험해보지 못한 존재로서 타자라고 부를 수는 없다. 오히려 학생들은 이런 이들을 숱하게 겪으면서 너무 낯익은 존재로 받아들인다.

그렇다면 가르치고 배우는 관계라는 관점에서 볼 때 어떤 교사가 학생에게 타자인가? 바로 이들 '널브러진 아이'들이 지금까지 들어본 적이 없는 새로운 이야기를 들려주는 사람이다. 이것은 가르침의 입장에서도 중요하다. 왜냐하면 가르친다는 것은 배우는 이가 아직 모르는 것을 가르치려고 하는 것이기 때문이다. 그렇기에 가르치는 이는 자신이 가르치려고 하는 것을 그 언어 그대로는 결코 가르칠 수가 없다. 오로지 우회를 반복하는 방법을 통해 배우는 이가 알아채고 깨닫게 하는 수밖에는 없다. 동서고금을 막론하고 현자들이 제자들을 우화로써 가르친 이유가 바로 이것이다. 배우는 이가 모르고 있는 것을 가르치는 것은 오로지 '이야기'라는 형식을 통해서만 가능하기 때문이다.

학생들은 자신에게 말을 거는 사람이 하는 말의 뒤편에 자신이 들어보지 못한 재미있는 이야기가 있다는 생각이 들 때만 몸을 일으킨다. 얼마 전 나도 이런 것을 경험했다. 우연히 한 지역의 세 고등학교를 방문해서 강의를 하게 되었다. 한 학교는 그 지역에서 상위권에 속하는 학교이고, 다른 학교는 중간, 또 한 학교는 선배 아들이 다녔던 학교처럼 그 지역의 전문계보다 못한 인문계 고등학교였다. 첫 번째 학교에서 학생들이 눈을 반짝인 것은 '글쓰기'에 대해 이야기할 때였다. 논술을 준비하는 친구들에겐 그 이야기가 가장 실용적이었던 모양이다. 두 번째 학교의 학생들은 정말 천진한 눈빛으로 강의를 들었다. 강의가 끝나고 나서 수줍게 앞으로 나와 사진을 찍자고 했다.

마지막 학교는 '요즘' 학교의 실상을 그대로 보여주었다. 그래도 그 학교에서 공부 좀 한다는 학생들을 모아놓았음에도 대부분의 학생은 책상 위에 문자 그대로 '쓰러져' 있었다. 강의를 하는 동안에도 학생들은 자신의 귀에 들어오는 이야기에는 반짝 눈을 들어 나를 쳐다보다가도 좀 이해하기 힘들거나 상관없다고 생각하는 이야기가 나오면 바로 엎어졌다. 나중에 그 학교의 교사에게 들어보니 그 정도만 해도 엄청나게 훌륭한 태도로 강의를 '들어준 것'이라고 했다. 강의가 끝나고 나서 질문 시간이 되었다. 한 학생이 뜬금없이 첫사랑 이야기를 해달라고 했다. 낡고 닳은 질문이었다. 물론 그것은 내 첫사랑 이야기가 궁금해서 던진 질문은 아니었다. 오히려 앞에서 뭔가를 대단하다는 듯이 떠들고 있는 강사의 간을 보기 위한 것이었다. 잠시 망설이다 세상에서 제일 '찌질한' 놈이 누구인지 아느냐고 학생들에게 물었다. 학생들은 비실비실 웃었다. 그들에게 세상에서 가장 '찌질한' 놈이 자기가 연애할 생각은 안 하고 남 연애 구경하려는 놈이라고 말했다. 순간 도서관에 모여 있던 학생들의 시선이 일제히 나에게 꽂혔다. 간 보기를 통과한 것이다.

그러고 나서 나는 그 학생들에게 사랑은 듣는 것이 아니라 하는 것이며, 하는 것을 통해 배우는 것이라고 말했다. 그리고 졸저인 《우리가 잘못 산 게 아니었어》에 나오는 첫 키스의 이야기를 해줬다. 간단하게 말하면, 동아리방에서 성질 사나운 선배에게 혼이 나고 있던 후배를 구해줬고 엉겁결에 그 후배와 첫 키스를 나눈 후배의 이야기였다. 후배에 따르면 그 첫 키스를 하는 동안 머릿속에서 전구가 깨졌다고 한다. 얼마의 시간이 흐른지도 모르는 얼마 후 저 멀리서 희미한 빛이 보였는데, 후배는 그 순간 충만함이 온몸을 휘감으며 '이제 죽어도 여한이 없다'는 생각이 들었다고 한다.

어찌 보면 유치한 이야기일 수도 있다. 다른 곳에서 이 이야기를 했을 때는 낄낄거리는 학생들도 있었다. 그런데 이 '날라리 고등학교'에서 이 이야기를 했을 때는 도서관에 모여 있던 모든 학생이 몸을 용수철처럼 꼿꼿하게 펴서 숨소리 하나 내지 않고 나를 쳐다보고 있었다. 이런 게 사랑이고, 나는 너희들이 이런 사랑을 해보기를 바란다고 말했다. 진부한 이야기일지 모르지만 사랑에 대해 그들이 한 번도 들어본 적이 없는 이야기였을 것이다. 기적은 그다음에 일어났다. 강의가 끝나고 난 다음 십수 명의 학생들이 앞으로 뛰어나왔다. 그러고는 서로 "조용히 하라"며 밀치면서 나에게 질문 공세를 펼쳤다. 사랑에 대한 질문이 아니었다. 공부에 대한 질문도 있었고, 자기가 앞으로 무엇을 하고 싶은데 어떻게 하면 좋겠냐는 질문도 있었다. 이 모습을 지켜보던 한 교사는 '바로 저 자리에 그대로 주저앉으면 아이들이 한 번도 경험해보지 못한 멋진 토론의 공간이 열리겠구나' 하고 생각했다고 한다. 그 강의 이후 이 학교에서는 교사들이 교실에 들어갈 때마다 학생들이 "선생님은 전구가 깨져본 적이 있냐?"고 묻는 통에 교사들이 전구가 뭐냐고 되물었다는 후문을 들었다.

돌이켜보면 교육현장에서 가르치는 이는 학생들이 경험해보지 못한 새로운 이야기를 통해 교사와 학생 사이의 관계가 교육적 만남으로 전화하는 것을 종종 경험한다. 윤 교사의 경우도 그렇다. 윤 교사 학교의 학생들도 절반 이상은 수업 시간에 엎어져 자는 학생들이다. 이들에게 꿈이 뭐냐고 물으면 "왜 그런 걸 묻냐?"며 고개를 파묻어버린다. 수업을 재밌게 하기 위해 게임이나 활동적인 수업 방식을 도입해도 결과는 마찬가지다. 그런 활동을 할 때 반짝 학생들의 주의를 끌 뿐 교과서로 옮겨가는 순간 학생들은 다시 엎드려버린다고 한다. 이들 중 일부는 시험이 끝난 날에는 방과 후 학습이나 자율학습에서 으레 '도망'을 친다. 이들은 "시험 후에는 도망가는 것이 예의"이고 "그렇게 한 번씩 도망을 가줘야 살 수 있다"고 말한다.

윤 교사가 이런 학생 중의 하나를 피시방에서 잡아왔다고 한다. 왜 도망갔냐고 물었더니 학생은 "그냥요"라고 대답했다. 화가 머리끝까지 나서, 사람이 뭘 하면 이유가 있지 그냥이 어디 있냐고 다그쳤는데 그래도 다시 "그냥요"라고 대답하더란다. 공부하는 것이 싫으냐고 물어도 "그냥요"였고, 컴퓨터 게임이 그렇게 좋으냐고 물으니 아니라고 해서 게임을 그렇게 좋아하지도 않으면서 왜 피시방으로 도망갔냐고 물으면 또 "그냥요"라고 대답했다고 한다. 1년 내내 이런 일을 몇 번 반복하다 윤 교사는 문득 이런 생각이 들었다고 한다. 돌아보니 자기 자신도 하루의 태반을 '그냥' 보내는데 왜 학생에게는 유독 모든 일에 이유가 있어야 하고, 또 그걸 말로 설명해야 한다고 강요하는지 말이다. 다음에 그 학생이 또 잡혀왔을 때 왜 도망갔냐고 물었더니 역시 "그냥요"라고 대답하더란다. 그래서 한숨을 한 번 쉬고는 "선생님도 그냥 하는 것 많다. 그냥 살 때가 대부분이다. 가봐라" 하고 말했다. 그러자 그 학생 눈이 동그래졌다고 한다. 그러면서 멈칫거리더니 "그냥 가도 되냐?"고 묻더란다. 거기에 또 '그냥'이 있는 것이 너무 우스워 "그래, 그냥 가"라고 말하며 웃었단다.

윤 교사의 이야기가 중요한 것은, 다른 교사였다면 이 학생의 '그냥요'를 말로 듣지 않았을 것인데 그는 말로 인정했다는 점이다. 우리는 학생들이 '그냥요'라고 말하면 그건 말이 아니라 말하기 싫다는 '신호'라고 생각한다. 그래서 나와 말하기 싫다는 티를 그 말로 낸 것이고 관계를 단절하는 것이라고 생각해 화를 낸다. 나는 너의 이야기를 듣기 위한 준비가 돼 있는데 왜 너는 나에게 말을 하지 않느냐는 것이다. 그러나 윤 교사는 이 학생의 '그냥요'를 말로 들었다. 처음에는 말이 아니라고 생각했지만 자기를 돌아보니 이 '그냥요'가 정말 '그냥요'일 수 있음을 인정한 것이다.

아마 그 학생에게 이 사건은 자신이 하는 말을 교사가 말로 인정한 처음의 경험이었을 수 있다. 사실 학교는 말에 관한 한 엄격하게 규범적이다. 어떤 말은 말로 인정하지만 어떤 말은 말로 인정하지 않는다. 한 학생이 배가 아파서 조퇴를 한다고 생각해보자. 모범생인 학생은 아마도 차분하게 자신의 상태를 설명할 것이다. 어제 저녁에 약간 상한 채소를 먹고 난 다음에 배가 아프기 시작했지만 학교는 와야 할 것 같아서 왔고, 참을 만큼 참았지만 도저히 더 못 참을 것 같으니 조퇴를 시켜달라고 말이다. 학생이 이렇게 말하면 우리는 다 알아듣는다. 그게 학교가 선호하고 승인하는 말하기 방식이기 때문이다. 반면 성적이 떨어지는 학생의 경우를 생각해보자. 이 학생은 아마도 교사를 찾아와서는 대뜸 집에 보내달라고 할 공산이 크다. "선생님…… 제가…… 아, 모르겠어요. 조퇴할래요." 그러면 대부분의 교사는 '또 시작'이라고 생각하고 "왜 또 조퇴하려는데?"라고 신경질적인 반응을 보일 것이다. 이에 대한 학생의 대답 역시 뻔하다. 무엇인가를 설명하려고 하는 것이 아니라 설명하려다 말고 막무가내로 보내달라고만 할 것이다. 보통 이럴 때 교사가 하는 말은 이렇다. "이 녀석아. 땡깡부리지 말고 말을 하란 말이다, 말을."

다수의 학생들이 학교에서 말을 하지 않는 이유는, 자신의 말이 말로 인정받지 못한다는 것을 잘 알고 있기 때문이다. 윤 교사의 학생이 교실로 돌아가 "우리 선생님은 다르다"라고 다른 학생들에게 이야기한 것은 당연하다. 다른 교사들은 말로 인정하지 않는 것을 윤 교사는 말로 인정했다는 것, 이것이 관계의 출발이다. 아렌트는 이처럼 상대의 말을 말로 존중하는 것, 이것이 우정의 출발이라고 말한다. 우정이란 서로의 말이 들을 만한 가치가 있음을 동등하게 인정하는 사람들 사이에서만 가능하다. 다른 교사와 다르다는 것, 여기에서 학생들은 이 교사의 '이야기'가 궁금해지기 시작한다. 또 그 이야기를 듣기 위해 귀를 열게 된다. 그 이야기로부터 뭔가를 배우고 얻을 수 있다고 생각하기 때문이다.

벤야민은 "실질적 관심이나 이해에 근거해서 이야기를 펼쳐나가는 것은 타고난 재능을 지닌 수많은 이야기꾼의 두드러진 특징"(벤야민, 1983: 169)이라고 말한다. 학생들이 어떤 이야기를 듣고 재미있다고 여길 때는 그것이 그저 소모적으로 재미있을 때가 아니라 삶에 대해 배우는 것이 있을 때이다. 이렇게 되면 학생들은 들은 이야기에 자기의 이야기를 보태려고 한다. 나의 경우는 이런데 그건 왜 그런가 하고 질문할 수도 있고, 나도 그와 비슷한 걸 경험했다며 사례를 보탤 수도 있다. 이처럼, 재미있는 이야기는 듣는 사람의 입장에서 교훈이 될 만한 충고나 조언이 들어 있는 '유용한' 이야기다. 이야기를 듣는 사람이 그 이야기를 듣고 무엇인가 자기 이야기를 보태는 이유는 자신이 들은 이야기가 "드러난 형태로든 숨겨진 형태로든 간에 유용한 그 어떤 것을 내포"(위

의 책: 169)하고 있기 때문이다.

  이런 이야기를 들을 때 비로소 학생들은 수업에 참여하게 된다. 이야기는 한 사람에게서 다른 한 사람에게로 일방적으로 전달되는 것이 아니라 꼬리에 꼬리를 물고 이어지는 것이다. 조효원*에 따르면, 이야기는 "전달하는 것"이 아니라 "나누는 것"이며, 듣는 사람이 그 이야기에 "참여"할 때에만 계속 이어지고 풍부해질 수 있다. 더 이상 듣는 사람이 보탤 이야기가 없는 이야기는 이야기가 아니다. 이야기는 끊임없이 이어져야 한다.

  이런 점에서 본다면, 가르치는 사람이란 이야기를 통해 학생들에게 아직 그들이 생각해보지 못한 어떤 것을 제안하며 이야기를 이어가는 사람이다. 이런 제안이 바로 조언이고 충고다. 조언과 충고는 '이렇게 해라, 저렇게 해라' 하는 명령이나 강압이 아니라 이야기의 형식을 띨 때 비로소 들릴 수 있다. 벤야민은 "조언이란 결국 어떤 의문에 대한 대답이라기보다는 오히려 지금 막 펼쳐지려는 어떤 얘기의 연속과 관련되는 하나의 제안"(위의 책: 169)이라고 말한다. 이렇게 "실제적 삶의 재료로 짜여진 조언"이 "지혜"(위의 책: 169)가 된다. 이런 점에서 벤야민은 이야기꾼이란 "교사와 현자의 동렬에 끼어드는 셈"(위의 책: 194)이라고 말한다. 가르치고 배우는 관계에서 교사가 타자가 된다는 것은 새로운 이야기

---

* 조효원의 이 글은 아감벤의 《유아기와 역사》(새물결, 2010) 250쪽 '옮긴이 주'에서 가져왔다.

를 전해주고 학생들로부터 이야기를 꺼내게 하는 이야기꾼이 된다는 것에 다름 아니다. 이야기꾼으로서 교사는 교실을 이야기가 쉼 없이 만들어지는 공간으로 만들어간다.

교사들이 둥그렇게 모여 앉아야 하는 이유

지금 학교에 부족한 존재는 바로 이런 이야기꾼으로서의 타자다. 물론 이야기꾼으로서 타자가 되고, 그런 타자를 만나는 것이 쉬운 일은 아니다. 책을 시작하면서도 말했지만, 우리는 이미 모든 것을 안다고 생각하는 냉소주의 시대를 살아가고 있다. 이런 냉소주의 시대에 타자는 멸종할 수밖에 없다. 아무리 새롭고 신선한 것이라고 해도 듣는 이가 이미 그것을 다 안다고 가정하고 있는데 어떻게 타자가 생겨날 수 있겠는가? 바로 이런 점에서 냉소주의 시대에 가르치는 이가 타자가 되는 것은 무척이나 힘들다. 학생들은 교사가 무슨 말을 하건 '그것도 몰랐어?'라거나 '그래서 나더러 어떻게 하라고?'라는 태도를 취한다. 새로운 이야기를 하더라도 그건 자신과 상관없다는 무관심한 표정으로 바라볼 뿐이다. 학생들에게서도 다름/차이는 만남과 부딪침의 상대가 아니라 무관심하게 '관용'하고 '인정'하면서 비켜가면 그뿐인 존재다. 타자가 들어설 여지가 없는 셈이다. 그렇기 때문에 학교에서 가르치고 배우는 관계는 점차 불가능해지고 있다.

이렇게 타자와의 만남이 사라지고 동질화된 세계에서, 인간에게 삭제되는 것은 다른 사람이 알아들을 수 있게 자기 경험을 이야기하는 능력으로서의 공통감각이다. 교사들이 다른 교사들과 나눌 말이 없다는 것, 학생들이 교사의 이야기를 들어도 머리에 아무것도 떠오르지 않는다는 것은 자신과 그들 사이에 '공통감각'이 없다는 뜻이다. 공통감각이란 인간이 "물질적·감각적으로 주어진 세계를 경험"하는 데 있어서 가장 필수적인 것이다. 공통감각을 통해서만 인간은 세계를 타자와 '같이' 경험하고 이해하고 참여할 수 있다. 인간이 외로움을 느끼는 때가 바로 이런 공통감각을 상실했을 때(아렌트, 2006: 280)이다.

그 결과 사람들은 열린 장소에서 이질적이고 낯선 존재들과 함께 만나고 섞이는 것을 거부하고 인위적으로 동질적인 존재들하고만 어울리게 된다. 교사들이 자신과 성향이나 취향이 다른 교사들과 소통하는 것을 꺼리는 이유가 여기에 있다. 자신과 다른 존재에게 말 거는 법을 모르기 때문이다. 대신 비슷비슷한 사람들끼리 모여서 "말할 것도 별로 없고 말하기도 쉬운"(바우만, 2009a: 174) 관계로 움츠러드는 것이다. 이런 관계에서는 적극적으로 조정하거나 소통해야 할 필요가 없으며 상대의 말을 알아듣기 위해 집중하지 않아도 된다(위의 책: 176).

나는 이 책을 시작하며 교사들이 처한 상황을 이해하기 위해 머리를 맞대고 둥그렇게 모여 앉아야 한다고 말했다. 그렇다면 교사들이 둥그렇게 모여 앉아 무엇에 대해 토론하며 공통감각을 가져야 할 것인가. 나는 그 첫 번째가 지금 학교에서 배제되고 있는 학생들이 누구인지를 살피면서, 가르치는 이로서 교사들이 누구를 배제하고 있는지를 돌아보는 것이라고 생각한다. 앞에서 말한 것처럼, 학생들은 교사를 개별 교사로 만나는 것이 아니라 교사에 대한 자신들의 경험과 기억 속에서, 그리고 지금 만나고 있는 교사 전체를 통해서 만난다. 이것이 아무리 좋은 교사를 만나도 학생들이 쉽게 교사에게 마음을 열지 않는 이유다. 덕성여대에서 수업을 들은 한 학생은 자신이 좋은 담임을 만났고, 그 담임이 다른 교사와 달리 자신에게 다가서기 위해 노력한다는 것을 학년 초부터 알고 있었음에도, 학년이 다 가서야 마음을 열 수 있었다고 말했다. 게다가 그 교사 한 명이 노력해봤자 달라질 것이 없다는 회의와 냉소를 가지고 있었다고 한다. 이는, 그만큼 교사라는 집단 전체에 대한 기억이 개별 교사의 노력을 압도하며 지배하고 있다는 말이 된다.

이 전체 교사집단을 통해 학교는 말 같은 말과 그렇지 않은 말을 가르고 말 같은 말도 위계화하며 '어떤' 학생들을 끊임없이 배제한다. 육하원칙에 맞춰 차분한 어조로 또박또박 말하지 않으면 말로 받아들여지지 않을 확률이 높다. "제대로 말 못해!"라는 윽박지름이나 당하기 일쑤다. 그래서 학교에서 원하는 방식대로 말하는 능력이 떨어지는 학생들은 대신 행동으로 보여준다. 보충수업이나 자율학습을 빼먹을 때 이유를 설명하기보다 그냥 도망가 버리는 것이나 무엇을 물어도 "그냥요"라고 대답하는 게 그 예다.

설명하는 것이 귀찮기도 하지만, 설명해봤자 자기 말을 알아들을 것이라고 생각하지 않는다. 그렇기 때문에 교사들은 각자의 교실에서 학생들을 어떻게 만날 것인가에 대한 고민을 넘어, 전체 교사들에 의해 말하지 못하는 자로 분류되어 배제되는 학생들이 누구인지를 살펴보아야 한다. 그렇게 할 때 교사 개개인의 노력이 아니라 학교라는 제도가 보이게 될 것이다.

  교사 자신도 제도의 산물이다. 앞에서 이야기한 것처럼 아무나 교사가 되는 것이 아니라 어떤 태도와 조건을 갖춘 자들이 교사가 된다. 과거에는 경제적으로 어려웠지만 모범생이면서 태도가 반듯한 학생들이 교사가 되었다. 최근에는 중산층에 '초초엘리트'들이 교사가 되고 있다. 제도가 실행되는 것은 바로 이 집단적 습속(아비투스)을 통해서다. 이런 점에서 볼 때 교사집단은 집단적 습속의 동질성이 매우 높다. 바꾸어 말하면, 교사들의 집단적 습속에서 이해가 되지 않는 학생들은 전체 집단에 의해 가르침으로부터 배제될 가능성이 높은 셈이다. 이처럼 학교 전체적으로 일어나는 학생에 대한 포함과 배제의 지형도가 보여야 비로소 이런 편파적인 공간에서 '나는 누구에게 교사이기를 원하는가'를 성찰할 수 있다. 교사 개인의 성격이나 성향에 의해 어떤 학생들을 대하는 것이 힘들고 어려운 것이 아니라 학교라는 제도 자체가 그런 학생들을 배제하는 공간임이 보여야 비로소 그 한계를 넘어서려고 시도할 수 있다. 학교라는 배제의 구조에 대한 공통감각을 가질 때 비로소 가르쳐지지 않은 이들을 누가, 어떻게 가르칠 것인지에 대해 토론할 수 있을 것이다.

교사들이 둥그렇게 모여 앉아 토론하며 지혜를 모아야 하는 또 하나의 이유는 학교에 새로운 제도와 교수법 등이 도입될 때마다 새로운 위험 또한 뒤따르기 때문이다. 울리히 벡은 위험이 외부로부터 오는 것이 아니라고 주장했다. 이 위험은 근대화의 과정 자체에 내장되어 있는 내재화된 위험이다. 자연재해가 외부로부터 오는 위험이라면 체르노빌이나 후쿠시마 사태는 과학기술의 발달 자체에 내재되어 있는 위험이다. 따라서 벡은 우리가 살아가는 사회가 재화의 분배를 둘러싸고 갈등이 벌어졌던 산업사회에서, 위험의 분배가 문제가 되는 위험사회로 전환했다고 주장(벡, 1997: 43-44)한다.

교육현장은 지금 진퇴양난의 위험에 처해 있다. 지금까지 하던 대로 해서는 해결되는 것이 없으며 오히려 더 위험해질 뿐이다. 또한 압축적 교육개혁에 의해 위기가 해소되는 것이 아니라 더 고조될 수 있고 새로운 위험이 생산되기도 한다. 따라서 위험사회에는 내재적으로 생산되는 위험을 언어화하고 소통해야 한다는 압력이 항상 잠재적으로 존재한다. 지금 학교의 위험에 대해서는 교사와 학부모, 학생을 가리지 않고 모두가 인지하고 있다. 나만 책임을 면제받을 수도 없고, 나만 위험으로부터 안전할 수도 없다. 따라서 학교와 교육의 위기가 모두 연결되어 있으며, 그런 전체 환경의 한 부분으로 위기를 경험하고 위험을 대면하고 있다는 것을 인지할 가능성이 있다. 여기에서 학교 안에 존재하는 모든 이가

이것이 '우리 모두'의 공통의 운명이라는 것을 자각하고 유대감을 형성할 가능성이 주어지는 것이다

　유대를 위해서는 성찰이 필수적으로 요구된다. 왜냐하면 위험이 외부로부터 오는 것이 아니라 내재되어 있는 것이기 때문에 지속적인 성찰 없이는 이를 감지할 수 없기 때문이다. 내재된 위험은 벡이 주장하는 것처럼 위험 자체가 인지사회학적인 것이다. 따라서 벡은 위험이 "지식과 규범 속에서 확대되거나 축소될 수 있으며 또는 의식의 연막에서 간단히 제거"(위의 책: 136)될 수도 있다고 말한다. 따라서 위험이 새로운 결속과 연대의 원리가 되기 위해서는 그에 대한 적극적인 자각과 소통이 필요한 것이다. 위기관리 능력의 회복이란 소통 공동체를 회복하는 것을 통해서 가능(조한혜정, 2000)해진다.

　그러나 성과사회에서는 이 위험에 대해 성찰하는 것을 반기지 않는다. 성과는 그 즉시 성취되었음을 보여주는 시간과 속도와의 싸움이다. 그렇기 때문에 성과를 내는 데 가장 방해가 되는 것이 바로 토론과 숙의의 과정이다. 토론은 언제나 성과를 내는 속도를 늦출 것을 요구하기 때문이다. 바로 이런 점 때문에 성과사회로 변모한 학교는 새로운 제도나 대책이 도입될 때마다 반드시 뒤따르는 위험을 늘 간과하면서 더더욱 위기를 불러온다. 위기에 대한 정책 혹은 대안이 오히려 위기를 심화시키는 것이다.

　지금 교사들이 둥그렇게 모여 앉아야 하는 이유는 이런 위험이 초래하는 고통을 개인적인 차원에서 공유하는 것을 넘어 위험

에 대해 성찰하고 결속할 수 있는 과정이 필요하기 때문이다. 교사들이 공통의 위험을 인지하고 토론하는 과정은 자신들이 처한 현실을 이해하고 공유하는 동료들을 만나고 결속하는 과정이 된다. 이런 이야기를 나눔으로써 우리는, 나만 그런 것이 아니라 우리 모두가 그렇다는 것을 확인한다. 각자의 경험이 고립되고 개별적인 것이 아니라 공통의 경험임을 알게 된다. 이렇게 된다면 나의 경험에 대해 이야기하는 것은 사적인 고백이 아니라 동시대에 대한 공적인 가치를 가진 '증언'이 될 것이다. 문화적 관용의 문제로 돌려지고 취향의 문제로 변질된 사적인 친밀감으로서의 우정이 아니라, 공통의 세계를 창조하는 우정이 정치를 가능하게 한다. 바로 여기에서 우리는 우리 삶의, 경험의, 이야기의 공공성을 회복할 수 있다.

우정은 오로지 평등한 사람들만이 나눌 수 있다. 이때의 평등이란 "친구들이 서로 같아지거나 동등해진다는 것을 의미하는 것이 아니라, 공동의 세계에서 동등한 파트너가 된다는 것"(아렌트, 2007: 46)을 의미한다. 내가 너와 동등한 파트너임을 인정받을 때 비로소 우리는 둥그렇게 모여 앉을 수 있다. 학교라는 공동의 세계에 대한 걱정과 염려를 공유하는 동등한 파트너가 되기 때문이다. 이렇게 세계의 파트너로서 동등하게 앉아 있는 이들의 관계를 '우정'이라고 부른다. 이렇게 우정을 나누는 평등한 이들이 둥글게 모여 앉아 자신의 경험을 나누며 이야기판을 벌일 때, 공동의 세계에 대한 공통의 감각을 만들어갈 수 있다. 다시 얼굴을 맞대고 자기 자신과 우리 사회가 왜 이런 상황에 처하게 되었고, 이런 상황에서 자신은 어떤 고통과 어려움을 겪었는지를 이야기하고 나누어야 한다. 우리가 지금 당장 함께 겪고 감내할 수 있는 것이 무엇인지를 토론해야 하는 것이다.

이것은 교사들 사이의 '문화'의 문제만이 아니다. 지난 20여 년 동안 진행된 소위 교육개혁은 교사들을 개별화하고 단절과 자기 단속을 심화시켜왔다. 특히 여기서 우리가 주목해야 하는 것이 이 책에서 살펴본 개별적 보상체계와 교사사회의 신분제적인 위계화이다. 현재 학교는 정규직과 비정규직, 비정규직 내에서도 기간제 교사와 시간강사 등으로 분할되고 신분제적으로 위계화되어 있다. 이런 신분제적 위계화는 평교사체제를 해체했다. 나아가 교육개혁은 끊임없이 교단을 '진정한 교사의 일'과 '그를 보조하는 업무'로 분할하면서 노동을 위계적으로 배치하고 있다. 과거에는 모든 교사가 관료주의적으로 '진짜 교사의 일'과 '그렇지 않은 일'을 함께 수행하도록 강요받았다면, 지금은 자사고나 특목고를 중심으로 '진짜 교사'는 교사의 일에만 집중하고 나머지는 보조 인력을 배치하는 식으로 해결하려고 한다.

이 지점에서 나는 전교조와 교육운동이 '진정한 교사의 일'이라는 진정성 정치에 대해 다시 고민해보아야 한다고 생각한다. 과거에는 진정한 교사의 일을 주장하는 것이 노동 거부라는 급진적 성격을 명확히 가지고 있었다. 관료주의에 지배당하는 교육현장에서 '교사의 진정한 일'을 주장하는 것은 잡무를 통해 교육노동자로서의 교사를 지배하고 통제하려는 권력에 저항하는 역할을 했다. 동시에 교사의 진정성은 동료 교사들을 이야기로 초대하는 힘을 가지고 있었다. 무엇이 진정한 교육이며, 그 진정한 교육을 위해 지금 교사들은 무엇을 해야 하는지를 성찰하고 토론하는 장에 동료들을 초대한 것이다.

그러나 진정성이 정치적인 힘을 가지려면 '함께 거부하는 것'이 가능해야 한다. 학교에서 관리자들을 제외한 대다수가 '평교사'로서 평등하던 때에는 이런 가능성이 있었다. 그러나 지금은 교육개혁에 의해 교사사회 전체가 신분제적으로 위계화되어 있다. 이 책에서 살펴본 것처럼 비정규직 교사들은 관리자에게 인격 전체가 구속되고 통제되는 양상을 보이고 있다. 이 때문에, 진정성에 기대어 잡무를 거부하는 것이 노동 거부가 되거나 동료 교사들을 공론의 장으로 초대하는 게 되지 않을 수 있다. 오히려 비정규직 교사나 초빙교사, 신규 교사에게 잡무가 바로 전가되면서 정치적 결속의 기초가 되는 평등을 파괴하는 경향이 있다는 것을 직시해야 한다.

학교가 우정의 공간이 된다는 것은 곧 학교 안의 모든 존재가 평등하다는 것을 받아들일 때 가능하다. 교육에 대해 고민하고 걱정을 나누는 동등한 파트너로서 우리 모두가 평등하며, 그 모든 걱정의 이야기가 동등하게 들을 만하다고 생각할 때 우리는 공동의 세계의 동등한 파트너가 될 수 있다. 교사와 교사 사이만이 아니다. 교사와 학생의 관계 역시 마찬가지다. 우리는 동료들과 충분히 이야기를 나눌 수 있을까? 우리는 학생들의 이야기를 들을 만한 동등한 이야기로 여길 수 있을까? 더불어 앉아 이야기하는 것만으로도 충분하다고 생각할 수 있을까? 아니면 그 모든 이야기와 나눔에도 불구하고, 대안이 없다는 이유로, 결론이 없다는 이유로 다시 절망하거나 입을 다물 것인가?

아렌트가 플라톤의 초기 저작을 거론하며 말한 것처럼 "어떤 것에 대해 철저히 논했다는 것, 이야기를 나누었다는 것 자체가 충분한 결과"이다. 아렌트에 따르면 "결론이 있어야만 의미가 있는 대화가 아닌 이런 대화"가 우정의 대화이며, 우정은 "그들이 공통으로 가진 것에 대한 이런 대화로 구축"(아렌트, 2007)된다. 그럴 때에만 우리는 단속을 극복하고 결속할 수 있다. 한편에서는 문화적 관용의 문제로 돌려지거나 취향의 문제로 변질되고, 다른 한편에서는 결론도 대안도 없음을 이미 알고 있기 때문에 말할 필요도, 서로 대화를 나눌 필요도 없다고 생각하는 냉소주의에 의해 불가능해져버린 공론과 정치를 다시 시작할 수 있다. 취향을 공유하는 사적인 친밀감으로서의 우정이 아니라 공동의 세계를 창조하는 평등한 이들의 우정이 정치를 가능하게 한다. 학교는 망하더라도 가르치는 이가 아직 그곳에 있어야 하는 이유는 여기에 있을 것이다.

참고문헌

가리타니 고진, 1998,《탐구 1》, 송태욱 역, 새물결
가우디, 1999,《왕따 리포트》, 우리교육
김성천, 2007, 〈교사자율연구모임을 통한 교사 전문성 성장과정—협동학습연구회에 관한 문화기술적 연구〉, 성균관대 박사논문
김태수·신상명, 2011, 〈교사평가의 하위문화적 특성〉,《한국교원교육연구》, Vol. 28, No. 3
김태형, 2010,《불안증폭사회》, 위즈덤하우스
듀이, 존, 1987,《민주주의와 교육》, 이병우 역, 교육과학사
바우만, 지그문트, 2009a,《액체근대》, 이일수 역, 강
_____, 2009b,《유동하는 공포》, 함규진 역, 산책자
_____, 2010b,《새로운 빈곤》, 이수영 역, 천지인
_____, 2012,《고독을 잃어버린 시간》, 조은평 외 1 역, 동녘
박현숙, 2012,《교사는 수업으로 성장한다》, 맘에드림
벡, 울리히, 1997,《위험사회》, 홍성태 역, 새물결
벤야민, 발터, 1983,《발터 벤야민의 문예이론》, 반성완 역, 민음사
사토 마나부, 2011, 〈학교에서의 배움의 공동체 이론과 실천〉, 국제혁신교육 심포지움 자료집
설원민, 2009, 〈무엇이 교사를 바쁘게 하는가〉,《중등 우리교육》2009년 12월호, 우리교육
세넷, 리차드, 1982,《현대의 침몰》, 김명일 역, 일월서각
_____, 2009,《뉴캐피탈리즘》, 유병선 역, 위즈덤하우스
슬로더다이크, 페터, 2005,《냉소적 이성 비판》, 이진우 역, 에코리브르
신명호, 2011,《왜 잘사는 집 아이들이 공부를 더 잘하나?》, 한울아카데미
아렌트, 한나, 2006,《전체주의의 기원2》, 이진우·박미애 역, 한길사
_____, 2007,《정치의 약속》, 김선욱 역, 푸른숲
엄기호, 2009,《아무도 남을 돌보지 마라》, 낮은산
엄훈, 2012,《학교 속의 문맹자들》, 우리교육
이계삼, 2009a, "내 눈을 모니터가 아닌 아이에게로",《중등 우리교육》2009년 12월호, 우리교육
_____, 2009b, 〈영혼 없는 사회의 교육〉, 녹색평론
이상대, 2007, 〈50대 평교사가 선 자리〉,《중등 우리교육》2007년 7월호, 우리교육
정바울, 2011, 〈Lotie의 '교직사회:교직과 교사의 삶' 재조명: 학교변화 사례를 중심으로〉,《한국교육교원연구》, Vol.28 N.4
_____, 2012, 〈교사의 자기계발 논리 형성과 교직 문화의 변화〉,《교육행정학연구》, 제 30권 제1호
정용주, 2011, "달리는 신자유주의 열차에 '우리'라는 좌석은 없다",《교육 불가능의 시대》, 교육공동체 벗

조석희, 2006, 〈학교책무성 강화를 위한 학교 평가 체제 개발연구〉, 한국교육개발원
조용선, 2012, 〈평화로운 학교는 없다〉, 《오늘의 교육》 2012년 3·4월호
조주은, 2013, 《기획된 가족》, 서해문집
조한혜정, 1996, 《학교를 거부하는 아이, 아이를 거부하는 사회》, 또하나의문화
_____. 2000, 《학교를 찾는 아이, 아이를 찾는 사회》, 또하나의문화
푸코, 미셸, 2011, 《안전 영토 인구》, 오트르망 역, 난장
푸코, 미셸, 1998, 《사회를 보호해야 한다》, 오생근 역, 동문선
풀러, 로버트, 2004, 《신분의 종말》, 안종설 역, 열대림
한병철, 2012, 《피로사회》, 김태환 역, 문학과지성사
Hargreaves & Shriley, 2009, "The Persistence of presentism", *Teachers College Record*, 111(1)

교사도 학교가 두렵다
교사들과 함께 쓴 학교현장의 이야기

지은이 엄기호
초판 01쇄 발행 2013년 9월 20일
초판 26쇄 발행 2022년 12월 20일

펴낸곳 도서출판 따비
펴낸이 박성경
편집   신수진
디자인 박대성

출판등록 2009년 5월 4일 제313-2010-256호
주소 서울시 마포구 월드컵로28길 6 (성산동, 3층)
전화 02-326-3897
팩스 02-6919-1277
메일 tabibooks@hotmail.com
인쇄·제본 영신사

ⓒ 엄기호, 2013

* 잘못된 책은 바꾸어 드립니다.
* 이 책의 무단 복제와 전재를 금합니다.

ISBN 978-89-98439-04-0 93370
값 15,000원

이 책은 한국출판문화산업진흥원의 2013년 〈1인 출판사 출판지원〉사업 당선작입니다.